JN086891

サイバー
セキュリティ
法務

塩崎彰久・仁平隆文・高橋大祐 ［編著］
工藤　靖・古川直裕
サイバーセキュリティ法務研究会 ［著］

商事法務

はしがき

　近年、AI・IoT などのテクノロジーの進化を通じて企業活動のデジタル化が急速に進展しているところ、新型コロナウィルス感染症拡大による社会的距離確保の要請をふまえて、その動きが加速化している。

　このように企業活動がサイバー空間に依存する状況下でサイバー攻撃を受けた場合、企業の事業に支障が生じるのみならず、個人情報・機密情報の漏えい、取引先などへの伝播、ひいては社会全体のインフラへの影響が生じる場合もあり、企業価値の毀損に直結する事態となりかねない。

　特に、サイバー攻撃の手口は巧妙化・多様化している。また、サイバー犯罪は、多くの場合、犯罪・テロ組織や国家組織の支援の下で敢行されている可能性が高く、一企業で対応するには困難が伴う。

　一方、EU の GDPR、日本の個人情報保護法などのデータ保護規制は、個人情報保護の観点から企業にセキュリティ態勢の構築を義務付けている。近年、欧米・中国などの海外諸国では、サイバーセキュリティ対応を独自に法的に義務付ける法規制も導入されている。

　以上のような状況において、企業は、「サイバー攻撃の被害者」といった受動的な立場にあるにとどまらず、サイバーセキュリティ対応に関して、外部機関・専門家と連携の上で各国法令の要請をふまえた積極的な対応が求められる。企業の経営陣においては、善管注意義務や内部統制システム整備義務の一環として、サイバーセキュリティ対応が求められる可能性がある。その意味で、サイバーセキュリティ対応は、法務の視点からの検討・対応も不可欠となっている。

　そこで、本書は、サイバーセキュリティに関する平時・有事における法的観点からの対応を「サイバーセキュリティ法務」と位置づけ、具体的な対応の必要性とその対応のあり方を平時・有事という枠組みに沿って明確化したものである。本書執筆にあたっては、第一東京弁護士会民事介入暴力対策委員会に所属し企業や市民を防衛することに関して強い

志を持ちつつ、コンプライアンス・危機管理からテクノロジー・IT・金融法務まで様々な専門的知識や経験を有する弁護士有志が結集し、「サイバーセキュリティ法務研究会」を組織し、議論を重ね、執筆を分担している。

　サイバーセキュリティ対応にあたっては、サイバー専門家と法律家、システム担当者と法務担当者が連携することが重要である。このことをふまえ、本書の執筆に当たっては、日本セキュリティオペレーション事業者協議会（ISOG-J）に参加する各企業所属のセキュリティ専門家とも議論を重ね、また執筆にもご協力いただいた。

　株式会社商事法務の澁谷禎之氏には、専門的かつ難解になりがちな本テーマに関して読者の方々にわかりやすく伝わるように編集をご担当いただいた。

　多くの関係者の皆様のご協力に深く感謝する。本書が、企業経営者、法務担当者、セキュリティ担当者、弁護士など様々な読者の方々において、サイバーセキュリティという新たな脅威と効果的に闘うための一助となれば幸いである。

2020 年 11 月
　　　　　執筆者を代表して
　　　　　塩崎彰久・仁平隆文・高橋大祐・工藤靖・古川直裕

目　次

第3部　有事対応

目　次

◇コラム

第1部

序論

1　サイバーセキュリティの脅威の高まり

　企業活動のオンライン化・ネットワーク化の急速な進展に伴い、サイバーセキュリティの脅威は、今や企業にとって最大のビジネス・法務リスクの一つとなりつつある。

　「サイバー犯罪によって毎年失われる損失は 6,000 億米ドル（約 65 兆円）であり、世界全体の GDP の 1 ％に相当する」。米国の有力シンクタンク戦略国際問題研究所（CSIS）とマカフィーが共同で 2018 年 2 月に発表したレポート「Economic Impact of Cybercrime」はこのように結論づけており、サイバー犯罪は雇用創出やイノベーション、ひいては経済成長にも影響を与えていると警鐘を鳴らす。

　企業がサイバー攻撃を受けた場合、自社や取引先の営業秘密や知的財産権といった重要情報、顧客・従業員に関する個人情報、アカウント情報やクレジットカード情報、そして金銭、仮想通貨といった資産が流出し、自社または顧客・取引先等の第三者に損害が発生するリスクや企業活動を一時的に停止する必要性が生じるなど事業継続に大きな影響が生じるリスクが高まっている。情報流出により企業の株価は平均 10 ％下落し、純利益は平均 21 ％減少したとの調査結果があり、レピュテーショナルリスクも無視できない[1]。

　サイバー攻撃の結果、企業が実際に事業の継続を断念せざるを得なくなったケースもある。2019 年 7 月に大手コンビニエンスストアが QR コード決済サービスをリリースした直後に、第三者のなりすましによる不正利用が発生し、サービス自体の停止に追い込まれたことは記憶に新しい[2]。

　最悪のケースでは、サイバー攻撃を受けた企業は倒産に追い込まれかねない。米国の医療債権回収事業を行う American Medical Collection Agency (AMCA) は、2018 年にサイバー攻撃を受け 2,000 万人の患者のセンシティブ情報が流出し、各地で集団訴訟を提起され、AMCA は、情

1）　詳細は**第 4 部第 6 章**参照。
2）　朝日新聞 2019 年 8 月 1 日記事「セブンペイ、9 月末でサービス終了へ　不正アクセス受け」。

報流出発覚から 8 か月後足らずの 2019 年 6 月に倒産手続（Chapter11）の申立てに至った³⁾。また、日本国内でも、仮想通貨交換所マウントゴックスが 2013 年に不正アクセスを受け、ビットコインを盗まれ、債権者から民事再生手続の申立てを受けた⁴⁾。

　さらに、重要インフラを担う企業や機密情報を扱う企業がサイバー攻撃を受けた場合には、一企業の問題にとどまらず、その影響が社会全体に波及する危険性もある。2017 年 5 月に発生した WannaCry ランサム（身代金）ウェアによる世界同時サイバーテロ攻撃では、英国の国民保健サービス（NHS）の病院が攻撃を受け、病院関係者が患者のデータにアクセスできなくなったほか、救急車の受け入れ中止や手術の中断などに追い込まれる事態に陥った⁵⁾。日本国内でも、2020 年 1 月に公表された大手電機メーカーの事例では、不正アクセスにより個人情報と企業機密が流出し、その中に防衛省が指定した注意情報が含まれていたことは記憶に新しい⁶⁾。

　昨今コロナ危機を通じて、ウイルス感染拡大防止の観点から、企業におけるリモートワーキングやウェブ会議などを通じたオンライン化、IoT や AI 技術を活用したネットワーク化はより一層進みつつあり、サイバー空間への依存度はより一層高まっている。このような状況でサイバー攻撃を受ければ、企業活動への影響はいままで以上に甚大なものとなることは想像に難くない。

　以上のとおり、サイバーセキュリティリスクは、それ自体が一つのビジネス・法務リスクを構成するというよりも、企業をとりまく既存の様々なビジネス・法務リスクを増幅させる触媒のような性質を有しており、サイバーセキュリティは、すべての企業の経営者が企業防衛やリス

---

3) https://healthitsecurity.com/news/amca-files-chapter-11-after-data-breach-impacting-quest-labcorp
4) 日本経済新聞 2014 年 2 月 28 日記事「マウントゴックス破綻　ビットコイン 114 億円消失」。
5) BBC ニュース 2017 年 5 月 15 日記事「英医療機関、ランサムウェアの被害拡大を懸念」。
6) 日本経済新聞 2020 年 2 月 10 日記事「三菱電機から機密流出の可能性　防衛省が発表　サイバー攻撃で」。

ク管理の観点から最優先で取り組むべき重要な経営課題である。

2　多様化・巧妙化するサイバー攻撃の手口

　サイバー攻撃の手口の多様化・巧妙化は刻々と進んでおり、その脅威から企業を防衛するにあたっては、社内外との関係者との連携を通じた不断の取組みが求められている。

　サイバー攻撃の手口は様々なものがあり、枚挙にいとまがない。2020年現在では、①リスト型攻撃などの不正アクセス、②メールの添付ファイル、メール本文のリンク先にマルウェアを仕込み開かせることで感染させる標的型攻撃、③実在する企業等に似せた偽のウェブサイトへ誘導し重要な情報の入力を促すフィッシング詐欺、④電子メールやウェブサイトの改ざんを通じてマルウェアに感染させ一定のファイルその他データを暗号化やロックすることにより利用できなくさせ、復旧と引き換えに金銭の支払いを要求するランサムウェア、⑤取引先等になりすまして巧妙に細工した電子メールを企業に送信し用意した口座へ送金させるビジネスメール詐欺などが特に重大な脅威となっている[7]。このような攻撃の手口も年を追うごとに変遷し、進化している。

　サイバーセキュリティを脅かすのは外部からの攻撃の他、社内の従業員による不正や不注意による機密情報や個人情報の流出等も挙げられる。さらに、自社が直接的にサイバー攻撃の対象となるばかりではなく、セキュリティが手薄な取引先や業務委託先がサイバー攻撃の対象となり、間接的に自社の機密情報等の流出や工場における生産ラインがストップするなどのおそれもある[8]。近時は、自社のシステムをクラウドへ移行する企業が増えているが、クラウドストレージの設定ミスによる情報漏えいや、クラウド事業者のサイバーセキュリティの脆弱性を奇貨としたボットネットを駆使したDDoS攻撃、SQLインジェクション攻撃によりクラウドサービスの障害発生等が生じる可能性も高まってい

---

7)　独立行政法人情報処理推進機構セキュリティセンター（IPA）「情報セキュリ
　ティ10大脅威2020」（2020年4月）47頁以下参照。
8)　トレンドマイクロ「2020年セキュリティ脅威予測」7頁以下参照。

る。

　以上で説明したサイバー攻撃は決して他人事ではない。すでに多くの企業がサイバー被害を経験しており、規模を問わず、いかなる企業においても攻撃を受ける危険性がありうる。警察庁による実態調査結果[9] によれば、過去に不正アクセスを受けた企業のうち、約34％の企業がランサムウェアの被害を過去に受けたことがあり、ホームページの改ざんも約29.1％の企業が経験している。

3　組織化するサイバー犯罪

　サイバー犯罪の特徴として、サイバー攻撃は誰が敢行しているかを追跡・特定することが難しい「見えない脅威」であり、この点が、同じ脅威でも暴力団による民事介入暴力などといった「見える脅威」と違いがある。

　とはいえ、上述のとおり、手口が多様化・巧妙化するサイバー攻撃を個人のみで敢行できるものとは考えにくく、組織的な関与の下で敢行されていることが多い点で、サイバー犯罪は組織犯罪としての側面も強く有する。たとえば、ベライゾン社のデータ漏えい／侵害調査報告書（2020年度）によればサイバー侵害事案の55％は組織的な犯罪集団によるものであったことが報告されている。

　米国の国土安全保障省は、サイバー犯罪の主体として、外国政府、テロリスト、産業スパイ、組織的犯罪集団、ハクティビスト、ハッカーなどを挙げている。その中でも、特に外国政府が支援するサイバー攻撃には、重要インフラに対して広範で長期にわたる被害を生じさせる危険性が高いことを指摘している[10]。

　たとえば、米国政府が2020年4月に発表した北朝鮮のサイバー脅威に関するガイダンスは、HIDDEN COBRA / LAZARUS と呼ばれる北朝鮮政府が支援する悪意あるサイバー活動が、企業・金融機関に対して重

　9）　警察庁生活安全局情報技術犯罪対策課「不正アクセス行為対策等の実態調査
　　　─アクセス制御機能に関する技術の研究開発の状況等に関する調査」（2019年
　　　12月）6頁参照。
　10）　https://www.us-cert.gov/ics/content/cyber-threat-source-descriptions

大なサイバー被害を生じさせ国際的金融システムの安定性や重要インフ
ラにも脅威を与えていることを報告している[11]。

　2014 年 11 月のソニーピクチャーズに対する攻撃では、北朝鮮政府支
援のサイバーグループが、北朝鮮を風刺する映画「The Interview」に対
する報復として、ソニーピクチャーズに対するサイバー攻撃を仕掛けた
とされている。北朝鮮のサイバー攻撃者が同社のネットワークにハッキ
ングして機密データを盗み出し、同社の幹部と従業員を脅迫し、数千台
のコンピュータを損傷した。

　また、2016 年 2 月のバングラデシュ中央銀行に対する攻撃では、北
朝鮮の国営のサイバー攻撃者は、世界中の金融機関から少なくとも 10
億ドルを盗み、バングラデシュ中央銀行から 8,100 万ドルを、Society for
Worldwide Interbank Financial Telecommunication（SWIFT）ネットワークで
の不正取引を通じて盗んだとされている。北朝鮮のサイバー攻撃者は、
銀行の従業員を狙ったスピアフィッシングメールを介して銀行のコン
ピュータネットワークを侵害した後、SWIFT ネットワークと接続して
いるバングラデシュ中央銀行のコンピュータ端末にアクセスした。次
に、北朝鮮のサイバー攻撃者は、ニューヨーク連邦準備銀行にバングラ
デシュ中央銀行の連邦準備銀行の口座から、共謀者が管理する口座に送
金するように指示する、不正に認証された SWIFT メッセージを送信し
た。

　さらに、北朝鮮政府が支援するサイバー攻撃者は、WannaCry 2.0 と呼
ばれるランサムウェアと、以前の 2 つのバージョンのランサムウェアの
開発にも関わっていると指摘されている。2017 年 5 月、WannaCry 2.0
ランサムウェアは、150 か国以上の病院、学校、企業、および家庭の数
十万のコンピュータに感染した。WannaCry 2.0 ランサムウェアは、感染
したコンピュータのデータを暗号化し、サイバー攻撃者がビットコイン
のデジタル通貨で身代金の支払いを要求できるようにするものである。

　加えて、2016 年後半以降、北朝鮮支援のサイバー攻撃者は、
「FASTCash」と呼ばれる不正な ATM 現金引き出しスキームを採用して、

11）　https://www.us-cert.gov/ncas/alerts/aa20-106a

アジアとアフリカの ATM から数千万ドルを盗み出した。FASTCash スキームは、銀行内の決済スイッチアプリケーションサーバをリモートで侵害して、不正な取引を促進するものである。2017 年のある事件では、北朝鮮のサイバー攻撃者が 30 か国以上にある ATM から同時に現金を引き出すことを可能にした。2018 年の別の事件では、北朝鮮のサイバー攻撃者が 23 か国の ATM から同時に現金を引き出すことを可能にした。

2018 年 4 月には、北朝鮮支援のサイバー攻撃者がデジタル通貨取引所に侵入し、約 2 億 5,000 万ドル相当のデジタル通貨を盗み出したという。さらに、法執行機関が資産を追跡するのを防ぐ目的で資金の出所を難読化するために、盗まれた資産が何百もの自動化されたデジタル通貨取引を通じてロンダリングされたという。北朝鮮グループに代わって資産を洗浄し、北朝鮮が管理する口座から約 9,100 万ドル、および別の取引所のハッキングからさらに 950 万ドルを受け取ったとして、米国財務省は、2 人の中国人に、2020 年 3 月、資産凍結などの経済制裁を課している[12]。

米国政府は、北朝鮮政府に加えて、ロシア政府に関しても、2016 年 3 月以降、米国の政府機関や、エネルギー、原子力、商業施設、水、航空、製造業などの重要インフラを標的にサイバー攻撃を支援していると警告する[13]。また、米国政府は、中国政府が、IT サービス事業者やその顧客を標的としてサイバー攻撃や新型コロナウイルスの研究を行う企業・機関を標的としたサイバー攻撃を支援しているとも警告する[14]。これらの真相はともあれ、サイバー攻撃が国家レベルでも、重要な攻撃手段として活用されていることは否定することのできない事実であろう。

以上のようにサイバー犯罪の組織化の傾向をふまえると、企業による単独での対策には限界があり、外部の関係機関・サイバー専門家・弁護士などの連携の上での対応が不可欠となっている。

---

12) 詳細は**第 4 部第 3 章**参照。
13) https://www.us-cert.gov/ncas/alerts/TA18-074A
14) https://www.us-cert.gov/china

4　サイバーセキュリティ法務の必要性——なぜサイバーセキュリティに関して法務対応が必要なのか

(1)　法規制の導入・強化

　上述のとおり、サイバーセキュリティに対する脅威は、自社のみならず取引先・顧客に対して損害を生じさせるリスクや、重要インフラやネットワークサービスを提供する企業が攻撃対象となった場合には、その事業活動が停止することにより社会的な規模での経済的損害や安全保障上の問題を生じさせるリスクを伴うことになる。

　こうしたサイバーセキュリティに対する脅威の高まりを受けて、日本を含めて世界各国において企業に対するサイバーセキュリティやこれに関連するデータ保護の法規制が強化されており、法令違反・制裁金などが生じるケースも発生している。たとえば、日本企業にも適用可能性があるEU一般データ保護規則（GDPR）[15]では、適切なセキュリティレベルを保証する適切な技術的・組織的な対策を実施しなかった場合、最大1千万ユーロまたは前会計年度の全世界年間売上高の2%のいずれか高い金額の制裁金が科される危険性がある。実際に、英国航空会社のブリティッシュエアウェイズは、サイバー攻撃を受け、そのウェブサイトが虚偽のサイトに書き換えられ、顧客情報が窃取され、約50万件の顧客情報が流出したことの結果、GDPR違反として1億8,339万ポンド（約250億円）の制裁金を科された。

(2)　契約条項への組み込み

　また、取引関係上のサプライチェーンを通じてシステムが連携・データが共有される状況からは、サプライチェーンにおける契約上の義務として、サイバーセキュリティ対策を取引先から求められる可能性も高まっている。たとえば、GDPRも、個人データの処理を委託するにあたって、セキュリティ対策の実施を含めた内容の契約を締結することも要求している（GDPR28.3条）。

---

15)　詳細は**第4部第1章・第2章**参照。

⑶ 内部統制システムの構築・運用・契約管理の必要性

　以上をふまえると、企業はもはやサイバー攻撃等の被害者という受動的な立場ではなく、積極的な対策をとることが求められている。すなわち、企業においては、内部統制システム構築・運用に関する善管注意義務の内容として、サイバーセキュリティ対応が求められているといえる。サプライチェーン上の取引先や業務委託先も関わることになるサイバーセキュリティ対策にあたっては、契約においていかなる権利義務を規定すべきかという契約管理も不可欠となる。

⑷ 情報開示の重要性

　また、金融庁が求めている有価証券報告書における「事業等のリスク」の記載の充実その他ガイドラインの策定・改正状況をふまえると、特に上場企業においては投資家やサービス利用者といった企業を取り巻く外部のステークホルダーに対し、サイバーセキュリティのリスクへの対応に関する情報開示も期待されているといえる。

⑸ 不祥事対応・危機管理の必要性

　さらに、このような平時における対応に加え、サイバー攻撃の対象となる等のインシデント発生時（有事）にいかなる対応すべきかについては、株主代表訴訟の提訴、取引先・顧客との訴訟やこれらに対する補償、当局対応や情報開示のあり方など、その対応いかんで企業価値に重大な影響を与える可能性があるため、法的観点からの対応が不可欠である。

⑹ 「サイバーセキュリティ法務」の必要性

　以上述べてきたとおり、平時におけるサイバーセキュリティに対する脅威、そして有事であるサイバーセキュリティインシデントに対しては法的観点からの対応が必要である。

　しかしながら、上記の警察庁による実態調査結果によれば、情報セキュリティ対策の投資計画については「費用対効果がみえない」・「どこまで行えば良いのか基準が示されていない」という回答が、それぞれ

58.1％・51.7％にのぼる。

　上記の実態調査結果からも伺われる企業の悩みを解消し、企業がサイバーセキュリティという新たな脅威と効果的に闘うための一助となるべく、本書ではサイバーセキュリティに関する平時・有事における法的観点からの対応を「サイバーセキュリティ法務」と位置づけ、具体的な対応の必要性とその対応のあり方を平時・有事という枠組みに沿って明確化することを試みるものである。

5　サイバーセキュリティ法務の特殊性——一般的な法務・コンプライアンスとどのように違うのか

　サイバーセキュリティ法務における具体的な対応については、以下に述べるような一般的な法務・コンプライアンス対応とは異なる点があることに留意が必要となる。

⑴　未然防止の困難性

　一般論として法務・コンプライアンス対応においては事前予防の視点に重きが置かれる（予防法務）ことが多いものと思われる。しかし、サイバーセキュリティにおいては、悪意の第三者の存在と攻撃者側の防御側に対する優位性[16] の観点から、未然防止は極めて難しいという特殊性がある。そのため、サイバーセキュリティ法務においては、セキュリティインシデント発生時の早期対応と被害を最小化するための対策、そしてこれらを可能にする平時からの対応・準備という、有事を見越した平時・有事一体となった対応が重要となる。

⑵　継続的な検証・改善の頻度を高める必要性

　サイバー攻撃に用いられる手法の技術的な進化の速度は極めて早いため、特定のサイバー攻撃への対応も早期に陳腐化していく。そのため、

---

16)　サイバー攻撃と防御の非対称性については、田川義博＝林紘一郎「サイバーセキュリティのための情報共有と中核機関のあり方——3 つのモデルの相互比較とわが国への教訓」情報セキュリティ総合科学 9 号（2017 年 11 月）18 ～ 19 頁参照。

他の法務・コンプライアンス対応に比して、サイバーセキュリティ法務は、このような手法の進化・多様化にあわせ、セキュリティ対応の検証・改善を実施する頻度を高める必要がある。

(3) 技術的措置の必要性

(1)(2)で述べた特殊性から、サイバーセキュリティ法務は必然的に技術的な側面からの視点・サポートを得ることが不可欠となる。そのため、これらの専門家・技術者との協働や対話の必要性が極めて高い。これにあわせて、サイバーセキュリティ法務を社内で担う法務・総務担当者も、最低限のサイバーセキュリティに関する知識の習得が必要となる。

(4) 組織犯罪としての側面

前述のとおり、近時、サイバー攻撃の関与者の組織化・巨大化が進んでおり、組織犯罪に対する対応の観点から政府・企業間の協力の必要性も高まっている[17]。そのため、サイバーセキュリティ法務においては関係当局や他社との情報共有・開示を通じた協力体制の構築も重要なポイントとなり、あわせて悪意の第三者に対しサイバー攻撃のヒントを与えないための工夫も必要となる。

(5) 被害者となると同時に加害者となる可能性

前述のとおり、不正アクセスや社内不正による顧客情報の漏えい事例、受託業務におけるサイバーインシデントによる委託元システムの停止など、サイバーセキュリティインシデントの発生は自社が被害者となるばかりではなく、同時に取引先・顧客との関係で加害者となる可能性が高い。そのため、サイバーセキュリティインシデントの発生を見越して、平時において取引先・顧客との間の法律関係を整理し、有事対応を迅速に進めておくことが重要であり、平時から取引先・顧客とサイバー

---

17) 2016年5月にコンビニエンスストア等に設置されたATM約1,700台において偽造カードが不正使用され、約18億6,000万円が引き出された事件では、指定暴力団の構成員が出し子や指示役として検挙されている。詳細は**第4部第3章**参照。

セキュリティリスクについて共有し信頼関係を維持するためのコミュニケーション（リスク状況の適切な開示・共有もこれに含まれる）が必要となる。

6　本書の特徴

　以上述べてきたサイバーセキュリティ法務の必要性とその特殊性をふまえ、以下の構成で、サイバーセキュリティ法務の内容を説明する。

　第 2 部　平時の体制整備：

　会社法上の経営陣（特に取締役）に課される善管注意義務の観点から、内部統制システムの構築・運用におけるサイバーセキュリティ（有事における対応組織を含む平時の組織体制とその継続的な見直し）を概観するとともに、平時における具体的な場面として、IT システムの整備とサプライチェーン対応としての委託先管理、社内規程整備上の留意点、サイバーセキュリティリスクに関する情報開示のあり方について整理・分析する。

　第 3 部　有事対応：

　平時の体制整備等を前提として、具体的なインシデントの発生を想定した対応策を法的な観点から整理・分析する。具体的には、サイバー攻撃の手口・実例と CSIRT の運用を含む有事における対応の基本的な流れを概観するとともに、インシデント発生時の関係当局対応とその情報開示のあり方、攻撃への対抗手段、被害者対応について整理・分析する。

　第 4 部　規制動向・重要論点：

　平時・有事における対応に加えて、特に留意が必要なサイバーセキュリティに関する規制動向等の重要論点を解説する。具体的には、企業活動のグローバル化をふまえた海外関連規制を概観するとともに（サイバーセキュリティ対策自体に関する規制と共に個人データ保護に関する規制もサイバーセキュリティに関連する範囲で解説する）、テロ組織・犯罪組織対策と金融規制の観点から、それぞれにおけるサイバーセキュリティ対策について整理・分析する。

7 本書の執筆プロセス

　本書は、第一東京弁護士会民事介入暴力対策委員会に所属し企業や市民を暴力団による暴力行為その他組織的犯罪行為から防衛することに関して強い志を持ちつつ、コンプライアンス・危機管理からテクノロジー・IT・金融法務まで様々な専門的な知識や経験を有する弁護士有志が結集し、「サイバーセキュリティ法務研究会」を組織し、研究活動を行い、執筆したものである。

　本書は、サイバーセキュリティ法務における法律家とサイバー専門家の連携の重要性をふまえ、日本セキュリティオペレーション事業者協議会（ISOG-J）に参加する各企業所属のセキュリティ専門家からの多大な協力を得て、執筆を行っている。具体的には、本書の各章に関して、上記セキュリティ専門家から、システム担当者および法務担当者双方に対する技術的な視点からのコメントをいただいている。

　また、各執筆者によるセキュリティ上の最新のトピック・法的論点に関するコラムを記載している。

　「インターネットは本質的に安全ではなく、脅威を完全に防ぐことはできないが、社会の繁栄とデジタル技術がもたらす大きな便益を得るレベルまで、リスクを軽減することは可能である」[18]。英国の国家サイバーセキュリティ戦略 2016-2021 は、サイバーセキュリティにおける基本認識をこのように述べている。こうした基本認識のもとで、本書が、「サイバーセキュリティ法務」に関する実務の発展に貢献し、ひいては、日本企業が直面するサイバーセキュリティに関する重大な脅威から自社を防衛するための手助けとなることを、執筆者一同、強く期待している。

18）　National Cyber Security Strategy 2016-2021, Paragraph1.2.

第2部

平時の体制整備

　第1部において述べたように、近時のサイバーセキュリティ脅威の高まりにより、サイバーセキュリティ法務対応は喫緊の課題となっている一方で、依拠すべき基準の不明確さ（多数の官公庁や民間団体から多くのガイドラインが公表されている一方で、これらを整理する視点をまとめた文献等がないことも原因であると考えられる）やコスト負担の問題など企業の総務・法務担当者の悩みは尽きないものと思われる。

　そこで、第2部では、サイバーセキュリティ法務の特殊性である、未然防止の困難性や継続的な検証・改善の頻度を高める必要性などをふまえ、まず企業の内部統制システム構築の観点から平時に備えておくべきサイバーセキュリティ体制とその具体的な運用を、会社法における役員の善管注意義務とそれに関連する判例、日本セキュリティオペレーション事業者協議会（ISOG-J）に参加するセキュリティ専門家の視点から分析する（第1章）。次に、これまでのサイバーセキュリティインシデント事例における発生原因をふまえると、平時においてサイバーセキュリティ体制の構築・運用が具体的に問題となる場面として、ITシステムの整備とサプライチェーン対応としての委託先管理が重要となっていると考えられるため、これらについて必要となる対応について整理する（第2・3章）。そして、これらの整理・分析に加えて、平時における社内規程整備において留意すべき点をまとめる（第4章）。最後に、サイバーセキュリティ脅威の高まりに対応して、平時におけるサイバーセキュリティリスクに関する企業の情報開示は、企業をとりまく投資家、取引先・顧客、ユーザ・消費者といったステークホルダーにとって重要になっていることから、情報開示のあり方について整理・分析する（第5章）。

第1章　内部統制システム構築義務の観点からのサイバーセキュリティ

1　内部統制システム構築・運用の観点からのサイバーセキュリティ

⑴　取締役の法的責任とサイバーセキュリティ

　会社と取締役の関係は委任に関する規定に従うとされている（会社法330条）ため、取締役は会社に対して善管注意義務（民法644条）を負う。また、取締役は、法令等を遵守し、会社のため忠実にその職務を行わなければならないとされている（会社法355条）。

　そして、取締役の善管注意義務ないし忠実義務の具体的内容については、法律上明記されていないものの、裁判例の蓄積とともに、一定程度明確化されてきた。内部統制システムに関するリーディングケースとしては、大和銀行事件判決（大阪地判平成12年9月20日判時1721号3頁）が「会社が営む事業の規模、特性等に応じたリスク管理体制（いわゆる内部統制システム）を整備することを要する」と判示した。現在の学説および裁判例においては、内部統制システム構築義務は取締役の善管注意義務の一内容であるとの理解が確立している。取締役が、会社の性質や規模に応じた内部統制システムを整備していない場合には、善管注意義務に違反したとして、任務懈怠に基づく損害賠償責任（会社法423条1項）を問われる可能性が高い。

　この点に関連して、会社法348条3項4号は、「取締役の職務の執行が法令及び定款に適合することを確保するための体制その他株式会社の業務」の適正を確保するために必要な体制の整備に関して、取締役会で決議することを義務づけている。この「必要な体制」の中には、情報保存管理体制、損失危険管理体制、効率性確保体制、法令等遵守体制、企業集団内部統制が含まれる（会社法施行規則100条等）。

　会社はその事業内容や規模によって様々な領域に固有の損失発生のリ

スクを抱えているが、日々の業務におけるデジタル化が進展する今日においては、ほぼすべての会社にサイバーセキュリティに関するリスクが存在することは否定できないであろう。サイバーセキュリティの概念については様々な考え方があると思われるが、サイバーセキュリティ基本法は次のように定義する。

「電子的方式、磁気的方式その他人の知覚によっては認識することができない方式により記録され、又は発信され、伝送され、若しくは受信される情報の漏えい、滅失又は毀損の防止その他の当該情報の安全管理のために必要な措置並びに情報システム及び情報通信ネットワークの安全性及び信頼性の確保のために必要な措置が講じられ、その状態が適切に維持管理されていること」

　サイバーセキュリティをこのように考えた場合、会社法上求められる内部統制システムとの関係では以下のように整理できると考える。

　まず、不正アクセスやリスト型攻撃等により営業秘密や個人情報の漏えい、工場における生産活動の一時停止等が生じ自社または取引先、顧客その他の第三者に損失[1]が生じることを回避するために必要な情報の安全管理措置は、内部統制システムにおける情報保存管理体制や損失危険管理体制に該当すると考えられる。また、個人情報の取扱いについて個人情報保護法の遵守が求められる等、保有する情報管理に関して適用される法令がある場合には、かかる法令を遵守する観点から、内部統制システムにおける法令等遵守体制に該当すると考えられる。このように、サイバーセキュリティを確保するための体制は、適切な内部統制システムの構築に含まれる問題として整理することが妥当である[2]。

　したがって、サイバーセキュリティを内部統制システム上の重要なリスクとして取締役会において充実した議論を行って決議し、当該決議に

---

1)　取引先等に損失が生じた場合、会社は契約責任・不法行為に基づきこの損失相当額の損害賠償義務を負担する可能性がある。
2)　内閣官房内閣サイバーセキュリティセンター（NISC）「サイバーセキュリティ関連法令 Q&A ハンドブック Ver1.0」（令和 2 年 3 月 2 日）16 頁以下（https://www.nisc.go.jp/security-site/files/law_handbook.pdf）、NISC「企業経営のためのサイバーセキュリティの考え方」（平成 28 年 8 月 2 日）1 頁以下参照（https://www.nisc.go.jp/active/kihon/pdf/keiei.pdf）。

したがってサイバーセキュリティの確保も含めた適切な内部統制システムを構築し、これを着実に運用することは、あらゆる会社において必須であるといっても過言ではない。この点に関し、2019年6月28日に経済産業省が公表した「グループ・ガバナンス・システムに関する実務指針」は、「サイバーセキュリティについては、内部統制システム上の重要リスク項目として認識し、サイバー攻撃を受けた場合のダメージの甚大さに鑑み、親会社の取締役会レベルで、子会社も含めたグループ全体、更には関連するサプライチェーンも考慮に入れたセキュリティ対策の在り方について検討されるべきである」としている[3]。まさに、**序論**で述べたとおり、サイバーセキュリティは、IT・技術系の部門・役員のみの課題ではなく、会社の経営を担う取締役らが真剣に対処すべき法的問題でもあることを見逃してはならない。

(2)　裁判例における内部統制システム構築・運用に関する善管注意義務

　取締役の任務懈怠責任が追及された裁判例のうち、内部統制システムの構築および運用の適否が争点となったものは数多くみられる。ここでは、サイバーセキュリティに関する内部統制システムを整備するに当たって参考となる2つの裁判例を紹介する。これらの裁判例を検討する

---

3)　経済産業省「グループ・ガバナンス・システムに関する実務指針」（グループガイドライン）（2019年6月28日）92頁以下参照（https://www.meti.go.jp/press/2019/06/20190628003/20190628003_01.pdf）。さらに、近時はグループ内の海外現地法人等の海外拠点がサイバー攻撃の対象となっている事例も明らかになっている。企業活動のグローバル化に対応してシステム統合を進め、そのレベルを上げていくことにより、海外拠点がサイバー攻撃の起点となるリスクも高まることになることを認識し、海外の子会社等を含めたサイバーセキュリティを構築・運用することが一層重要になっていることにも留意が必要となる。海外拠点への対応に関しては、経済産業省「昨今の産業を巡るサイバーセキュリティに係る状況の認識と、今後の取組の方向性について」（2020年6月12日）11頁以下（https://www.meti.go.jp/press/2020/06/20200612004/20200612004-2.pdf）、独立行政法人情報処理推進機構（IPA）「サイバーセキュリティ経営ガイドライン ver2.0実践のためのプラクティス集第2版」（2020年6月3日）59頁以下（https://www.ipa.go.jp/files/000072309.pdf）も参照されたい。

ことを通じて、どのような発想で、どのようなレベルのシステムを構築すればよいのかについて示唆が得られる。

(3)　関連する裁判例の紹介

a　日本システム技術事件判決（最判平成 21 年 7 月 9 日判時 2055 号 147 頁）

　本件は、会社の従業員らが営業成績を上げる目的で架空の売上げを計上したため有価証券報告書に不実の記載がされ、結果として株主が損害を被ったことにつき、会社の取締役に従業員らによる架空売上げの計上を防止するためのリスク管理体制構築義務違反があるか否かが問題となった事案である。裁判所は、以下のように判示して、取締役の責任を否定した。

> 　「本件不正行為当時、上告人は、〈1〉職務分掌規定等を定めて事業部門と財務部門を分離し、〈2〉Ｃ事業部について、営業部とは別に注文書や検収書の形式面の確認を担当する BM 課及びソフトの稼働確認を担当する CR 部を設置し、それらのチェックを経て財務部に売上報告がされる体制を整え、〈3〉監査法人との間で監査契約を締結し、当該監査法人及び上告人の財務部が、それぞれ定期的に、販売会社あてに売掛金残高確認書の用紙を郵送し、その返送を受ける方法で売掛金残高を確認することとしていたというのであるから、上告人は、通常想定される架空売上げの計上等の不正行為を防止し得る程度の管理体制は整えていたものということができる。そして、本件不正行為は、Ｃ事業部の部長がその部下である営業担当者数名と共謀して、販売会社の偽造印を用いて注文書等を偽造し、BM 課の担当者を欺いて財務部に架空の売上報告をさせたというもので、営業社員らが言葉巧みに販売会社の担当者を欺いて、監査法人及び財務部が販売会社あてに郵送した売掛金残高確認書の用紙を未開封のまま回収し、金額を記入して偽造印を押捺した同用紙を監査法人または財務部に送付し、見掛け上は上告人の売掛金額と販売会社の買掛金額が一致するように巧妙に偽装するという、通常容易に想定し難い方法によるものであったということができる。
> 　また、本件以前に同様の手法による不正行為が行われたことがあったなど、上告人の代表取締役であるＡにおいて本件不正行為の発生を予見すべきであったという特別な事情も見当たらない。
> 　さらに、前記事実関係によれば、売掛金債権の回収遅延につきＢらが挙

げていた理由は合理的なもので、販売会社との間で過去に紛争が生じたことがなく、監査法人も上告人の財務諸表につき適正であるとの意見を表明していたというのであるから、財務部が、Ｂらによる巧妙な偽装工作の結果、販売会社から適正な売掛金残高確認書を受領しているものと認識し、直接販売会社に売掛金債権の存在等を確認しなかったとしても、財務部におけるリスク管理体制が機能していなかったということはできない。

　以上によれば、上告人の代表取締役であるＡに、Ｂらによる本件不正行為を防止するためのリスク管理体制を構築すべき義務に違反した過失があるということはできない。」

　すなわち、裁判所の判断過程としては、まずはリスクが発現した具体的な不正行為を離れて平時のリスク管理状況をふまえて、

①　通常想定される不正行為を防止し得る程度の管理体制の構築・運用が行われていたか、という点を判断している。そして、その上で、リスクが発現した具体的な不正行為をふまえて、

②　発生した不正行為を予見すべき特別の事情の有無

を判断している。

　したがって、サイバーセキュリティに関する内部統制システムを構築・運用するに当たっても、通常想定されるサイバーインシデントを防止し被害を最小化するために必要な内部統制システムを構築し運用する必要がある上、これに加えて、ある特定のサイバーインシデントを予見すべき特別の事情がある場合には、それへの対応を行う必要がある。

◆サイバー攻撃の周知性に関する参考裁判例

　上記②の発生した不正行為を予見すべき特別の事情の有無の判断について、サイバーセキュリティに関してはサイバー攻撃の手法が日々進化するという特殊性がある中で、どの程度の周知性があれば、そのような攻撃手法を予見すべき特段の事情があったと判断されるのか難しい問題がある。この点について、札幌高判平成17年11月11日（最高裁サイト下級裁主要判決情報）は、ウイルスソフトに感染した警察官の私用パソコンから捜査情報が流出したことについて被疑者が損害賠償を求めた事案において、

当該ウイルスソフトの出現確認から流出まで 5 日程度しか経過していなかったこと、当該ウイルスソフトが新たな特質を有すること、当該ウイルスソフトの情報は一般に周知されていなかったこと等をふまえて、当該警察官の管理担当者は当該流出を予見できなかった旨を認定している。他方で、山口地判平成 21 年 6 月 4 日（最高裁サイト下級裁主要判決情報）は、下請業者で発生した個人情報の漏えいの対応のために元請業者に生じた損害の賠償を元請業者が下請業者に求めた事案において、当該漏えいと類似の情報漏洩事故（ダウンロードしたファイル交換ソフトにより入手したファイルを閲覧することによりウイルスに感染し、保存していた別のファイルがネットワーク上へ流出する事故）が約 3 年前から多発しており、そのことは個人情報を取り扱う事業者の周知するところとなっていたことをふまえて、下請業者が当該事案における個人情報の漏えいを予見できた旨を認定している。これらの事案は内部統制システムの構築・運用とは場面を異にするものではあるが、周知性に関する裁判所の判断として参考になると思われる。

b　ヤクルト事件東京地裁判決（東京地判平成 16 年 12 月 16 日判タ
　 1174 号 150 頁）

　本件は、デリバティブ取引により会社に巨額の損失が発生したことについて、デリバティブ取引に関するリスク管理体制が採られていたか否かが問題となった事案である。裁判所は、以下のとおり判示して、リスク管理体制の不備を否定した。

> 「しかしながら、このようなリスクが会社に与える影響の把握とそれに見合った必要なリスク管理体制をどのようなものにするか、さらにはリスク管理の結果を踏まえて資金運用担当の取締役がどのようにして資金の運用を行うかは、会社の規模、事業内容、当該資金運用の性質・内容等に応じて全く異なるものであり、これらの諸事情や会社の置かれている状況などを踏まえたうえで、会社の経営者としての専門的かつ総合的判断であることからすると、これらの認識及び判断の内容は、意思決定の時点において一義的に定まるものではなく、取締役の経営判断に属する事項としてその裁量が認められるべきであり、いわゆる経営判断の原則が妥当する。
> したがって、上記判断について取締役の責任を問うためには、取締役の

　判断に許容された裁量の範囲を超えた善管注意義務違反があったか否か、すなわち、意思決定が行われた当時の状況下において、取締役に一般的に期待される水準に照らして、当該判断をする前提となった事実の認識の過程（情報収集とその分析、検討）に不注意な誤りがあり、合理性を欠くものであったか否か、そして、その事実認識に基づく判断の推論過程及び内容が明らかに不合理なものであったか否かが問われるべきである。

　そして、このような判断は、取締役としての幅広い観点からの分析が求められているというべきであるが、リスクの把握や構築すべきリスク管理体制の内容、さらにはリスクを踏まえてどのような措置をとるべきかは、リスクが顕在化して生じる様々な損失事例の蓄積や、リスク管理に関する実務上ないし行政上の研究・指導の発展によって充実していくものであるから、当該取締役の経営判断がその裁量の範囲内であったか否かは、あくまでも意思決定の行われた時点におけるリスクに対する認識可能性やリスク管理体制の水準、さらには当時会社が置かれていた状況を基準に検討すべきであって、その後現在までに集積された知見や経験をもとに、結果責任を問うものであってはならない。特に、本件で問題となっているデリバティブ取引については、後記(3)のとおり、リスク管理体制の水準やリスクに対する認識が、急速に進展してきたという事情にも十分に留意すべきである。」4)

　このように、個々の会社において構築および運用するべき内部管理システムの具体的内容は、取締役の経営判断としてその裁量に委ねられる側面があるものの、他方で、それまでのリスク顕在化事例の蓄積や、リスク管理に関する実務上・行政上の研究等を参照して判断されるべき旨が判示されている。

　なお、システム開発等の委託に関しベンダの負担する債務内容が争わ

---

4)　広島高判令和元年10月18日（LEX/DB25564819）は、持株会社およびその子会社からなる「グループにおいては、事業会社経営管理規程等の各種規程が整備され、それらに基づき、人事や事業計画への関与、グループ全体のリスク評価と検討、各種報告の聴取等を通じた一定の経営管理をし、法令遵守を期していたものであるから、企業集団としての内部統制システムがひととおり構築され、その運用がなされていたといえる。そして、会社法は内部統制システムの在り方に関して一義的な内容を定めているものではなく、あるべき内部統制の水準は実務慣行により定まると解され、その具体的内容については当該会社ないし企業グループの事業内容や規模、経営状態等を踏まえつつ取締役がその裁量に基づいて判断すべきものと解される」等と判示している。

れた事例である東京地判平成 26 年 1 月 23 日判時 2221 号 71 頁は、その当時の技術水準に沿ったセキュリティ対策を施したプログラムを提供することが黙示的に合意されていたとし、その技術水準の判断において、IPA による SQL インジェクション攻撃に関する注意喚起、その対策等が公表されていた事実を認定し、このような対策がとられたプログラムを提供すべき債務を負担していたと判断している。内部統制システムの構築とは場面が異なるものの、裁判所が IPA による注意喚起の存在を考慮したことは、「実務上の研究・指導」としてどのようなものが含まれるかの判断の参考になるものと思われる。

　したがって、サイバーセキュリティに関する内部統制システムを構築するにあたっても、これまでのサイバーインシデントの事例の蓄積や、関連する行政機関等が公表するガイドラインを十分にふまえる必要がある。また、サイバーセキュリティに関する内部統制システムを適切に構築することを怠った場合には、漏えいした個人情報の本人や株主等、サイバーインシデントに起因して損害を被った者によって、取締役の責任を追及する訴訟等が提起される可能性が十分にある。

⑷　関連裁判例をふまえたサイバーセキュリティの分野におけるリスクベース・アプローチのあり方

　悪意の攻撃者により日々進化するサイバー攻撃に対応しなければならないというサイバーセキュリティリスクに特有の事情のもとでは、そのリスクをゼロにすることはほぼ不可能であること[5]、限りある経営資源を活用して効果的なサイバーセキュリティを構築・運用しなければならないことをふまえれば、このような訴訟等のリスクに対する備えとしては、判例上、経営判断としての一定の裁量があることに鑑み、その構

---

5)　サイバー攻撃と防御の非対称性については、田川義博＝林紘一郎「サイバーセキュリティのための情報共有と中核機関のあり方——3 つのモデルの相互比較とわが国への教訓」情報セキュリティ総合科学第 9 号（2017 年 11 月）18-19 頁に、①攻撃の成否、②手段とコスト、③対応組織と要因、④予備要因、⑤国家連携、⑥国家の潜在的支援、⑦ CPU パワーと制御、⑧行為者の特定の観点から攻撃側有利であることが表にまとめられており、参考になる。

築・運用に際してはリスクベース・アプローチをとることが適切である。このリスクベース・アプローチの下では、①事業について内部・外部から幅広い情報収集を行うとともに、自社のシステム、ウェブサイト等に生じうるサイバーセキュリティリスク（様々な攻撃手法をふまえ、事業上保有する個人情報の漏えいや、重要な事業資産としての営業秘密の流出、運営するウェブサイトに対する DDos 攻撃等による事業停止等[6]）を包括的かつ具体的に特定し、重大なリスクの所在や、態勢整備が急務である領域を洗い出すプロセス、②①のプロセスにより特定されたリスク、または、特定の部門・部署に関する態勢整備等、個別領域のリスクについてアセスメントを行い、その重大性をふまえた優先順位のもとでリスクを低減・制御するための具体的な行動計画（なおリスクの低減・制御の他に、そのようなリスクを発生する原因となる事業等を行わないといったリスクの回避や、サイバー保険を利用しリスクの移転といった手段もある）を策定し、実行するプロセスを経ることにより、効果的なサイバーセキュリティの構築・運用が可能となる[7]。

　このサイバーセキュリティリスクの特定・評価に際しての判断軸としては、情報セキュリティの三大要素といわれる「機密性」（情報へのアクセスを認められた者だけが、その情報にアクセスできる状態を確保すること）・「可用性」（情報へのアクセスを認められた者が、必要時に中断することなく、情報および関連資産にアクセスできる状態を確保すること）・「完全性」（情報が破壊、改ざんまたは消去されていない状態を確保すること）の観点も考慮することが考えられる。たとえば、システムのうち高い可用性が求められるシステム（取引決済システムなど、顧客や対外取引に影響のあるシステム）や機密性の高いデータを扱うシステム（個人情報や営業秘密を扱うシステム）に関しては、リスク評価を「高」とし、管理のレベルを上げることが考えられる。他方で、機密性の高いデータを扱うシステムであっても、たとえば、会議予約システムといった内部管理上の

---

6)　サイバー攻撃の様々な手法については**第３部第１章**を参照されたい。
7)　金融庁「コンプライアンス・リスク管理に関する検査・監督の考え方と進め方（コンプライアンス・リスク管理基本方針）」（2018 年 10 月）10 頁参照（https://www.fsa.go.jp/news/30/dp/compliance_revised.pdf）。

システムについては断片的な個人情報が扱われるにとどまり、漏えい時のインパクトは大きくないと評価し、他の機密性の高いデータを扱うシステムよりも管理のレベルを下げるといった判断にも一定の合理性はあるものと思われる[8]。

⑸　サイバーセキュリティの分野における「行政上の研究・指導」

以下では、サイバーセキュリティの分野における「行政上の研究・指導」として重要と思われるものについて紹介する。ここで掲げるものの他、サイバーセキュリティの分野において留意すべき「行政上の研究・指導」に関しては、巻末「サイバーセキュリティ対策の参考情報」（2020 年 6 月末時点）に掲げている[9]。

a　サイバーセキュリティ経営ガイドライン

経済産業省および独立行政法人情報処理推進機構（IPA）は、サイバーセキュリティ対策において経営者のリーダーシップが発揮されることを推進することを目的に、2015 年 12 月 28 日に「サイバーセキュリティ経営ガイドライン」を公表した。同ガイドラインは、「営業戦略としてのセキュリティ投資は必要不可欠かつ経営者としての責務である」との認識の下、経営者を対象として、サイバー攻撃から企業を守る観点

---

8)　可用性・機密性の観点からのシステム・データの分類として公益財団法人金融情報システムセンター「金融機関におけるクラウド利用に関する有識者検討会報告書」（2014 年 11 月）図表 G「重要度からみたシステム／データ分類例」（https://www.fisc.or.jp/document/fintech/file/190_0.pdf）も参考になる。また、IPA「サイバーセキュリティ経営ガイドライン Ver2.0 実践のためのプラクティス集 第 2 版」（https://www.ipa.go.jp/files/000072309.pdf）プラクティス 4 - 1 は経営への重要度や脅威の可能性をふまえたサイバーセキュリティリスクの把握と対応について紹介しており、引用されている IPA「中小企業の情報セキュリティ対策ガイドライン付録 7 リスク分析シートの利用方法」（https://www.ipa.go.jp/security/keihatsu/sme/guideline/index.html）とあわせ、リスクアセスメントを最初に行う際の考え方として参考になる。
9)　IPA「サイバーセキュリティ経営ガイドライン Ver2.0 実践のためのプラクティス集 第 2 版」付録「サイバーセキュリティ対策の参考情報」に筆者らが加筆した。

で、経営者が認識する必要のある３原則および経営者がサイバーセキュ
リティ対策を実施する上での責任者となる担当幹部に対して指示すべき
重要10項目を提示している。同ガイドラインは、サイバーインシデン
ト発生時の復旧等の有事対応がより重要になってきていること等をふま
え、2017年11月16日に改訂された。

Ⅱ．経営者が認識すべき３原則
　経営者は、以下の３原則を認識し、対策を進めることが重要である。
　⑴　経営者は、サイバーセキュリティリスクを認識し、リーダーシップ
によって対策を進めることが必要
（経営者はリーダーシップをとってサイバー攻撃のリスクと企業への影響を
考慮したサイバーセキュリティ対策を推進するとともに、企業の成長のた
めのセキュリティ投資を実施すべきである。）
　⑵　自社は勿論のこと、ビジネスパートナーや委託先も含めたサプライ
チェーンに対するセキュリティ対策が必要
（自社のサイバーセキュリティ対策にとどまらず、サプライチェーンのビジ
ネスパートナーや委託先も含めた総合的なサイバーセキュリティ対策を実
施すべきである。）
　⑶　平時及び緊急時のいずれにおいても、サイバーセキュリティリスク
や対策に係る情報開示等、関係者との適切なコミュニケーションが必要
（平時からステークホルダー（顧客や株主等）を含めた関係者にサイバーセ
キュリティ対策に関する情報開示を行うこと等で信頼関係を醸成し、イン
シデント発生時にもコミュニケーションが円滑に進むよう備えるべきであ
る。）

Ⅲ．サイバーセキュリティ経営の重要10項目
　経営者は、サイバーセキュリティ対策を実施する上での責任者となる担
当幹部（CISO等）に対して以下の重要10項目を指示すべきである。
　指示１：サイバーセキュリティリスクの認識、組織全体での対応方針の
　　　　　策定
　指示２：サイバーセキュリティリスク管理体制の構築
　指示３：サイバーセキュリティ対策のための資源（予算、人材等）確保
　指示４：サイバーセキュリティリスクの把握とリスク対応に関する計画
　　　　　の策定
　指示５：サイバーセキュリティリスクに対応するための仕組の構築
　指示６：サイバーセキュリティ対策におけるPDCAサイクルの実施

指示 7：インシデント発生時の緊急対応体制の整備
指示 8：インシデントによる被害に備えた復旧体制の整備
指示 9：ビジネスパートナーや委託先等を含めたサプライチェーン全体
　　　　の対策及び状況把握
指示 10：情報共有活動への参加を通じた攻撃情報の入手とその有効活用
　　　　　及び提供

　また、IPA は、「サイバーセキュリティ経営ガイドライン Ver2.0 実践
のためのプラクティス集 第 2 版」を公表している。同プラクティス集
は、サイバーセキュリティ経営ガイドラインの内容をふまえて、各企業
の事例をベースとして、実践するべき内容をより具体的に示しており、
実務的に参考になる。

b　情報セキュリティ管理基準

　経済産業省は、組織が効果的な情報セキュリティマネジメントを構築
し、適切なコントロールを整備・運用するための実践的な規範とするた
めに、2003 年に「情報セキュリティ管理基準」を策定した。以後、情
報セキュリティマネジメントに関わる国際規格（ISO/IEC）等の改訂に
伴い改訂されている。本管理基準は日本における ISMS 認証制度である
ISMS 適合性評価制度において用いられる適合性評価の尺度にも整合し
ている。本管理基準は、すべて実施すべき事項であるマネジメント基準
と、組織におけるセキュリティマネジメントを確立するためリスク対応
方針に従った管理策の選択肢としての管理策基準により構成される。前
者は情報セキュリティマネジメントの確立と運用等からなり、後者は情
報セキュリティを構築するための組織的・人的・技術的・物理的管理策
等からなる。

c　組織における内部不正防止ガイドライン

　IPA は、組織における内部不正による情報セキュリティ上のインシデ
ントの発生による被害を防止するための管理のあり方および発生時の早
期発見・拡大防止のための体制整備について指針を示すことを目的とし
て 2013 年 3 月に「組織における内部不正防止ガイドライン」を策定し

た。同ガイドラインは、内部不正の防止に限らず、サイバーセキュリティにおいて一般的に構築すべき管理体制としても参考になる。

　d　個人情報の保護に関する法律についてのガイドライン（通則編）

　個人情報保護委員会は、個人情報保護法の解釈適用に関する指針を示すために、個人情報保護法ガイドラインを公表している。その中では、個人情報保護法 20 条が個人情報取扱事業者に対して義務づける安全管理措置の具体的内容として、「8（別添）講ずべき安全管理措置の内容」が設けられており、その内容はサイバーセキュリティの観点からも有用であり、整備するべき体制の枠組として参照できる。

　上記に加えて、金融庁は、「金融機関のサイバーセキュリティ対策における経営陣・CISO 等に期待される役割・責任に関する調査研究【報告書】」を公表している。同報告書は、日本および米国のサイバーセキュリティ関係の規制等の内容を概観・比較した上で、企業内の最高情報セキュリティ対策責任者（Chief Information Security Officer（CISO））等へのインタビュー結果をふまえ、CISO 等に期待される役割（方針策定、リスク評価・管理、リソース（ヒト・モノ・カネ）の確保・人材育成、インシデント対応）を示している。

⑹　サイバーセキュリティの分野におけるその他の「実務上の研究・指導」

　また、以下の各種団体のガイドラインは、「実務上の研究・指導」として参考になる。

　a　サイバーリスクハンドブック――取締役向けハンドブック日本版

　一般社団法人日本経済団体連合会（経団連）は 2019 年 10 月 31 日「サイバーリスクハンドブック――取締役向けハンドブック日本版」を公表した。同ハンドブックは、インターネット・セキュリティ・アライアンス（Internet Security Alliance）と全米取締役協会が 2014 年に作成した「企業の取締役向けサイバーリスクハンドブック」をふまえ、その国際的な

展開に取り組んできたインターネット・セキュリティ・アライアンスと経団連が協力して作成したものである。同ハンドブックは、米国等の企業との取締役会が果たす役割の違い（取締役会のメンバーが、監督のほか、自ら担当分野の業務執行を担うケースもあること）にも留意して作成され、具体的には以下の 5 原則を示している。

原則 1 ：取締役は、サイバーセキュリティを、単なる IT の問題としてではなく、全社的なリスク管理の問題として理解し、対処する必要がある。
原則 2 ：取締役は、自社固有の状況と関連付けて、サイバーリスクの法的意味を理解すべきである。
原則 3 ：取締役会は、サイバーセキュリティに関する十分な専門知識を利用できるようにしておくとともに、取締役会の議題としてサイバーリスク管理を定期的に取り挙げ、十分な時間をかけて議論を行うべきである。
原則 4 ：取締役は、十分な人員と予算を投じて、全社的なサイバーリスク管理の枠組みを確立すべきである。
原則 5 ：サイバーリスクに関する取締役会における議論の内容として、回避すべきリスク、許容するリスク、保険等によって軽減移転すべきリスクの特定や、それぞれのリスクへの対処方法に関する具体的計画等を含めるべきである。

　b　CISO ハンドブック──業務執行として考える情報セキュリティ
　特定非営利活動法人日本ネットワークセキュリティ協会（JNSA）社会活動部会 CISO 支援ワーキンググループは、「CISO ハンドブック──業務執行として考える情報セキュリティ」を公表している。同ハンドブックは、CISO が経営陣の一員であることをふまえ、技術的な視点のみならずビジネスの視点も重要であることを念頭に、CISO が業務を遂行するに当たっての目標と指標、および施策を評価する判断基準等を解説している。

　c　セキュリティ対応組織（SOC/CSIRT）の教科書
　JNSA および日本セキュリティオペレーション事業者協議会（ISOG-J）は、「セキュリティ対応組織（SOC/CSIRT）の教科書第 2.1 版」を公表し

ている。同文書は、各企業によってセキュリティ対応組織のあり方は
様々であることを前提にしつつも、機能・役割・人材スキル・成熟度の
観点から、各セキュリティ対応組織の共通項を抽出して、求められる事
項を体系的に提示している。

d　産業横断サイバーセキュリティ人材育成検討会の報告書

　一般社団法人サイバーリスク情報センターおよび産業横断サイバーセ
キュリティ人材育成検討は、企業における重要インフラ業務に共通す
るセキュリティ業務と組織構造との関係をふまえたサイバーセキュリ
ティ人材の育成等のため、検討会を開催しその内容を報告書として公表
している。第一期においてまとめられた「産業横断人材定義リファレン
ス」では、サイバーセキュリティ対策に必要となる主要な機能を 14 項
目に整理し、その役割を「管理職」「セキュリティ担当職」「担当職」
「監査・個人情報保護」の４つに整理し、役割に紐付く担当者に細分化
している。第二期においても、引き続きセキュリティ人材の検討等を行
いつつ、サプライチェーン全体のサイバーセキュリティ向上についても
言及がされており、参考になる。

(7)　過去の他社事例からの気づき

　上記の実務上ないし行政上の研究・指導等の他、実際に他社事例とし
て発生したインシデントについても、日本システム技術事件判決で言及
されている、「発生した不正行為を予見すべき特別の事情の有無」の観
点から、自社のサイバーセキュリティ確保のための態勢整備上、留意す
べきものと考えられる。

a　ベネッセコーポレーションの委託先従業員による個人情報漏えい事件

　ベネッセコーポレーションは、顧客の個人情報の分析するシステムの
開発・運用等を外部業者に委託していたところ、2014 年 6 月頃、当該
委託先会社の従業員により、同社の顧客の個人情報が不正に持ち出され
る事件が発生した。同社が設置した個人情報漏えい事故調査委員会が
2014 年 9 月 25 日に行った調査報告の概要によれば、同社グループにお

いては、情報セキュリティに関するグループ全体の統括責任者が必ずしも明確に定められていなかったとともに、情報セキュリティについてグループ全体で統括的に管理を行う部署が存在しなかった。また、組織再編が頻繁に行われた結果、業務の承継が不十分であったり、組織間で責任・権限の所在が不明確になる場合があった。さらに、個人情報管理の責任部門が不明確で、高度な専門性を持つ専門家の支援の下での実効性ある監査が行われていなかったとされている。

　現在取るべきとされるサイバーセキュリティに関する内部統制システムの水準は、当時の同社グループに求められた水準よりも高いものと認められるものの、サイバーセキュリティに関する統括責任者を明確に定め、管理を行う部署を設け、また、実効的な監査を行うことの重要性は現在においても変わらないものと考えられる。

　b　他社におけるインシデント事例等

　他社におけるセキュリティインシデントの事例および傾向等については、IPA が毎年度公表している「情報セキュリティ10 大脅威」の他、IPA が公表する、「サイバーセキュリティ経営ガイドライン ver1.0 解説書」別添被害事例集、「IT サプライチェーンの業務委託におけるセキュリティインシデント及びマネジメントに関する調査報告書」付録「IT サプライチェーンで発生したインシデント事例集」が参考になる。また、タイムリーにセキュリティインシデントに関する情報等を収集する手段としては、IPA のウェブサイトにおける「重要なセキュリティ情報一覧」や、一般社団法人 JPCERT コーディネーションセンターのウェブサイトにおける「注意喚起」、警察庁のセキュリティポータルサイト「@ police」等が有用である。

2　内部統制システム構築の観点からの社内態勢の整備

　会社は経営層を中心にビジネスを成功に導くための活動を行う。ビジネス活動の周辺にはリスクが存在し、サイバーセキュリティのリスクもそのひとつである。最近ではサイバーセキュリティのリスクも経営課題の一つとして考えられている[10]。

　これまでもリスクという観点は経営において重要視され、たとえば事業継続計画（BCP: Business Continuity Plan）を定めるなどして、自然災害などの発生を契機に、有事の対応を発動するような考え方が浸透してきている。一方でサイバーセキュリティにおけるリスクを考えた場合、自然災害のように発生のトリガーが明確とは限らず、何をもって「有事」であると判断するかは、あらかじめビジネスの影響などを勘案し、平時の段階から継続に監視を行ってインシデントを検知することにより有事へ移行するか都度判断を行うという難しさがある。

　また、セキュリティの対策や管理についていえば、IT の活用やデジタル化、たとえば IoT の活用やデジタルトランスフォーメーション（DX: Digital Transformation）への取組みにより、その対象は、これまでの情報システム部門が対応するような社内システムの範囲だけではなく、自社のサービスや製品提供に関わる産業システムなどにも広がってきている。セキュリティガバナンスの面においては、自社だけではなく、グループ企業や関連するサプライチェーンも含めて企業を統制する必要も出てきている。

　このように、サイバーセキュリティの対応の幅は広がらざるを得なくなり、情報システム部門のみならず、各事業部門や法務や総務などの管理部門とも横断的に連携することが必要となっている。その実態に合わせ「サイバーセキュリティ経営ガイドライン Ver 2.0」[11] においても「サイバーセキュリティリスク管理体制を構築」が重要な指示事項となっている。

　企業や組織の活動においてサイバーセキュリティを統括的に対処するための体制は、その組織や企業の成り立ちや文化・風土によって、どのように位置づけるかは様々である。昨今では大企業を中心に、社長の直轄としてサイバーセキュリティ対策を実施する上での責任者となる担当幹部（CISO 等）を置き、それを支え、実務レベルとも調整を行う統括

10）　内閣サイバーセキュリティセンター「サイバーセキュリティ関係法令 Q&A ハンドブック」（https://www.nisc.go.jp/security-site/law_handbook/index.html）。

11）　経済産業省「サイバーセキュリティ経営ガイドライン」（https://www.meti.go.jp/policy/netsecurity/mng_guide.html）。

部門を設けるケースも増えてきている[12] [13]。

　産業横断サイバーセキュリティ人材育成検討会[14] ではこういった組織体制を構築し、サイバーセキュリティ対応を推進するために「セキュリティ統括（室）」を定義している。ここではその定義を参考に説明していく。

[図表 2-1-1] サイバーセキュリティリスク管理体制の例

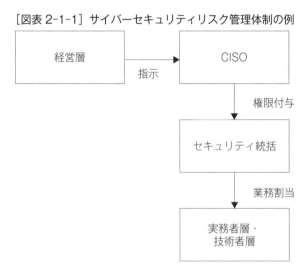

　セキュリティ統括は経営層が策定したセキュリティの方針を実現するために、具体的にどのようなセキュリティ対応業務を行うかを定義する。定義した業務を体制の中でどの組織で行うかを決定し、組織体制ができあがる。各組織において実務者層・技術者層がその業務を実現するための具体的なセキュリティ対策製品やサービスを導入し、これを維持していくという全体感がみえてくる。

　CISO が頭脳、セキュリティ統括が心臓部、実務者層・技術者層が手

---

12)　株式会社日立製作所（http://www.hitachi.co.jp/New/cnews/month/2017/09/0915.html）。

13)　三菱電機株式会社（https://www.mitsubishielectric.co.jp/corporate/csr/governance/information_security/structure/index.html）。

14)　産業横断サイバーセキュリティ人材育成検討会 報告書（https://cyber-risk.or.jp/cric-csf/report/index.html）。

足となり、全体が連続したつながりとしてサイバーセキュリティ体制が形作られるべきである。どの役割も欠かすことができないが、サイバーセキュリティ体制は一度作れば終わりというただの静的な「体制」ではなく、状況に応じて動的に変化していく「態勢」としていくためには、その心臓を絶え間なく動かし続ける必要がある。

　以下に、具体的な組織体制の構築と、その継続的な見直しについて述べる。

(1)　組織体制の構築

a　構築に向けた準備

　組織体制の構築に向けて、ここでは「サイバーセキュリティ経営ガイドライン Ver2.0」の指示を参考に進める。

　組織体制の構築に関連した指示は「指示2」である。指示2を実施するまでに前段で実施しておく指示も含めて以下の流れとなる。

1. 指示4でサイバーセキュリティリスクを把握する
2. 指示1でセキュリティポリシーを策定する
3. 指示2でサイバーセキュリティリスク管理体制を構築する

指示4　サイバーセキュリティリスクの把握とリスク対応に関する計画の策定

　経営戦略の観点から守るべき情報を特定させた上で、サイバー攻撃の脅威や影響度からサイバーセキュリティリスクを把握し、リスクに対応するための計画を策定させる。
　その際、サイバー保険の活用や守るべき情報について専門ベンダーへの委託を含めたリスク移転策も検討した上で、残留リスクを識別させる。

　ここでは、ビジネスに関連する守るべき情報や守るべきものを特定し、サイバーセキュリティリスクを把握する。

　リスクの把握については上記 1 (2)においても若干触れているが、この指示において何を守るべきか何がリスクとなるのかはビジネスを行う部門だけが検討するのではなく、幅広い部署や部門も検討に参加する必要がある。

　法的なリスクについては法務部門が専門であり、何か起きた際の対応については総務部門が専門である。幅広く管理部門も含めたサイバーセキュリティリスクの把握と検討を行う。

指示1　サイバーセキュリティリスクの認識、組織全体での対応方針の策定

　サイバーセキュリティリスクを経営リスクの一つとして認識し、組織全体での対応方針（セキュリティポリシー）を策定させる。

　経営層は、組織全体としての対応方針（セキュリティポリシー）を策定する。セキュリティポリシーは方針であるので、これを起点に具体的なセキュリティの対策として実現をすることとなる。

指示2　サイバーセキュリティリスク管理体制の構築

　サイバーセキュリティ対策を行うため、サイバーセキュリティリスクの管理体制（各関係者の責任の明確化も含む）を構築させる。
　その際、組織内のその他のリスク管理体制とも整合を取らせる。

　指示2では経営層は「サイバーセキュリティリスク管理体制を構築し責任範囲を明確にする」とある。
　ここで、指示1で策定したセキュリティポリシーから具体的なセキュリティの対策を行う体制を構築し、その責任範囲を明確にすることになる。
　最初に、セキュリティポリシーをどのような順で具体化するかを示す。
　IPAの「情報セキュリティマネジメントとPDCAサイクル」[15] では、以下の3階層で段階的に具体的に文書化をしている。

「基本方針（ポリシー）」
「対策基準（スタンダード）」

---
15)　IPA「情報セキュリティマネジメントとPDCAサイクル」（https://www.ipa.go.jp/security/manager/protect/pdca/risk.html）。

「実施手順（プロシージャ）」

　ポリシーを具体化するために対策基準として具体的なルール、「管理策」が決定される。

　この具体的なルールとしての管理策を策定するためには、各種の法律や規則、社内規則が前提となる。この管理策の策定においても法務部門や総務部門、監査部門などすでにあるルールと整合が取れるように連携を行う[16]。

　管理策が決まれば、そのルールを実現するための業務やサービスを決定することができるようになる。

　業務やサービスについては、それぞれの「実施手順」を作成することができるようになる。

　セキュリティポリシーから手順までの具体化の流れと同様に、それを実現するための組織体制が構築される。

　図表2-1-2で体制構築までの全体像とそれぞれの場面で参照するガイドラインを示す。

　ｂ　構築プロセス

　まず、サイバーセキュリティ体制の中で具体的にどのような活動をすべきかを下記の流れで定義することが考えられる。

① セキュリティポリシーを策定する

　経営層がサイバーセキュリティリスクを把握し、セキュリティポリシーを決定する。

　サイバーセキュリティリスクの把握には、事業部門だけではなく法務部門や総務部門など幅広く含めた検討が必要である。

② セキュリティ管理策を策定する

　CISO を中心にセキュリティ統括にて、セキュリティポリシーを具体

---

16)　社内規程については**第２部第４章**も参照。

［図表 2-1-2］体制構築の全体像と参照するガイドライン例

化するルールのセキュリティ管理策を策定する。ルールには法律や規制、社内の規則なども検討範囲に含まれるため、法務部門や総務部門や監査部門などの連携が必要である。

3　セキュリティ対応業務カタログを作成する

　セキュリティ統括がセキュリティ管理策を実現するために実装すべき業務を明確にする。どのような業務をすべきか明確にするために、たとえば「セキュリティ対応組織の教科書」[17]で示されている 54 の機能や、「CSIRT 人材の定義と確保」[18]の役割・業務内容などを参考に実装候補

---

17)　日本セキュリティオペレーション事業者協議会（ISOG-J）「セキュリティ対応組織の教科書 v2.1」（https://isog-j.org/output/2017/Textbook_soc-csirt_v2.html）。
18)　日本シーサート協議会（NCA）CSIRT「人材の定義と確保 Ver.1.5」（https://www.nca.gr.jp/activity/training-hr.html）。

をピックアップする。

4 セキュリティ対応業務プロファイルを作成する

実装すべき業務を明確にしたあとは、それを具体的に誰が（どの担当が）主体に実行するのか割り当てを決める。組織内のどの部署でどの業務を行うかは組織ごとに異なる。そのため、組織パターンは多岐にわたる。すべての業務を会社内の組織だけで行えないこともあるので、マネージドサービスプロバイダー(MSSP) などの外部委託先（アウトソーサー）を活用することも検討する。

5 セキュリティ対応業務ポートフォリオを作成する

何らかの指標（「セキュリティ対応組織の教科書」で定義された成熟度モデルや、ENISA SIM3[19] など）に基づき、体制構築時点の成熟度と、将来的な目標とする成熟度を設定する。

セキュリティポリシーの策定から、セキュリティ統括を中心に業務を割り当て、組織体制を構築するプロセスを例示した。

どの業務をどの部署に割り当てるかについては組織ごとの状況やリソース（要員や予算）に依るところもある。セキュリティの業務で監視を中心に行う部署を SOC（Security Operation Center）、有事の際のインシデントレスポンスを中心に行う部署 CSIRT（Computer Security Incident Response Team）を専門組織で配置することもある。例としてセキュリティ統括との組織パターンは以下となる。

　ⅰ．セキュリティ統括に CSIRT と SOC の業務を含む
　ⅱ．セキュリティ統括が CSIRT を含み、SOC はベンダに外部委託
　　　（アウトソース）する
　ⅲ．セキュリティ統括と CSIRT と SOC を独立させる

---

19) Open CSIRT Foundation SIM3 Model & References（https://opencsirt.org/csirt-maturity/sim3-and-references/）

セキュリティ統括が中心となり、セキュリティの業務や法務や総務など他の管理部門と連携や支援を行う。どの業務を外部委託（アウトソース）するのか、その場合はどこまでを責任範囲かを明確にしながら体制を構築する。

昨今では自社だけではなく、関連するグループ企業やサプライチェーンも合わせたセキュリティ体制について連携した管理を考えることも多くなっている。

セキュリティの対応を連携するためには、体制の構築と同様に、セキュリティポリシーと管理策、業務のすり合わせを順に行う必要がある。

関連するグループ企業やサプライチェーンで同じ法律や規則の影響を受けるのであれば、管理策の段階で法務部門との協働により共通した管理策を策定することができるようになる。各社のセキュリティ統括がセキュリティ部門と各種管理部門と連携しながら、関連する会社間の連携を取り、全体としてのセキュリティ対策を進める。

ここまでセキュリティポリシーを具体化しつつ、セキュリティ統括により行うべきセキュリティの業務を選択し、業務を割り振ることでの体制構築を例示した。

⑵　体制を機能させるための管理プロセス

次にこの構築した体制を機能させるための管理プロセスを例示する。

a　管理プロセス

構築した体制を動的に機能させるために 3 つのフェーズを実現する必要がある。

● 企画・管理

サイバーセキュリティ対応方針に基づき、その実行に必要となる仕組み（体制、業務プロセス、システムなど）の検討、構築、および見直しによる追加を行う。

● 運用

「運用」では、導入された仕組みの恒常的な実行と維持を行う。概ね平時の営みがこれにあたる。インシデント検知のための分析や、セキュリティ対応システムの監視やメンテナンスなどを行う。このような分析運用を行う組織は SOC と呼ばれることが多い。

● 　対応

「対応」では、「運用」での分析で検知された事象に対し、インシデント対応を実行する。概ね有事の営みがこれにあたる。インシデント対応を行う組織は CSIRT と呼ばれることが多い。インプットは「運用」からだけとは限らず、自組織外からの申告や、外部団体からの通達などを発端にした対応も行う。

構築した体制で日々運用を行い機能させるためにも、セキュリティ統括は SOC や CSIRT といったセキュリティ中心の部門と連携するだけではなく、他の部門、管理部門であれば法務部門や総務部門、監査部門や広報部門などとも連携をする。セキュリティの対策が必要な事業部門とも連携を行い、全社的なセキュリティの対策の実施や支援に中心的な役割を果たす。

(3)　構築した体制の継続的な見直し（PDCA）
a　短期・長期サイクル

構築した体制については継続的に見直し、現在のビジネスの環境やリスク、法律や規制に合わせたセキュリティ対策を行う必要がある。見直しを進めるためには大きく 2 つのサイクルが存在する。

● 　短期サイクル

「運用」と「対応」の業務が日々行われていく。その中で、業務プロセス上の問題点や、セキュリティ対応システムにおける課題が必ず発現する。そのため必ず見直しを行い、それらの課題に対し、導入された仕組みの中で、短いサイクルで改善を行っていく必要がある。たとえば、単純業務の簡単な自動化や、分析精度向上のためのツール改善、レポート項目の見直しなどがそれにあたる。あくまで、割り当てられたリソース（人員、予算、システム）内での短期的な見直しが該当する。

● 　長期サイクル

　新たなリソースの割り当てが必要となるような見直しが該当する。

　「短期サイクル」の見直しにおいて、導入された仕組みの中では解決できないような課題が挙げられた場合は、長期的な視点、計画をもって対応を行う。たとえば、新たなセキュリティ製品の導入や、大幅なセキュリティ対応方針の見直し、運用基盤の大規模な構成変更などがそれにあたる。

　短期のサイクルでは、日々の業務の運用レベルでの見直しを行っている。そこにはサイバー攻撃によって被害が出たことにより業務を見直す、というケースもある。日々の対応の中で改善点をみつけるため、被害が出ていなくても、検知率を上げることや業務手順の見直しなどを継続して行う必要がある。

　長期のサイクルでは、組織体制のレベルで全体に影響する見直しを行っている。

　見直しにつながる観点としては以下 3 つである。

　　1 　周辺環境の変化、ビジネスの変化、リスクの変化
　　2 　法律や規制の変化、社内規程の変化
　　3 　セキュリティの業務の見直し

　周辺環境の変化、ビジネスの変化、リスクの変化は、これまで策定してあるセキュリティポリシーの変化につながる。

　セキュリティポリシーが変化することは、それ以降の管理策やセキュリティ業務の選択に影響が出るものである。

　きっかけとしては取締役や監査役による監査や、外部の認定や認証による監査が想定される。

　経営層はセキュリティポリシーの変更から、再度サイバーセキュリティ経営の指示 2 に関連しての体制の見直しを指示する。

　法律や規則の変化、社内規程の変化は、これまで策定してある管理策の変化につながる。管理策が変化することは、セキュリティ統括が定めたセキュリティの業務やセキュリティの組織体制の選択に影響が出るも

のである。

きっかけは総務部門や法務部門による規約や法律の変化の情報、外部の認証のガイドラインの変化が想定される。

セキュリティ統括は各部門と連携し、セキュリティの業務や業務の配置の見直しを行う。

b　セキュリティ業務の評価プロセス

セキュリティ統括室から SOC や CSIRT を含めた体制を形骸化させないために、各種の成熟度を活用した方法が利用できる。例として下記の3つの観点でギャップ分析を実施する。

● 　成熟度のギャップ

体制構築時にセキュリティ対応業務ポートフォリオにおいて定めた、将来的な目標とする成熟度がどの程度達成できているかを可視化し、改善すべき点を抽出する。

● 　業務割り当てのギャップ

体制構築時にセキュリティ対応業務プロファイルにおいて決定した実行主体が業務を遂行できていない場合は、リソースの追加や割り当ての見直しを検討する。

● 　実装業務そのものギャップ

セキュリティ対応業務カタログを作成した時点から状況が変化しているのであれば、改めて実装すべき業務を見直し、過不足を解消する必要がある。

体制の構築時に目指す成熟度と現状の成熟度を測っておくことで、見直しのプロセス時にセキュリティ業務のギャップを分析しやすくなる。

継続的な体制の見直しのためにも、長期サイクルの見直しに向けて体制構築時からあるべき姿を想定しておきたい。

◆コラム　サイバーセキュリティにおける BCP

　BCP とは、Business Continuity Plan の略であり、事業継続計画とも訳される。災害等が発生したとしても企業の事業を継続できるように方策を用意し、事業継続を行うよう準備しておく計画をいう。セキュリティの文脈でいえば、可用性に関するものである。たとえば、地震によりサーバが破損する、電力が途絶える等の事情によりサーバが稼働できずシステムを提供できないことがありうる。

　BCP の策定にあたっては、まず、事業のうち継続すべきものの特定または事業の優先順位付けを行う。さらに、継続すべき事業のうち事業継続に必要なリソースを割り出す。リソースとは、人的、物的なものを含み、さらに外注先のような社外のリソースを含む。その中でシステムの継続が必要となれば、システム継続のための方策を考えることになる。多くの場合、東日本大震災を受けて想定しているのは大規模地震であり、加えて火災も検討対象となることが多い。先進的な企業では、パンデミックも検討していることがみられる。おそらく、昨今のコロナウィルスによる情勢を受けて、パンデミックに関する BCP 策定の動きも進むであろう。

　さて、システム継続のための典型的な手法は、システムの多重化である。つまり、本社の東京から離れた沖縄に予備のサーバを用意しておき、一定のタイミングでデータの同期を行うことで、仮に東京のサーバがダウンした場合でも、沖縄のサーバを稼働することで、素早くシステムを復旧できる。このようにして可用性を確保する。ここでは、確率論が可用性確保の根拠となっている。つまり、東京のサーバが破損や電力供給の途絶により稼働できないくらいの地震が発生すると同時に沖縄で同じような地震や火災が発生する確率は、ほぼゼロであろう。多重化とは、つまり、確率論なのである。

　しかし、サイバー攻撃についてはどうか。ここでは、DDoS 攻撃（Distributed Denial of Service attack ／分散型サービス拒否攻撃）のような可用性に対する攻撃を考える。東京のサーバの攻撃者は、沖縄のサーバに切り替わるや否や沖縄のサーバを攻撃するであろう。つまり、サ

イバーでは、むろん地震に対する可用性確保も重要であるが、故意による
サイバー攻撃も同じくらい重要な検討対象である。しかし、故意によるサ
イバー攻撃に対しては、同時に発生する確率はゼロに近いという確率論に
基づく多重化が奏功しない。

　この問題に対してどのように対処するかは、確立した手法が存在してい
るとまではいえず、今後の実務の向上や議論の深まりが期待されている。

第2章　システム開発等におけるセキュリティ

1　システムのライフサイクルとサイバーセキュリティ上の問題

　システムの開発、運用保守、廃棄のライフサイクルにおいてサイバーセキュリティ上の問題が生じた事例は枚挙に暇がない。その例として、セブンペイのキャッシュレス決済システムの不正利用（開発段階における二段階認証の採用の是非が問われている）、ベネッセコーポレーションで発生した顧客情報の流出（顧客情報を分析するシステムの開発・運用等を委託していたところ、当該委託先従業員により、当該情報が不正に持ち出される）、神奈川県の内部文書が保存されたハードディスクのネットオークション等を通じた転売（サーバのリース期間終了に際してリース会社へ返却されたハードディスクがその処分委託先の従業員によりネットオークション等に出品される）等が挙げられる。そして、サイバーセキュリティ上の問題を通じて会社等に損害が生じた場合（顧客、第三者への損害賠償等）、取締役等が善管注意義務違反を問われる可能性があることは**第1章1**で述べたとおりである。

　そこで、以下ではシステムのライフサイクルに沿って、サイバーセキュリティ法務上留意すべき事項について法務・コンプライアンス部門側からの視点も交えて概説する。なお、この章は、システムのライフサイクルとして、①開発・導入、②運用、③保守というサイクルを考えることし、廃棄については**第3章**の委託先管理の文脈において検討することとする。

　また、通常「システム」というのは、現在では専用のハードウェア（ネットワークやサーバ等）を用意することが暗黙の了解とされていると思われるが、本章で「システム」とはアプリケーション（アプリともいい、通常はOSに組み込むことを含意している。つまり、専用にサーバやOSを用意しないということである）も含む意味で使用する。また、開発・運

用・保守の対象となるシステムの利用者は、自社のみならず他社（すなわちユーザ）のいずれも想定している。

2　開発・導入

(1)　概　　説

まず、システム開発の形式として多くのシステム開発が依拠しているウォーターフォール型の開発を想定する。アジャイル型開発については、後に検討する。

ウォーターフォール型開発では開発工程は①システム化計画・要件定義、②設計、③実装、④テストの順を踏むことになり、ここでは、導入も検討対象とするため④テストの後に、⑤導入・リリースが加わる。システム開発実務においては、各段階でセキュリティ確保のための措置が存在している。以下に各工程の概要とセキュリティ措置を説明し、その後に開発・導入における全体的な話題を検討する。

(2)　システム化計画・要件定義

ここで、システム化計画とは、業務部門が、システム化の方向性を具体化するために、開発体制、予算、スケジュール、システム化する事業上の要求（たとえば、システム化すべき新規事業、社外連携、組織改編、部門間業務分掌変更、法令・契約等のコンプライアンス要件、セキュリティ、個人情報保護、環境等）や対象業務上の要求（たとえば、業務内容、業務形態、業務品質、性能目標、運用、移行要件、法令・契約等のコンプライアンス要件、セキュリティ、個人情報保護、事業継続性、環境等）を考慮して、業務範囲や業務分掌、関係者の教育および訓練計画を定めたシステム化計画書を作成し、社内のステークホルダー（関連部署）の合意を得てから経営層の方針稟議を求め、経営層による承認を受けて、業務部門および情報システム部門における要件定義に進むフェーズである[1]。

また、要件定義とは、事業要件を反映したシステム化計画を受けて、

---

1)　経済産業省商務情報政策局情報処理振興課「情報システム・モデル取引・契約書（受託開発（一部企画を含む）、保守運用）〈第一版〉」32頁参照。

業務部門が、業務上の要求を業務要件に、情報システム部門がシステム
に実装すべきシステムの機能要件・非機能要件を定義し、経営層による
実行稟議、承認を受けるフェーズである[2]。

　システム化計画・要件定義のフェーズでのセキュリティ確保措置とし
て行われる措置は、計画書や要件定義の第三者レビューである。この
「第三者」というのは当該システムの開発者以外の者であり社外のセ
キュリティコンサルタントはもちろん、社内の品質管理部署のような他
部署のこともある。なお、このような第三者レビューの結果、大小様々
な指摘がなされる。そのような指摘のすべてに対応できればよいことは
いうまでもないが、必ずしも、開発期間、予算、ユーザの利便性等の点
からすべてには対応できないことが多い。このような場合には、当該指
摘事項のリスクの大小や発生頻度を当該システムの内容やユーザの性質
等に照らして具体的に考察し、他方で当該指摘事項に対応することによ
るデメリットや当該指摘事項に対応することで減少するセキュリティリ
スクの程度等と比較考量のうえ、指摘事項に対して対応するか否かを適
切な決定権者の下で決定してゆく必要がある。

　本フェーズについて法務・コンプライアンス部門の関与という点から
若干コメントすると、次の工程で行うシステムの設計書を作成するため
に、システムが有するべき機能等の要件の内容を定めるフェーズという
ことになる。それにあたり、システム化計画・要件定義のフェーズで
は、システム化にあたり想定される法務・コンプライアンス問題、セ
キュリティ問題を取り上げることになる。そのため、本フェーズでは、
法務・コンプライアンス部署のコミットメントが求められることにな
る。

　たとえば、プロジェクト化の段階の例としては、画像解析を用いてレ
ントゲン画像から癌かどうかを判定するシステムを開発する場合、医療
法上、医療行為は医師しか行えないため、医療法上の問題を検討する必
要がある。また別の例として、クラウド上にシステムを構築し、顧客等
の個人情報を分析する場合、そもそも当該顧客等の個人情報が適法に収

---

　2)　前掲注 1) 33 頁参照。

集されたものか、また利用目的の通知・公表の関係で許される利用目的の範囲内の利用といえるかという点を検討する必要がある。さらに、クラウドへの送信が委託に該当するか、該当する場合、それが一定の手続や管理体制を履践・充足しているかといった点を考慮する必要がある。

(3) 設　　計

設計フェーズでは、要件定義書をもとにシステムの設計を行う。

設計フェーズでのセキュリティ確保のための措置としては、要件定義と同じく第三者によるレビューが挙げられる。

(4) 実　　装

実装フェーズでは、設計書に基づいてプログラミングを行い、システムを実装する。

実装方法によって、セキュリティ強度が変わってくることもあり、セキュリティを確保するプログラミング手法であるセキュア・プログラミングが重要となってくる。

実装フェーズのセキュリティ確保のための措置として、第三者によるコードレビューや事前のコーディング方針の策定等が挙げられる。

(5) テ ス ト

テストフェーズでは、設計書や要件定義書どおりにシステムが作られたかをベンダにおいてテストする。

この段階でのセキュリティ確保のための措置としては、網羅的に脆弱性がないかをチェックする脆弱性診断等が存在する。これは、診断者がシステムに対して疑似的に攻撃を加えることで脆弱性を発見する方法である。類似のものとしてペネトレーションテストが存在するが、ペネトレーションテストでは、脆弱性診断のように網羅的に脆弱性の有無を判断するのではなく、システムに侵入できるかという点に重点を置いた疑似攻撃によりセキュリティ診断を行う。なお、脆弱性診断の結果、大小様々な問題点が指摘される。すべての指摘事項に対応できればよいのはいうまでもないが、予算、スケジュール、ユーザの便益等のために必ず

しも対応できないことも多い。この場合は、当該脆弱性によりリスクが具体化する確率や具体化した場合の損害の大小、対応により減少するリスクの程度、対応によるデメリットを比較考量して適切な決定権者が対応するか否かを決定することになる。

(6)　導入・リリース

　導入・リリースでは、テストを経て完成したシステムを導入・リリースする。

　このフェーズでのセキュリティ確保のための措置としては、(2)～(5)で記載した措置のうち行うべきものが行われたかの確認および行われた場合の結果の評価によるリリース判定が挙げられる。

(7)　全体的な検討

　以上のような開発のプロセスの中でセキュリティを適切に確保するために法務・コンプライアンス部門が行うべき事項は、各開発段階で行うセキュリティ確保措置の実施やその手続のルール化と、レビューの結果なされた指摘事項に対応するか等のリスク判断への参加である。

a　ルール化

　各開発プロセスにおいて実施すべきセキュリティ確保措置を開発者が自由に実施または不実施を決定するということが適切でないことはいうまでもない。また、筆者の見聞きした範囲では、開発部門が各開発プロセスにおいて実施すべきセキュリティ確保措置を独自に（法務・コンプライアンス部門のコミットなく）ルール化していることがみられる。このような状況も適切ではないと思われる。なぜなら、要件定義の内容をみれば明らかなとおり、システム開発には法務的リスク、コンプライアンス的リスクといった様々なリスクが常に付きまとうのであり、本来は全社的にリスクを検討しルール化するべきである。おそらく、システム開発やセキュリティと聞くと専門的で開発部署に任せるべき事項であるとの認識から、開発部署によるルール化が発生しているものと思われるが、このような認識を持つことなく、全社的なコミットのもと社内規程

においてルール化することが適切である。

　以下にルール化にあたって考慮すべき事項や留意点を述べる。

　まず、対象とすべき「開発」の範囲を検討する必要がある。新システムの開発は当然「開発」であるが、新機能の追加等のエンハンスやバージョンアップ、さらにはバグの修正等「開発」の言葉を広くとらえれば様々な活動が「開発」たりうる。すべてを対象とすることがセキュリティ確保の点からは望ましいが、現実的ではない。そこで、リスクベースの観点から、要件定義フェーズを行うような開発のみを「開発」として定める等、新機能の追加やある程度規模の大きいバージョンアップを対象とし、バグの修正等は対象としないことが現実的であると思われる。

　また、「開発」を行っていることをセキュリティ確保のため部署や社内の経営層に情報共有する必要がある。事前の情報共有の重要性を考えると、システム化計画の段階で情報共有を行うことをルール化することが望ましい。

　次に、どのようなセキュリティ確保措置をとるかについて、事前にどこまでルール化しておくか検討する必要がある。要件定義は、作成すべきシステムの内容を定めるもので、その後のプロセス全体に影響を与え、かつ、セキュリティ要件といったセキュリティに直接に影響を与える事項も定めることから、セキュリティ確保の点から重要性が高いため、要件定義フェーズにおけるセキュリティ確保措置として第三者レビューを行うことは重要であると思われる。また、システム完成後のセキュリティ確保措置であるテストフェーズでの脆弱性診断も、実際に要件定義どおりにセキュリティが確保されているかの確認等の意味で非常に重要である。よって、企業ごとに状況は異なり一概にはいえないが、多くの場合、少なくとも要件定義のレビューと脆弱性診断はルール化すべきといえる。むろん、小規模な開発では状況に応じて要件定義レビューを行わないことも考えられ、原則的にレビューを求めるが、例外的に適切な決定権者の決定に基づきレビューを不要とするようなルールを設けておくことも考えられる。また、仮に要件定義レビューと脆弱性診断をルール上必要として、他のセキュリティ確保措置を不要とした場

合であっても、システムの内容やユーザの性質等から例外的に他の措置
も必要とできるよう適切な決定権者の決定により他のセキュリティ確保
措置も必要とする場合がある旨の規定を設けることも考えられる。さら
に、このような考えを推し進めて、ルール上は要件定義レビューも脆弱
性診断も必要とはせず、すべて適切な決定権者が毎回個別的に行うべき
措置を決定するというルールもありうる。

　そして、要件定義レビューや脆弱性診断を行う場合、上記のとおり診
断結果の指摘事項に対して必ずしもすべて対応するわけではなく、リス
クベースの判断に基づいて実施事項を定める。このようなリスクベース
の判断には全社的な検討が望ましいため、社内の適切な各部署の担当者
が集まるチームにおいて検討することが望ましいと思われる。このよう
な判断に関わる部署・判断権者を適切に定めることが重要である。

　さらに、実施することとした指摘事項について、改善対応がなされて
いるか再診断することが必要となる場合がある。この再診断の要否を一
律に定めるのは難しいため、これを決定する決定権者（とその決定の判
断に関わる部署）を適切に定めることが必要である。また、各フェーズ
において実施が義務づけられたセキュリティ確保のための措置の実施と
次フェーズの移行の関係を定めておくことも重要である。つまり、要件
定義レビューの場合、要件定義レビューが終わるまで、設計フェーズに
移行できないこととすることが本来であるが、場合によっては、次の
フェーズに移行せざるを得ない場合もあり、調整規定が必要であろう。
そのルール化に際しては、適切な決定権者による決定に最終判断を委ね
ざるを得ない場面が多数発生し、誰を適切な決定権者と置くか決定対象
となる事項の性質に応じて、決定していくことになるが、ある程度の知
見と責任を有する人物または組織が望ましい。

　なお、開発手続におけるセキュリティ確保については、たとえば開発
時における実データの取扱い等上記のほかにもルール化すべき事項は多
数存在するが、ここでは、割愛する。

　最後に、以上のルール化にあたっては、法務・コンプライアンス部門
と開発部門の十分なコミュニケーションや意見交換が必要であり、それ
なしにルール化することは適切ではない。

b　リスク判断へのコミット

　法務・コンプライアンス担当者としては、要件定義レビューや脆弱性診断の指摘事項のうち実施すべき事項を定めるリスク判断にコミットすべきである。特に要件定義レビューでは法務的リスク・コンプライアンス的リスクがレビューされているか、されているとして当該リスクに関する指摘に対応するべきか、このような点を当該リスクの内容に沿って検討する必要があり、法務・コンプライアンス的な知見がなければ適切な実施が期待できないためである。

　また、指摘事項のうち実施すべき事項を定めるにあたっては、指摘事項が基礎とするリスクについて、発生する蓋然性や発生時の損害の大小を検討する必要があるが、リスクが具現化した場合に発生する損害について、法的な観点からの評価が不可欠であり（たとえば、個人情報が漏えいした場合の損害額の見積もりやシステムが停止した場合の利用契約の不履行に基づく損害賠償額等）、このような点からも法務・コンプライアンス担当者のコミットが必要である。

⑻　アジャイル型開発とセキュリティ

　アジャイル[3]型と一口にいってもエクストリームプログラミングやスクラム等の様々なアジャイル手法が存在している。ここでは典型的手法であるスクラムを念頭に置く。

　アジャイルでは一定の短期間（スプリント）の開発を何度も繰り返し（このように繰り返される開発をイテレーションという）、イテレーションごとにユーザにシステムを利用してもらい、フィードバックを得ながら、次のイテレーションで改善を図るというスタイルで開発を進める。スプリントの長さは、開発ごとに決めるものであるが、大体1、2週間であり、最大で3週間程度とされている。また、多くの場合、ウォーターフォール型のような重厚な要件定義書等のドキュメントを作成せず、コンパクトなドキュメントを作成する傾向にある。

　3）　アジャイルにおける価値観については、アジャイルソフトウェア開発宣言
　　（http://agilemanifesto.org/iso/ja/manifesto.html）を参照のこと。

　このような開発スタイルにおいては、セキュリティの観点のみ考えれば、スプリントごとにセキュリティ確保のための措置を取ることになる。しかしたとえば、脆弱性診断を考えると、スプリント１では当該スプリントで開発したＡ機能のみのシステムについて脆弱性診断を実施したとして、スプリント２ではＢ機能も実装したような場合、スプリント２での脆弱性診断では、Ｂ機能だけを診断すればよいというわけではない。特にＡ機能とＢ機能に関係性が存在する場合、Ｂ機能の実装によりＡ機能のセキュリティに変化が生じる可能性がある。また、Ａ機能の一部に修正が入ったかもしれない。このようにセキュリティの観点のみからは、本来的には、スプリントごとにシステム全体に対して、セキュリティ確保措置を行うことになり、セキュリティに関する人的・物的コストが非常に高くなりかねない。他方で、脆弱性診断を例にすると、脆弱性診断を最終スプリント近くで１回だけ実施するとした場合、それ以前のスプリントでユーザが利用することになるシステムのセキュリティが問題となる。

　このとおり、アジャイル開発におけるセキュリティ確保については、非常に難しい問題が存在している。

　このような事態に対する解決としては様々存在し、脆弱性診断を自動化するといった技術的措置が中心であるように思われる。法務・コンプライアンス的な措置としては、たとえば、自社で開発したシステムを第三者が利用する場合、契約上、最終リリース前の利用に関する損害賠償等の責任を制限することや、最終リリース前の利用における本番環境や実データでの利用を制限することが考えられる（ただし、この場合ユーザのフィードバックが適切に行われない可能性もある）。また、社内ルールとしても、アジャイルの場合に関するルールを適切に定める必要がある。少なくとも、スプリントごとの（仮）リリースすべてに脆弱性診断を必要とするようなルールが適切かは考慮を要する。たとえば、アジャイルを用いる場合は、初期段階で会社に報告させ、開発が始まってからは、スプリントごとに変更や新規追加内容を報告してもらい、決定権者の決定により適宜に脆弱性診断を行うようなルールが考えられる。

　このとおり、アジャイルにおけるセキュリティ確保措置に関しては、

難しい問題をはらんでおり、適切な開発においてアジャイル手法を選択することが重要になると思われる。

◆コラム　ペネトレーションテスト

さて、最近ではペネトレーションテストというシステムの脆弱性テスト手法が用いられることが多い。ペネトレーションテストとは、企業の依頼を受けた技術者（ハッカー）が実際に企業のシステムを攻撃し侵入を試みることで当該システムに脆弱性がないかを診断するテスト手法である。

一見似たような脆弱性テスト手法として、脆弱性診断と呼ばれるものがある。これは、Web システムを中心にセキュリティ上の問題点を網羅的に洗い出す手法である。なお、脆弱性診断は、アプリケーションのみを対象とするアプリケーション診断と当該アプリケーションが立脚する OS やミドルウェア等に対するプラットフォーム診断が存在する。

さて、ペネトレーションテストと脆弱性診断の違いであるが、ペネトレーションテストは、ハッカーが実際に侵入できるかを診断し、すべての脆弱性を網羅的に検討するのではなく、ハッカーの勘や経験から侵入しやすそうな脆弱性を利用して実際に侵入を試みる。対して、脆弱性診断では、様々な攻撃的な入力をシステムに対して行いその出力を分析することで、システムが持っている脆弱性を判断する。つまり、実際に侵入は行わない。「クロスサイトスクリプティングができるので、こんな攻撃があるかもしれません。」というところまでである。ただし、それを様々な脅威に対して網羅的に実施する。これが違いである。

また、脆弱性診断はツールが存在し、ツールにより行うことが可能であるが、ペネトレーションテストは、ハッカーの個人的技能により行う要素が非常に強く、技術の高いハッカーを依頼する形で外注した場合、高額な料金が発生することもある。

脆弱性診断については、多くの企業がシステムのリリース前に何らかの形で行っている。それは、開発チーム自身がツールを用いて行うこともあるし、外部のセキュリティ専門家がツールを用いつつも自身の経験や勘を

用いて個人技能を用いつつ行うこともある。その意味で濃淡は存在するが、脆弱性診断はシステムのリリース前に何らかの形で行うことが望ましい。PCI DSS のように定期的に脆弱性診断を行うことを求めるセキュリティ基準も存在する。

　これに対して、ペネトレーションテストは、一般的に高額であることもあり、実施している企業は脆弱性診断に比べて少ない。しかし、ハッカーによる実際の侵入を試みるペネトレーションテストの実施は、より堅牢なセキュリティを構築していることの証左にもなるであろうから、今後積極的に活用してもよいかもしれない。

3　運　用

　システムにおける「運用」とは何か明確に定めることは非常に難しい。概ね、システムを停止させることなく利用可能とするために発生する様々な業務すべてを「運用」という言葉で指すものとする（また、「保守」についても、本書ではシステムの変更を伴う改修等を意味するものとするが、不具合対応といった運用に近い性質を有する保守もあり、「運用」も「保守」も言葉の定義・その違いはかなり不明確かつ曖昧である）。このため、ここでは上記の意味での運用においてセキュリティ上重要な意味のある業務のみ取り上げると、以下のとおりである。

(1)　バックアップ
(2)　監視
(3)　ログ取得
(4)　アカウント管理

　これらの事項は、開発時の要件定義において運用要件として検討されることも多く、開発フェーズにおける要件定義レビューの結果のリスク判断に法務・コンプライアンス部門が関与する際に考慮する事項でもありえるが、ここでは運用フェーズの問題として以下に順次検討する。

(1)　バックアップ

　データのバックアップは、セキュリティが可用性（情報へのアクセスを認められた者が、必要時に中断することなく、情報および関連資産にアク

セスできる状態を確保すること）を含む概念であるため、セキュリティに
関する事項の一つである。バックアップを取ることはセキュリティの点
からはよいことであるが、ストレージの容量やコスト、さらにバック
アップが漏えいする危険等を考えると、無制限にバックアップを取るこ
とはできず、バックアップの範囲を期間や対象の点から限定する必要が
ある。つまり、バックアップのとり方が重要となる。バックアップのと
り方は、クラウドシステムで、ユーザのデータを預かるような場合、
ユーザとの利用契約の（データが消失した場合の）債務不履行責任にも関
係するため、このような点から法務・コンプライアンス部門は、バック
アップのとり方に対する見解を開発部署に伝える必要がある。タイミン
グとしては、要件定義で運用要件としてバックアップを定めるのであれ
ば、要件定義の段階や要件定義レビューの結果検討の段階が考えられ
る。

(2)　監　　視

　ここでいう監視にもいくつかの目的があり、システムが停止しないよ
うに異常の早期発見を目的とした監視や攻撃を未然に防ぐための監視も
存在する。監視においては、①監視の対象、②監視のスパン（リアルタ
イムで監視するのか週1回監視するのか等）、③監視の方法（どこまで人力
で監視するのか）、④異常発見時の報告方法といった点が問題となりう
る。

　いうまでもないが、上記のような監視のあり方は、システムの性質や
ユーザの性質等の事情を考慮の上、総合的に判断すべき事項である。そ
して、監視のあり方は、たとえばクラウドシステムの場合、監視が疎か
であったためユーザのデータが漏えいしたような場合、ユーザとの利用
契約の債務不履行責任にも影響を与えるため、法務・コンプライアンス
部門の見解を監視部署に伝える必要がある。タイミングとしては、要件
定義で運用要件としてバックアップを定めるのであれば、要件定義の段
階や要件定義レビューの結果検討の段階が考えられる。

　なお、④異常発見時の報告方法については、有事対応の問題となるた
め、**第3部**で検討する。

(3)　ログ取得

　ログの取得については、監視の一環として扱うことも多いが、ここでは別建てとして扱う。

　ログは、後日の事実解明や訴訟等の重要な証拠となるため、その重要性については、いうまでもない。ただし、バックアップと同じ状況により、ログも無制限に保管することはできず、ログ取得のあり方が問題となる。検討するべき事項は概ね以下のとおりである。

　①　ログの対象となる情報
　②　ログの保存期間
　③　ログの保管場所
　④　ログの分析

　③については、セキュリティレベルの高い場所に確保するという問題であり、④については、(2)の監視の問題と重複する要素があるため、③と④については、割愛する。

　①のログの対象となる情報、つまりログとしてどのような情報を保存するかという点について述べる。ログの目的は、インシデント発生時の事案解明やインシデントの発生防止であるが（ただし、ここでのインシデントというのも大小あり、たとえば、システムが一時的に停止したというのもインシデントであり、この場合、ログにより原因を解明して再発防止策等を策定することになる。対して、大規模な個人情報漏えいが発生した場合に犯人を特定するのにログを利用することもある）、場合によっては、ログを捜査機関や裁判所に提出することもあり得るため、ログの対象となる情報の決定については法務・コンプライアンス部門が積極的にコミットすべき事項である。ログをインシデント発生時の事案解明に利用する場合、どのようなインシデントが発生しそうか事前に想定しておき、それに対して、必要な情報をログとして取得することになる。この場合、想定されたインシデントに対して、どのような点が事実認定上の課題となりそうか、そのような課題に対してどのような情報が必要か（つまり、ログとしてどのような情報を取得するか）について分析するのは、事実認定の訓練を受けている法務関係者の役割である。また、そのログを裁判所や捜査機関に提出する場合に、裁判所や捜査機関が受け入れやすい・

理解しやすい形式でのログの取得という観点も重要である。

　なお、ログについて留意しておくべき事項としては、特別なソフト等なく取得できるログは、多くの場合、ログイン・ログアウトしたアカウントや時間等といった簡単なものだけであり、どのようなファイルを開いたか、開いたファイルをどのように編集したという点までログが取れないこともあるということである。このような細かい点までログを取得するには、場合によっては専用のソフトウェアが必要であり、また、ログのデータ量が膨大になるために、ストレージのためのコストが必要となる。

　次に、②のログの保管期間について述べる。ログ取得を無制限にできないことから、ログの保管期間も重要となる。サイバー攻撃が発覚するのが概ね 8〜9 か月後といわれていることから、少なくとも 1 年程度はログを保管することが望ましいと思われる[4]。

⑷　アカウント管理

　最後にアカウント管理について述べる。システムの利用資格であるアカウントの管理であり、新しい利用者にアカウントを与え適切な利用権限でのみ利用できる権限を付与することや、退職者等が発生した場合はアカウントを廃止すること等である。

4　保　　守

　ここでは、上記のとおり保守という言葉をシステムの変更を伴う改修等に限定する。この意味での保守には、改修、バージョンアップ、エンハンス、機能追加といったものから、バグ対応、パッチ適用といったものも含まれるが、このような保守については 2 点言及する。

---

4)　警視庁「不正アクセス行為対策等の実態調査　アクセス制御機能に関する技術の研究開発の状況等に加関する調査」（2019 年 12 月）66 頁（https://www.npa.go.jp/cyber/research/r1/R1countermeasures.pdf）によれば、アンケート対象となった各種ログのすべてについて「1 年を超える」という回答が最も多くなっている。

(1)　開発的要素

　保守については、開発的要素が存在する。つまり、システムの変更を行うため小規模な開発となっているのである。そのため、この側面には、開発フェーズに置いて論じた内容が妥当する。

　なお、法務・コンプライアンス部門としては、保守としての開発も存在することを念頭に置き、保守としての開発であっても、開発契約が必要な場合が存在することに注意が必要である。この点について、開発金額やシステムの性質等から、ある程度の基準を法務・コンプライアンス部門としては設けておくことが望ましい。

(2)　パッチ適用

　通常、システムは様々なハードウェアやOS等の基礎となるソフトウェア上に構築されている。これらのシステムが基盤としているハードウェアやソフトウェアは、機能改善やセキュリティ向上のためパッチというシステムを後で変更するためのプログラムがメーカー等より配布され、このパッチを適用することで事後的に機能改善等を図ることができるようになっている。

　一見するとパッチを適用することは無条件でよいことに思えるが、そうではない。パッチの適用によりOSの内容が変更され、そのためシステムに不具合が発生することが、しばしばみられる。このため、パッチを適用するかについては慎重な判断が求められる。セキュリティ対策のパッチについて話題を限定すると、通常、パッチには塞ぎたいセキュリティ上の脆弱性が存在している。そして、脆弱性にはCVSS[5]という脆弱性の評価指標が存在しており、実務上CVSSを参照してパッチの適用の有無を決定することが多い。最も、CVSSが高いからといって問題としている具体的なシステムにおいて重大な脆弱性といえるかは別の問題であり、リスクベースの観点からの個別的な判定が必要である。よって、法務的リスク・コンプライアンス的リスクを含めて本来は個別的に

---

5)　CVSSについては、独立行政法人情報処理推進機構（IPA）のサイトを参照されたい（https://www.ipa.go.jp/security/vuln/CVSS.html）。

関係者が知見を交換し合って決定すべきであるが、パッチ適用問題は頻繁に発生するため、リソースごとに毎回意見交換をしあうのは難しい。よって、法務・コンプライアンス部門としては、関係部署と協議の上、どのような場合に、「パッチ適用を行うか・行わないか・ペンディングとして個別判断を行うか」について事前にルール化しておくことが望ましい[6]。

(3)　構成管理

最後に構成管理について述べておく。システムの構成を管理しておくことは開発段階から重要なことであることはいうまでもないが、頻繁にシステムに変更が生じる保守においてこそ重要となる。構成管理については、法務・コンプライアンス部門としては、関係部署と協議のうえ、ルール化しておくことが望ましいものの、技術的な側面もあることから、少なくともシステム担当部門がルール化していることを確認することにとどめることも不合理なものではない。

5　運用・保守について共通する補足事項

(1)　アセスメント

以上のような運用・保守の適切性を確保・確認するために、定期的に外部によるアセスメントを行うことが適切である。ここでの外部とは、品質管理のような社内の他の部署でも社外のコンサルタントでもどちらでも構わない。

(2)　定期的な脆弱性診断

また、開発の導入・リリースのフェーズで行った脆弱性診断は、サイバー攻撃の手法が日々進化していることから、開発時に行って終わりではなく、開発後も定期的に行うべきものである。たとえば、PCI-DSS というクレジットカード業界の情報セキュリティ基準では、定期的な脆弱

---

6)　警視庁・前掲注4) 71頁によれば、1か月に1回以上が4割弱、四半期から半年に1回程度が2割強となっている。

性診断を行うことを求めている。このようなことから、システムの内容
やユーザの性質等に照らして、運用・保守の段階においても、定期的に
脆弱性診断や、さらに進んでペネトレーションテストを行うことをルー
ル化することも考えられる。

⑶　ルール化

　以上、**2~4**で述べた事項について、社内規程化することは有用であ
る。最も、運用・保守については、システムによる個別性が強いため、
たとえば、脆弱性診断を定期的に行うにせよ、どの程度の周期で行うべ
きかについて、一律に定めることは難しい。よって、運用・保守につい
ては、すべてのシステムにおいて守るべき最低限のルールを定め、それ
に対して上乗せのルールは適切な決定権者が個別的に定めるというアプ
ローチでルール化することや一定の場合分けを行ってルール化すること
が有用なことが多い。

◆コラム　システム開発等におけるセキュリティ

システム担当やセキュリティ担当の留意点

　システムを検討し、開発、保守を行い廃棄するまではそれぞれの段階が
分かれており、それぞれの段階においてセキュリティで考慮すべき点があ
ることがポイントである。

　また、特に早い段階でセキュリティの対策を考慮して盛り込むことで、
システムの廃棄までの全体のコストを下げる効果もある。システムを検討
する段階で会社や組織のセキュリティはどうあるべきか、法務や総務など
の部門の方針やルールと合っているかなど、システムを導入する部門では
確認をしておくべきである。

　アジャイル開発についてはこれまでのウォーターフォール開発とは開発
の方法やプロセスが異なるものの、セキュリティの対策や品質、会社や組
織のポリシーや規約に従うことについての考え方が変わるものではないと
意識しておきたい。短いサイクルで継続的に開発が行われるが、その都度

システムとしてセキュリティの対策ができているか、会社や組織のポリシーに合っているかなどのチェックを行うことも必要である。

　保守について、これまでの保守契約の範囲内においてシステム障害が主な対象となっているが、サイバー攻撃を受けた場合についてどうなるかについてはあいまいになっているケースが多い。セキュリティの監視や対応をマネージドセキュリティサービスプロバイダーやセキュリティベンダと契約していたとしても、実際のシステムの操作などで保守ベンダでの対応が必要になることもある。保守契約の中にサイバー攻撃の対処に関する事項をすべて含めてしまうと保守費用が一律に高くなってしまう。セキュリティベンダの緊急対応時の契約手段としてよくチケット制や実際にかかった工数分を支払う都度払いの契約についても保守ベンダとも検討しておきたい。

法務や総務における留意点

　システムの開発や選定時においては、社内や組織のルールに合っているかといったチェックを入れられるようにしておくことが必要である。特に新しい領域のビジネスや個人情報やプライバシーといったセキュリティの問題が起きた際に大きな影響が想定されるものについて、どこまで事前に考慮して対策をしておくかが重要となる。完成したものや導入が終わったものに対してあとからルールに合うように修正することは膨大なコストがかかるため、早い段階で相談が受けられる、支援ができる、チェックを行うといった活動が期待される。

　企業や組織の規模が大きくなると常時複数の開発のプロジェクトが推進されるため、開発におけるすべてのプロセスを法務部門でチェックするのは現実的ではなくなる。開発を行う際の規定の検討を法務部門も含めて策定し、要件定義やリリース時などのタイミングや案件の重要性によりチェック項目を変えるなどの対応も有益である。

　保守契約についての契約に関わる記載事項や免責事項については、どこまでが対応の範囲であるか、システム担当の認識があっているかなどのチェックが必要である。

第3章　委託先管理

1　内部統制システム構築義務の観点からのサイバーセキュリティと委託先管理

　第1章で述べたように、サイバーセキュリティのための内部統制システムの構築・運用は、取締役らの会社に対する善管注意義務を果たす上で重要なポイントとなる。そして、第1・2章でも言及したように、近年のサイバーセキュリティインシデントは、特にITシステムの開発・運用等の業務委託先におけるサイバーセキュリティ上の問題がきっかけとなり、自社のインシデント発生につながっているものがあることも注目されている。たとえば、第1章で紹介したベネッセコーポレーションにおける情報漏えい事案や2019年末に発覚した神奈川県が利用していたサーバ内のハードディスクが適切に廃棄されることなくネットオークション等で流通した事案は、いずれも委託先における内部不正行為が原因となっていた。また、サーバ運用の委託先が適切にセキュリティパッチを適用していなかった結果、第三者からの不正アクセスを受け、これにより顧客の個人情報が流出した事例や、クラウドを利用して社内システムを利用していたところ、委託先とクラウド事業者[1]との間で社内のアクセス権の付与を相互に他方が行っているものと誤解してい

---

1)　クラウドサービスの意義については様々な考え方があると思われるが、本書では各府省情報化統括責任者（CIO）連絡会議決定「政府情報システムにおけるクラウドサービスの利用に係る基本方針」（2018年6月7日）（https://www.kantei.go.jp/jp/singi/it2/cio/kettei/20180607kihon.pdf）における定義内容（「事業者等によって定義されたインターフェースを用いた、拡張性、柔軟性を持つ共用可能な物理的又は仮想的なリソースにネットワーク経由でアクセスするモデルを通じて提供され、利用者によって自由にリソースの設定・管理が可能なサービスであって、情報セキュリティに関する十分な条件設定の余地があるものをいう。」）を想定している。

た結果、本来アクセス権限のない社内グループが社内システム上の担当
外の取引先の取引情報にアクセスできてしまい、これにより当該取引先
関係者に取引上の影響が生じた事例などがある[2]。これらの背景には、
外部の委託先に対する管理体制が自組織内における管理体制よりも手薄
になりやすく、外部委託先におけるサイバーセキュリティにおける脆弱
性が、そのまま自社におけるサイバーセキュリティの脆弱性へ影響する
という事情があるものと思われる。

　しかし、このようにサイバーセキュリティの確保について一定の制約
が存在するとも考えられる一方で、コスト削減やシステム運用負担の軽
減、業務継続性の観点から、多数の利用者で共用することを可能にする
パブリッククラウド等へ社内システムを移行し、そのシステムの運用・
保守や開発の全部または一部をクラウド事業者へ委託するなど、外部委
託の重要性はさらに高まっている。そもそも、IT の分野では、製品の
設計段階や、情報システム等の運用・保守・廃棄を含めサプライチェー
ンと呼ばれることがあり、IT におけるサプライチェーン・リスクにつ
いては、サプライチェーンのいずれかの段階において①サイバー攻撃等
によりマルウェア混入・情報流出・部品調達への支障等が発生する可能
性、②悪意のある機能等が組み込まれ、機器やサービスの調達に際して
情報窃取・破壊・情報システムの停止等を招く可能性についても想定す
る必要があるとされている[3]。

　経済産業省は、独立行政法人情報処理推進機構（IPA）と協力し、経
営者がリーダーシップを取ってサイバーセキュリティ対策を推進するた
めの指針となる「サイバーセキュリティ経営ガイドライン」を 2015 年
12 月に策定し、その普及を行ってきたところ、2017 年 11 月の同ガイド

2)　IPA「IT サプライチェーンの業務委託におけるセキュリティインシデント及
　びマネジメントに関する調査報告書」（2018 年 10 月 19 日改訂）（以下「IPA 調
　査報告書」という）16 頁以下参照（https://www.ipa.go.jp/files/000065162.pdf）。そ
　の他、インシデント事例は IPA 調査報告書付録 1「IT サプライチェーンで発生
　したインシデント事例集」に、インシデントの内容、発覚経緯、原因、影響と
　対応の各項目により表形式でまとめられており参考になる。
3)　内閣官房内閣サイバーセキュリティセンター（NISC）サイバーセキュリティ
　戦略本部「サイバーセキュリティ 2020」（2020 年 7 月 21 日）338 頁参照。

ライン改訂（サイバーセキュリティ経営ガイドライン ver.2.0）の際に、こ
れらのリスクに対する対応として、経営者が認識すべき 3 原則の一つと
して「ビジネスパートナーや委託先も含めたサプライチェーンに対する
セキュリティ対策が必要」と掲げ、その指示 9 は「ビジネスパートナー
や委託先等を含めたサプライチェーン全体の対策及び状況把握」を求め
ている。さらに、同省は「昨今の産業を巡るサイバーセキュリティに係
る状況の認識と、今後の取組の方向性について」と題する報告書を
2020 年 6 月 12 日に公表し、サイバー攻撃の影響が自社に留まると断定
することが難しくなっており、サプライチェーンを共有する他の企業に
も何らかの影響が出ている可能性が排除できなくなってきている状況に
鑑みて、サイバー攻撃を受けたことによる影響を隠すことがむしろ大き
なリスクとなりつつある点に注目し、少なくともサプライチェーンを共
有する企業間では、深刻なサイバー攻撃を受けて影響が及んでいる可能
性がある場合には速やかに情報共有することが望ましいとしている。

　そのため内部統制システムの構築・運用に際しては、ビジネスパート
ナーや委託先も含めたサプライチェーンを意識したサイバーセキュリ
ティの構築・運用が求められていることは否定できず、不十分な体制の
構築・運用は善管注意義務違反の考慮要素となる可能性がある。

　そこで、以下では、サプライチェーンにおけるこのようなサイバーセ
キュリティリスクへの対応として、上記のとおり近時問題が生じている
委託先管理に着目して説明することとする。

2　委託先管理において実務上参考になるガイドライン・基準等

　上記のとおり、近年 IT の分野におけるサプライチェーン全体でのサ
イバーセキュリティの確保の重要性が認識されてきた結果、IT サプラ
イチェーンリスクマネジメントに特化した基準、ガイドラインおよび規
格等の策定や検討が進んでいる。IT サプライチェーンのリスクマネジ
メントに関しては米国の連邦政府機関の取組みが先行している[4] が、こ
れらの取組みから派生して国際規格（ISO/IEC 27036）[5]）も策定されてお
り、こうした先行例も参考に、今後国内外で一般の企業が取組みを行う
上での検討が進むと考えられる。

　この点について、国内では、上記のとおり「サイバーセキュリティ経営ガイドライン ver.2.0」が、自社のみならず、委託先も含めたサプライチェーンを管理することの必要性を強調している。これは、サプライチェーンのビジネスパートナーやシステム管理等の委託先がサイバー攻撃に対して無防備であった場合、自社から提供した重要な情報が流出してしまうなどの問題が生じうるからである。このため、自社のみならず、サプライチェーンのビジネスパートナーやシステム管理等の委託先を含めたセキュリティ対策を徹底することが必要であるとしている。

　また、同ガイドラインでは、上記の指示９における具体的な指示内容として、「監査の実施や対策状況の把握を含むサイバーセキュリティ対策のPDCAについて、系列企業、サプライチェーンのビジネスパートナーやシステム管理の運用委託先等を含めた運用をさせる。」および「システム管理等の委託について、自組織で対応する部分と外部に委託する部分で適切な切り分けをさせる。」を挙げている。他方で、「対策を怠った場合のシナリオ」として、「・系列企業やサプライチェーンのビジネスパートナーにおいて適切なサイバーセキュリティ対策が行われていないと、これらの企業を踏み台にして自社が攻撃されることもある。

　4)　米国の国立標準技術研究所（NIST）では、次のようにプラクティス集、管理基準を順次公表している。① NIST SP800-53 Rev.4 "Security and Privacy Controls for Federal Information Systems and Organizations"（2013年）、② NIST IR 7622 "Notional Supply Chain Risk Management Practices for Federal Information Systems"（2012年）、NIST SP 800-161 "Supply Chain Risk Management Practices for Federal Information Systems and Organizations"（2015年）、③ NIST SP 800-171Rev.1 "Protecting Controlled Unclassified Information in Nonfederal Systems and Organizations"（2016年）、④NIST、"Framework for Improving Critical Infrastructure Cybersecurity" Version1.1 Draft 2（2017年）このほか、米国連邦政府 が利用可能なクラウドサービス を認証するプログラムとして、FedRAMP: Federal Risk and Authorization Management Program があり、上記②を参照する位置づけとなっている。また、「サイバーセキュリティ経営ガイドライン ver.2.0（2017）」では、米国のサイバーセキュリティフレームワーク（上記④）との整合性が意識されている。

　5)　ISO/IEC 27036:2014 Information technology -- Security techniques -- Information security for supplier relationships. これは、先行する、ISO/IEC 27002：2013（JIS Q 27002:2014) Information technology-Security techniques-Code of practice for information security controls の管理策15：供給者関係を詳細化する形で、製品やサービスの調達における情報セキュリティ対策に関しての指針を提供するものである。

その結果、他社の二次被害を誘発し、自社が加害者となるおそれもある。また、緊急時の原因特定などの際に、これらの企業からの協力を得られないことにより事業継続に支障が生ずる。」、「・システム管理などの委託業務において、自組織で対応する部分と委託する部分の境界が不明確となり、対策漏れが生じる恐れがある。」といったおそれがあることを指摘し、このようなおそれが現実とならないよう、具体的な対策例として、「・系列企業やサプライチェーンのビジネスパートナーやシステム管理の委託先等のサイバーセキュリティ対策の内容を明確にした上で契約を交わす。」、「・系列企業、サプライチェーンのビジネスパートナーやシステム管理の委託先等のサイバーセキュリティ対策状況（監査を含む）の報告を受け、把握する。」、「・個人情報や技術情報等の重要な情報を委託先に預ける場合は、委託先の経営状況等も踏まえて、情報の安全性の確保が可能であるかどうかを定期的に確認する。」、「・系列企業、サプライチェーンのビジネスパートナーやシステム管理の委託先等が SECURITY ACTION[6] を実施していることを確認する。なお、ISMS 等のセキュリティマネジメント認証を取得していることがより望ましい。」、「・緊急時に備え、委託先に起因する被害に対するリスクマネーの確保として、委託先がサイバー保険に加入していることが望ましい。」としている。

　このガイドラインの他、委託先管理に関わる実務上ないし行政上の研究・指導として、以下のガイドラインおよび基準が参考になるものと思われる。

　まず、個人情報保護委員会が策定する「個人情報の保護に関する法律についてのガイドライン（通則編）」は、個人情報保護法 22 条に基づき、委託先において個人データに対する安全管理措置が適切に講じられるように必要かつ適切な監督をするための指針が示されている。また、経済産業省は「アウトソーシングに関する情報セキュリティ対策ガイダンス」を策定し、計画、実行・評価、改善の各プロセスにおけるリスク管

6）　中小企業自らがセキュリティ対策に取り組むことを宣言する制度（https://www.ipa.go.jp/security/security-action/）。

理体制の構築・実施の留意点を示し、業務委託における情報セキュリティリスクを整理している。そして、特定非営利活動法人日本セキュリティ監査協会（JASA）は「サプライチェーン情報セキュリティ管理基準」を策定している。これは、IPA の「情報セキュリティ対策ベンチマーク」をベースに、委託先における情報セキュリティ管理策の実装・運用の指針を詳細に説明している。さらに、NISC は「政府機関等の情報セキュリティ対策のための統一基準群」および「外部委託等における情報セキュリティ上のサプライチェーン・リスク対応のための仕様書策定手引書」を策定している。前者は、外部委託の実施に際して、情報セキュリティ対策を実施することを委託先選定条件とする等を説明しており、後者は前者で示された外部委託や機器調達等における情報セキュリティ確保の要求に対し、情報セキュリティ対策要件の定め方や仕様書への記載事項を例示している。これらの対策の考え方や具体的な対策事項の記述は、ISO/IEC27036（サプライチェーンに関する管理策を追加・詳細化したもの）の策定内容を参考にしている。

　それでは、法務担当者・リスク管理担当者による委託先管理としてどのような管理のあり方が考えられるだろうか。❸では、システムのライフサイクルという視点から、管理のあり方についてみていくこととする。

3　IT システムのライフサイクルとそれをふまえた委託先管理の内容

⑴　概　　説

「IT 人材の約 75% が IT・ICT ベンダに所属する日本においては、企業の多くが IT システムを構築するに当り、「調達部門」が窓口となり IT・ICT ベンダに発注する。一方、ベンダ側は調達部門から提示された仕様書に基づき開発を実施するが、ここも二次、三次と Tier の回次を下げながら開発を委託していくケースが少なくない。」[7] と指摘されている。

　このように、IT システム（以下**第2章**における「システム」と同義とする）の開発・運用等に関しては外部のベンダへ委託され、さらに下請

け・孫請けのベンダへ再委託が行われるケースが通常であることを考え
た場合に、**第２章**に記載されているとおり、IT システムにはそのライ
フサイクルとして、その開発から廃棄（利用終了）までいくつかの
フェーズがある。この IT システムの開発から廃棄までの各フェーズは、
それぞれの業務内容の性質が異なることもあるため、それぞれのフェー
ズにおいて留意すべきポイントをふまえて管理することが必要となる。
そして、そのライフサイクルのフェーズについては、前記**第２章**にお
いては、開発・運用・保守というフェーズにわけて説明がされており、
基本的には委託先管理においても同様のフェーズが考えられる。しか
し、サイバーセキュリティの観点から IT システムの委託業務を想定し
た場合には、セキュリティオペレーションセンター（SOC）の業務を外
部に委託することも行われている。そこで、運用・保守に含まれる業務
ではあるものの、この章では監視についても別途検討することとした
い。そして、IT システムの利用終了場面である廃棄も加え、本章では
開発・保守運用・監視・廃棄の４つをライフサイクルにおける各フェー
ズとして検討することとする。

　委託先管理において特に注意しなければならないのは、外部のベンダ
である委託先との関係は、契約によって規律しなければならず自社で管
理するよりも直接把握できる範囲や深度が狭まり内部統制が及びにくく
なるということである。しかし、このような点をふまえ、契約上の義務
を充実させて委託先に多くの義務あるいは重い義務を課したとしても、
それにより相手方に増大する負担に見合うだけのコストを負担しなけれ
ば合意に至ることは難しいという側面がある。また、委託先においてそ
の義務の履行がなされているかを監視することも必要になり、それによ
り生じるコストも委託元として負担しなければならないことに留意が必
要となる。

　このようなコスト面については、サイバーセキュリティを担当する

　7)　一般社団法人サイバーリスク情報センター・産業横断サイバーセキュリティ
人材育成検討会「産業横断サイバーセキュリティ人材育成検討会」第二期最終
報告書（2018 年 11 月 21 日）（http://cyber-risk.or.jp/cric-csf/report/index.html）。

CISO 等とその他の経営陣との間で共通理解を持つことも欠かせないであろう。そのためには、委託先におけるセキュリティ対策のコストについて、適正に評価することが重要になるものと思われる。委託元では、委託先のセキュリティ対策にかかるコストが委託費用に反映されることについて社内の理解が得られないといった課題意識が示され、また、委託先では、セキュリティ対策にかかるコストについて委託元の理解が得られない、という課題意識も示されている[8]。また、委託元と委託先のセキュリティ上の責任範囲が不明確であることも課題として認識されており、委託元と委託先の責任範囲の明確化が必要となる[9]。すなわち、委託元・委託先間において、責任範囲とそれに要するコストの負担についての均衡がポイントとなる。

　このような観点から、委託元・委託先という異なる組織間でサイバーセキュリティ対策を実効的に行うことができるかということの課題意識を委託元・委託先にそれぞれ知見と権限責任を有する人材間で行う必要がある。

⑵　IT システムのライフサイクルをふまえたセキュリティ対策のあり方

　以上述べてきた IT システムのライフサイクルにおいて委託元・委託先間における責任範囲とコスト負担に関する課題があることを留意しつつ、以下では委託先管理における一般的なセキュリティ対策のあり方を、①自らの委託先管理体制の整備、②入口審査、③期中管理、④インシデント対応および⑤出口対応の各段階にわけて説明する。また、これらの段階において、近時その利用が進んでいるパブリッククラウドにおける外部委託について留意すべき事項についても補足することとする。

　①　自らの委託先管理体制の整備について

　まず、IT システムに関する各業務を外部へ委託することによるリスクを評価し、そのリスク評価に従って管理体制を整備しておくことが必

---

8)　IPA 調査報告書・概要説明資料の 12 頁参照。
9)　IPA 調査報告書・概要説明資料の 10 頁、14 頁参照。

要となる。具体的な管理体制としては、選定基準や契約雛形等のルールや基準の策定・整理、委託先の選定と契約関係の管理（②入口審査に関係する）、業務委託中のモニタリングとインシデント発生時の対応（③期中管理および④インシデント対応に関係する）、委託終了に向けた検収・評価等（⑤出口対応に関係する）について、担当部署・管理者の設置その他管理体制の整備が挙げられる[10]。

　そして、具体的なリスクアセスメントの考慮要素としては、**第 1 章**で挙げた情報セキュリティの 3 要素としての可用性や機密性を判断基準とすることに加えて、IPA 調査報告書に掲げられた委託先管理の文脈に特化した項目をふまえたリスクアセスメントを行うことが考えられる[11]。

　具体的な項目については、以下のとおり。

・　業務委託の形態
・　委託先へ提供する情報の範囲・アクセス手法の種類
・　情報漏洩・毀損等が発生した場合の影響度
・　委託先の従業員の理解度
・　委託先のアクセス管理の状況
・　提供情報の格納、処理、通信、共有及び交換に関する管理の状況
・　委託先の業務上の過失による自らの事業への影響度
・　インシデント発生時の事業継続性
・　法令及び規制の要求事項・契約上の義務、契約が他の関係者に及ぼす影響の度合い

　そして、上記の各項目をふまえると、このリスクアセスメントにおける各項目の重要度は、開発、保守運用、監視、廃棄の各フェーズごとに異なってくるものと思われる。このようなリスクアセスメントをふまえ、リスク低減策を講じた上で委託を実施する、リスクの回避手段とし

10）　担当部署に関しては、IPA 調査報告書「表 3.2 − 1」が参考になる。
11）　詳細は、IPA 調査報告書「表 3.3 − 1」参照。

て業務委託を行わない・中止する・委託内容を変更する、サイバー保険を適用するなどしてリスクを移転するといった判断を行うことになる。

　また、選定基準・契約雛形等のルール・基準については、各段階に応じた様々な基準等を策定することになると思われる。たとえば、（ア）入口審査段階における委託先選定基準、従来の取引状況や情報セキュリティマネジメントシステム（ISMS）適合性評価制度その他外部評価機関によるセキュリティ対策評価をふまえた推奨委託先リスト、各フェーズごとの委託内容に対応したセキュリティ要求事項を含む契約雛形や委託先からセキュリティの遵守を誓約させる誓約書雛形、（イ）期中管理におけるセキュリティ対策状況の確認書や確認方式（チェックリスト等）、（ウ）インシデント対応におけるインシデント対応マニュアル、（エ）出口対応における、セキュリティ確保の観点からの検収・評価基準、提供したデータ等の消去や返還の基準、ベンダーロックイン[12] を回避するためのデータ移行等のルールなどが挙げられる[13]。

　なお、これらのルール・基準において、まず、入口審査段階における委託先選定基準や推奨委託先リストの作成に際して考慮すべきものは、委託先におけるセキュリティリスクマネジメントのための管理策の内容である。具体的な評価項目に関しては、JASA が「サプライチェーン情報セキュリティ管理基準」において示している、「サプライチェーンにおいて重要な基準」が参考になる。以下では IPA 調査報告書で引用されている同基準の内容を紹介する。

---

12)　ここでは、委託関係を終了させるに際して、新たな委託先または自社システムへのデータ等の移行や円滑な引き継ぎが困難となることを想定している。
13)　IPA 調査報告書「表 3.3-3」参照。

[図表 2-3-1] IPA 調査報告書表 3.3-5 サプライチェーン管理基準（「Ⅰ　サプライチェーンにおいて重要な基準」の抜粋）

Ⅰ　サプライチェーンにおいて重要な基準	
大項目 1. 情報セキュリティに対する組織的な取組状況	
1	情報セキュリティポリシーや情報セキュリティ管理に関する規程を定め、それを実践している
2	経営層を含めた情報セキュリティの推進体制やコンプライアンス（法令順守）の推進体制を整備している
3	重要な情報資産（情報及び情報システム）を、その重要性のレベルごとに分類し、さらにレベルに応じた表示や取扱をするための方法を定めている
4	重要な情報（例えば個人データや機密情報など）については、入手、作成、利用、保管、交換、提供、消去、破棄などの一連の業務プロセスごとにきめ細かくセキュリティ上の適切な措置を講じている
5	外部の組織に業務や情報システムの運用管理を委託する際の契約書には、セキュリティ上の理由から相手方に求めるべき事項を記載している
6	従業者（派遣を含む）に対し、採用、退職の際に守秘義務に関する書面を取り交わすなどして、セキュリティに関する就業上の義務を明確にしている
7	経営層や派遣を含む全ての従業者に対し、情報セキュリティに関する自組織の取組や関連規程類について、計画的な教育や指導を実施している
大項目 2. 物理的（環境的）セキュリティ上の施策	
1	特にセキュリティを強化したい建物や区画に対して、必要に応じたセキュリティ対策を実施している
2	重要な書類、モバイル PC、記憶媒体などについて適切な管理を行っている
大項目 3. 情報システム及び通信ネットワークの運用管理	
1	重要なデータや関連するシステムのバックアップに関する手順を文書化し、実施している
2	不正プログラム（ウイルス、ワーム、トロイの木馬、ボット、スパイウエアなど）への対策を実施している
3	導入している情報システムに対して、適切なぜい弱性対策を実施している
4	通信ネットワークを流れるデータや、公開サーバ上のデータに対して、暗号化などの適切な保護策を実施している
5	モバイル PC や USB メモリなどの記憶媒体やデータを外部に持ち出す場合、盗難、紛失などを想定した適切なセキュリティ対策を実施している

大項目 4. 情報システムのアクセス制御の状況及び情報システムの開発、保守におけるセキュリティ対策の状況	
1	情報（データ）や情報システムへのアクセスを制限するために、利用者 ID の管理、利用者の識別と認証を適切に実施している
2	情報（データ）や情報システム、業務アプリケーションなどに対するアクセス権の付与と、アクセス制御を適切に実施している
3	ネットワークのアクセス制御を適切に実施している
大項目 5. 情報セキュリティ上の事故対応状況	
1	情報セキュリティに関連する事件や事故が発生した際に必要な行動を、適切かつ迅速に実施できるように備えている

JASA「サプライチェーン情報セキュリティ管理基準」（2012 年）

　なお、上記（ア）において委託先に求めるセキュリティ要求事項に関しては、開発における成果物の機能としてのセキュリティ要件や保守運用において運用対象となる IT システム・サービスの機能としてのセキュリティ要求事項も含まれることに留意が必要である。たとえば、2017 年 4 月に発生した大手チケット予約サイトに対する不正アクセスにより多数のクレジットカード情報を含む個人情報が流出した事例では、サイト構築に関して委託元からの発注仕様・運用ガイドライン上求められていた取扱いとは異なり、委託先のデータベース上と通信ログ上にこれらの情報が不適切に保持されていたことが原因であったことが公表されている。また、2019 年 7 月にリリースされたスマートフォンを利用した QR 決済サービスにおいて、リリース翌日から不正ログインによる不正なチャージ・決済が行われたという事例においては、決済システムにおいて二段階認証が導入されていなかった点を問題視する意見がみられた。2018 年末に発生した同種の決済サービスにおいてクレジットカード情報の流出とその不正利用が多数発生したことから、2019 年 1 月に一般社団法人キャッシュレス推進協議会がコード決済全般のセキュリティ対策を含めた「コード決済に関する統一技術仕様ガイドライン」の改訂版を公表し、同年 4 月に同協議会は「コード決済における不正流出したクレジットカード番号等の不正利用防止対策に関するガイドライン」を策定・公表していた。このような状況のもとで、利用者による利

便性やそのコスト等をふまえ、どのようなセキュリティ要件を委託元・委託先間で合意するか、**第1章**で紹介した東京地判平成 26 年 1 月 23 日の判断（その当時の技術水準に沿ったセキュリティ対策を施したプログラムを提供すべき義務をベンダが負担することが黙示的に合意されていたと認定）をふまえ、双方の交渉のあり方が問われるものと考えられる。

　また、パブリッククラウドを利用した外部委託を行う場合には、クラウド事業者がデータの管理を行う所在地についても留意する必要がある。たとえば、データ所在地の公権力によるデータ閲覧やデータ提出命令、差押え等への対応による業務の継続性への影響やインシデント発生時にデータセンター等への立入が必要となる場合に生じるコスト等の把握には、このようなデータの所在地の把握が必要となる[14]。

②　入口審査について

　上記の選定基準に従って選定を進め、特定の相手方を選定先と判断した場合には、次に選定先に対するセキュリティ対策上の要求事項を具体的な契約条項として落とし込んでいく必要がある。具体的には、（ア）委託先へ提供する情報がある場合の秘密保持や当該情報内容に応じて法律上求められる措置[15]、（イ）委託内容に応じて実施すべきセキュリティ対策の具体的な内容、その実施内容について委託先が保証する一定の水準内容、（ウ）その実施状況[16] に対する検証を可能にする証拠の提出や実施状況を確認するための監査への協力、（エ）再委託の禁止または制限・管理策、（オ）委託終了後の提供情報の取扱い（データの消去等

---

14)　公益財団法人金融情報システムセンター「金融機関におけるクラウド利用に関する有識者検討会報告書」（2014 年 11 月）14 頁参照（https://www.fisc.or.jp/document/fintech/file/190_0.pdf）。

15)　たとえば、委託時に個人情報に該当する情報を提供することになる場合の委託先における安全管理措置の適切な監督（個人情報保護法 22 条参照）など。

16)　委託元としてリスク管理上必要となる情報として、①データの入力・保管・処理・バックアップ・出力といった一連のフロー、②暗号方式、暗号化されている領域とされていない領域、③システムログの取得範囲・取得頻度・保存期間、④データコピー（バックアップを含む）の取得内容と保管場所・保管期間等が考えられる。

の手続のほか、委託業務の終了後もインシデント対応等のために委託先へ委
ねたデータのバックアップを利用する可能性があるため、消去等の手続との
タイミングに留意が必要となる）、（カ）ベンダーロックインを回避するた
めのデータ移行等に関する協力義務、移行等作業の事前把握と費用負担
の手当などが考えられる。これらの中で、主に保守運用や監視におい
て、継続的な契約関係が想定される場合には、委託先が保証するセキュ
リティ対策実施の水準を明確に合意しておくことが特に重要になる
（Service level agreement）。このような合意が不明確である場合、以下で述
べるセキュリティ対策の実施違反やインシデント発生時の責任分担が不
明確となり、委託当事者間での紛争の原因となるリスクが生じる。

　また、上記のセキュリティ対策の実施に違反した場合の手当（損害賠
償額限定の要件等）、セキュリティインシデントが発生した場合の対応
（報告先、報告内容、初動調査と情報共有、委託元または監督官庁による立入
調査・検査に対する協力、復旧に向けた各対応の実施主体とその方法）、セ
キュリティインシデントが発生した場合の責任範囲（免責、損害賠償額
の限定等）、新たなセキュリティに対する脅威が顕在化した場合の情報
共有・対応などをあらかじめ定めておくことも考えられる（具体的な内
容については後記④インシデント対応について参照）[17]。

　さらに、この段階において、委託元として留意すべきものとして、独
占禁止法・下請法上の規制も挙げられる。

　まず、独占禁止法２条９項５号は、優越的地位の濫用を違法行為の一
つとして挙げている。同号の定義上、優越的地位の濫用には、自己の取
引上の地位が相手方に優越していることを利用して、正常な商慣習に照
らして不当に、（ア）継続して取引する相手方に対して、当該取引に係
る商品または役務以外の商品または役務を購入させること、（イ）取引
の相手方に不利益となるような取引の条件を設定し、もしくは変更し、
または取引を実施することなどが含まれている。そのため、委託先との
関係で、自己が優越的な地位にある場合には、一定のセキュリティ対策
を契約において求めることが合意できた場合であっても、上記（ア）ま

17）　詳細は、IPA 報告書「表 3.3 - 6」参照。

たは（イ）その他同 5 号に定める行為に該当しないかという点に留意する必要がある。

　また、下請法は、各取引当事者（親事業者・下請事業者）の資本金の規模が一定の要件に該当し、その取引内容が一定の取引に該当する取引を規制する。この一定の取引には、役務提供委託が含まれることから、IT システムのライフサイクルにおける各フェーズの委託は基本的には下請法の規制対象取引に含まれると考えられる。そして、この場合、親事業者には一定の行為が禁止される（下請法 4 条 1 項各号・2 項各号）。この禁止行為には、購入・利用強制（下請事業者の給付の内容を均質にし、またはその改善を図るため必要がある場合その他正当な理由がある場合を除き、自己の指定する者を強制して購入させ、または役務を強制して利用させることにより、下請け事業者にその対価を負担させること[18]）などが含まれる。そのため、委託先との関係で、自己が親事業者に該当し、委託先が下請事業者に該当する場合には、一定のセキュリティ対策を契約において求めることが合意できた場合であっても、上記購入・利用強制その他の禁止行為に該当しないかという点に留意する必要がある。

　なお、パブリッククラウドを利用した外部委託を行う場合には、クラウド事業者による①障害等に伴うシステムの停止時間のほか、②システムの更新・保守（緊急的なセキュリティパッチ対応を含む）や新サービスの追加などシステムの品質／セキュリティ向上のための計画停止時間に留意する必要がある。特に②の緊急的なセキュリティ対策等については、ユーザ全体の安全性確保のため個別のユーザの要望に添わない形式で実施される可能性がある。こうしたクラウド事業者の対応が、自社システムの可用性に影響を及ぼすため、その方針・基準についての入口段階での確認が必要となる[19]。

18）「下請代金支払遅延等防止法に関する運用基準」（https://www.jftc.go.jp/shitauke/legislation/unyou.html）参照。
19）　公益財団法人金融情報システムセンター「金融機関におけるクラウド利用に関する有識者検討会報告書」（2014 年 11 月）17 頁参照。

③　期中管理について

期中管理においては、上記②入口審査において締結した委託先との契約内容に従った、セキュリティ対策の実施状況に関する証拠その他の情報提供や監査の実施などを通じて、セキュリティ対策の実施等が委託先任せにならないようにすることが重要となる（再委託が行われる場合には、再委託先に対しても同様の手当が必要となる）。具体的な手法は様々であるが、以下の各手法が考えられる。下の手法を採用するにつれて、委託先・委託元との負担が増大していくため、委託する内容に対するリスクアセスメントをふまえた手法を検討することが必要となるのは、他の段階と同様である。特に、継続的な契約関係となることが一般的な保守運用や監視においては重要なポイントとなるものと思われる。

- ・　委託先によるセルフチェックリスト（内部監査結果）を確認する
- ・　委託先において委託業務に携わる従業員から誓約書を取得する
- ・　外部監査法人等によるセキュリティ監査を実施し、その監査報告を確認する
- ・　外部評価機関によるセキュリティ対策評価による証明書の提出を求める
- ・　委託先に対し実地の調査を実施する

また、重要性・機密性の高いデータを取り扱う場合には、暗号化またはその代替手段を検討することが望ましい[20]。

なお、パブリッククラウドを利用した外部委託を行う場合には、クラウド事業者が記憶装置等の故障により機器・部品の交換を行うことがあり、その際に交換対象の記憶装置等の機器・部品に機密性・重要性の高いデータが残存する可能性がある。そのため、これらの記憶装置等に対してもデータ消去も含めた十分な管理を求めることが必要になる[21]。

---

20)　諸外国の規制においては、このような暗号化を強く推奨していることもある（たとえばカリフォルニア州法（Senate Bill 1386:SB1386）等）。
21)　前掲注19) 23頁参照。

④　インシデント対応について

インシデント対応においても、上記②入口審査において締結した委託先との契約内容に従って対応を進めることが、インシデント発生後の円滑な調査・対応・復旧を可能にする。上記②でその概要を示したところではあるが、以下ではそれらの具体的な内容について説明する。

まず初動対応については、委託業務内容に応じて想定されるインシデント事象に応じて、委託先・再委託先等で実施すべき初動対応を定める。次に、委託先・再委託先等におけるインシデント発生時の報告窓口、報告内容のエスカレーションルールを明確にし、委託元が調査・復旧作業にどのように関わるか、想定されるインシデント内容に応じて検討しておくことが必要である。具体的には、（ア）収集証拠の保全と共有、（イ）インシデント情報の開示・共有のための対応、（ウ）監督官庁等からの立入検査等への対応、（エ）インシデントにより生じた損害分担といった視点が考えられる。

まず、（ア）については、調査段階で収集した証拠（ログ等）の保全とその共有は、委託元（場合によっては委託先と協働して）がその後に分析を行うため特に重要となり、それが後に委託先・委託元間の責任範囲にも影響することとなるため、証拠の保全とその共有についてもあらかじめ合意しておくべきである。

次に、（イ）については、委託先でインシデントが発生した場合、委託元としてはその情報を第三者へ開示・共有する必要が生じる（たとえば上場企業であれば適時開示や取引先等への情報共有など）。その場合、委託元は委託先の協力を得られない限り、正確性、具体性や即時性が確保されたインシデント情報を入手することは難しい。そのため、この点に関する協力義務は、（ア）の証拠の保全・共有とあわせて合意しておくことが必要となる。

そして、（ウ）については、委託元や委託する業務内容に関し監督官庁が存在する場合、インシデント発生に対し任意または強制の立入検査等が行われる可能性がある。その場合には、委託先への立入も行われる場合もあり、委託先に対してはこのような立入検査等への協力も求めておくことが望ましい。

　最後に、(エ) については、委託先から損害賠償・補償の範囲について、委託業務の月額報酬の数倍といった上限設定を求められる場合が一般的のように思われる。このような場合、あらかじめ想定されるインシデントがあり、それにより生じる損害が巨額になることが見込まれる場合（インシデント発生により生じる損害・補償については、**第3部**参照）には、このようなインシデントが発生した場合に生じた損害については除外する等、一定の手当をしておくことが考えられる。委託先の資力の問題もあり、合意に至らない可能性もあるものと思われるが、そのような場合には、サイバーセキュリティ保険の付保も検討に値する。

　⑤　出口対応について

　委託業務の終了に際しては、主に開発業務の委託であれば、成果物に対するセキュリティ要件の検証を行う必要がある。また、保守運用や監視などにおいて、提供した情報があれば、提供情報の返却、消去、廃棄等の確認が必要となり、それらの対応が確実に実施されたことを、記録等により確認する必要がある。さらに、委託先の変更や自社グループ内での業務集約の関係で、現在の委託業務を終了させるに伴い、データ移行のための抽出・移行作業とその確認も必要となる。

4　委託先管理における内部統制システムの構築に関する善管注意義務と過去事例をふまえた対策

(1)　関連する判例上の判断枠組み

　第1章で述べたとおり、内部統制システムの構築・運用にはサイバーセキュリティの確保も含まれると解される。そのため、委託先管理に関するサイバーセキュリティ体制の構築に関する不備も、取締役の善管注意義務違反の理由となる可能性は否定できない。**第1章**で参照した一連の判例の理解からは、

　平時のリスク管理状況をふまえて、

　①　通常想定される不正行為を防止しうる程度の管理体制の構築・運用が行われていたか、という点を判断している。そして、その上で、リスクが発現した具体的な不正行為をふまえて、

② 発生した不正行為を予見すべき特別の事情の有無を判断している。

②の観点からは、新たな脅威の周知性にも配慮したセキュリティ体制のアップデートが必要となる[22]。たとえば、(i)自社での通常業務を遂行する中で発生する事情としては、自社内における同様の手法によるセキュリティインシデントの発生（日本システム技術事件参照）があれば、それに対応する体制が必要となるであろう。また(ii)外部環境の変化により発生する事情としては、同業他社におけるセキュリティインシデントの発生（日経インサイダー事件（東京地裁平成 21 年 10 月 22 日判時 2064 号 139 頁参照））や自社業務に関係する法令・ガイドラインの新規策定・変更や裁判例などが挙げられる。

実際の裁判例としては、委託先管理に関して取締役らに対し内部統制構築・運用の不備に基づく善管注意義務違反の観点から損害賠償等の請求が認められた事例はないものの、今後このような裁判が提起されないとはいえないものと思われる。

(2) 過去事例をふまえた対策

委託先管理においてセキュリティインシデントが発生した具体的な事例としては、以下に述べるように、**第2章**でも紹介した業務委託先の担当者による個人情報の流出事例であるベネッセコーポレーションに関する事例や、その他公表されている日本年金機構や産業総合技術研究所における情報漏えい事例などが挙げられる。

ベネッセコーポレーション事例においては、顧客データベースの保守管理についての再委託先の従業員がデータベースから情報を複製し、名簿業者に売却したことにより、顧客情報 2,989 万件が漏えいする事件が発生した。この事件においては、委託先の管理・担当者に対する審査等

---

22) 周知性に関しては、**第1章**で言及した札幌高判平成 17 年 11 月 11 日や山口地判平成 21 年 6 月 4 日における、ファイル交換ソフトを通じた情報の流出に関する判断も参考になる。

において、二次委託先、三次委託先等の契約上の位置づけ等について把握することなく、広範囲にアクセス権限を付与してしまい、また、十分な行動監視体制を整えるには至っていなかったという事情が認められた。このような原因に対する対応策としては、再委託先の把握を可能とする契約上の手当、定期的な委託先への監査・報告要求等の実施、委託先において情報を取り扱う者の確認・審査等の機会を要求することなどが挙げられる[23]。

　また、日本年金機構や産業総合技術研究所における情報流出事例は外部からの不正アクセスにより生じている。日本年金機構事例に係る調査報告[24] によれば、①システムの運用を委託していた会社との間で、情報セキュリティの確保に関する抽象的な仕様に関する合意がなされたのみで、②インシデント発生時における緊急時対応に関する具体的なサービス内容について明確な合意はなされていなかった結果、標的型攻撃の第一段階において、担当者と運用委託先の会社が感染端末の特定と抜線にとどまり、対応が後手に回り、第二段階先においても運用委託先の会社からシステムのインターネット接続の全面遮断という意見がでることはなかったという点が指摘されている。このような原因に対する対応策としては、平時における SLA（サービスレベルアグリーメント）に関する具体的な合意、インシデント発生時における緊急対応サービスを委託先に対して求めることが挙げられる。また、産業総合技術研究所事例に係る調査報告[25] においては、①契約書上、産業総合技術研究所の情報セキュリティポリシーの遵守が求められていたものの、一部の外部委託業者のサーバには十分なセキュリティ対策が講じられていなかったこと、②産業総合技術研究所セキュリティ実施要領によれば、外部委託業者の情報セキュリティ対策の履行状況を定期的に確認することとなっていた

---

23)　株式会社ベネッセコーポレーション「個人情報漏えい事故調査委員会による調査結果のお知らせ」（2014 年 9 月 25 日）（https://blog.benesse.ne.jp/bh/ja/news/m/2014/09/25/docs/20140925%E3%83%AA%E3%83%AA%E3%83%BC%E3%82%B9.pdf）。

24)　日本年金機構における不正アクセスによる情報流出事案検証委員会作成に係る検査報告書（2015 年 8 月 21 日）（https://www.mhlw.go.jp/file/05-Shingikai-10201000-Daijinkanbousoumuka-Soumuka/0000095309.pdf）。

ものの、本事案において問題となった一部の外部委託業者については未実施であったこと、③外部委託業者に対する監査は行っておらず、また監査の必要性についても検討していなかったこと、④外部委託業者の数が約 40 社と多く、管理が行き届いていなかった結果、不正アクセスが行われた際に、委託先が構築・運用していたネットワーク監視用サーバへの不正侵入を許し、マルウェアを置かれ遠隔操作による他システムへの攻撃の踏み台となり、また、当該サーバ内に、多数のネットワークスイッチ等の管理パスワードおよび LDAP サーバの検索用 ID パスワードが暗号化されることなく保管されていたという点が指摘されている。このような原因に対する対応策としては、①委託先の選定基準マニュアルと、委託先向け情報セキュリティ対策チェックリストの作成、それによる情報セキュリティ対策の履行状況の定期的な確認、②委託先に対する情報セキュリティ監査の実施、③関連業務の整理等を通じて委託先数を減らす、④契約・選定方法を見直し、重要な情報を取り扱う外部委託に関しては、情報漏えい等のリスクを低減する観点から、選定にあたり最低価格落札方式から総合評価落札方式へ切り替えを検討するなどが挙げられる。

　さらに、昨年、神奈川県がサーバのリース期間終了後にリース会社へ返還した際に、サーバのハードディスク内の情報が適切に消去されないまま、リース会社からデータ消去・物理的破壊を委託された下請業者職員によりインターネット上で販売されるという事例が発生した。公表された情報によれば、当該下請業者において廃棄予定 HDD の管理が杜撰であったことが認められ、リース会社においては HDD の破壊を求めるにあたりデータ消去証明書の提示を求めておらず、また、神奈川県の担当者においては返還に際してサーバの初期化を行うにとどまり、ハードディスク内のデータの完全消去までは行っていなかった。このような一連の委託の流れにおいては、①委託先におけるセキュリティ対策の実施

---

25)　国立研究開発法人産業技術総合研究所作成に係る「産総研の情報システムに対する不正なアクセスに関する報告」(2018 年 7 月 20 日)(https://www.aist.go.jp/pdf/aist_j/topics/to2018/to20180720/20180720aist.pdf)。

とその履行状況の確認（リース会社・神奈川県）、②委託内容である破壊作業に関する確認（リース会社・神奈川県）、③自らのセキュリティ体制（技術的管理）の確認（神奈川県）[26] に問題があったことが窺われる。

◆コラム　委託先管理

システム担当やセキュリティ担当の留意点

　システムの導入または開発を検討して開発、保守、廃棄までの一連の流れの中で、すべてを自社や自組織で行うケースは少ない。システムの形態も以前とは異なり、組み込みの IoT の製品を調達して利用する場合や、各種クラウドサービス上に構築したシステムや、クラウド上のアプリケーションサービスを利用するなど、外部に委託するサードパーティの範囲やリスクも広がっている。

　アプリケーションの開発において、開発資産やテストデータ等からの情報漏えいに関するリスクが存在する。対策としては委託元の基準に合わせた情報管理基準が順守されているかの定期的な確認や開発に係る要員への情報管理に係る誓約書の提出を求めることなどがある。特に機密性が高い情報を扱う開発では一次委託先の社員に限定し、二次委託・三次委託を禁止する検討も必要となる。それ以外にもシステムに不正なプログラムや処理が組み込まれないように、委託先の品質管理基準においてセキュアコーディングの一定の基準を満たすことや、開発時のテストロジックが削除されていることを確認してもらうことも必要である。

　委託先がオフショアやリモートとなるケースも増えているが、こちらも遠隔の開発拠点のセキュリティ対策の状況が自組織と同等のレベルである

---

26)　ハードディスク内のデータの消去のほか、重要情報を保管するサーバであったのであれば暗号化しておく方法も考えられた。また、2018 年 9 月に改定された「地方公共団体における情報セキュリティポリシーに関するガイドライン」第 2 編第 2 章 4.1 サーバー等の管理 (7) 機器の廃棄等においては「情報システム管理者は、機器を廃棄、リース返却等する場合、機器内部の記憶装置から、全ての情報を消去の上、復元不可能な状態にする措置を講じなければならない。」とされていた。

かの確認が必要である。昨今ではテレワークや在宅勤務により要員が自宅で作業を行うこともある。その場合においてもセキュリティのコントロールのできる端末や環境であるかの確認も必要となる。リモートのコミュニケーションやファイルのやり取りが委託元で制御できるかどうか、委託先のセキュリティ状況がチェック可能なものかも確認が必要である。

　それぞれの段階で外部の業者やベンダに依頼することになるが、その際には会社や組織で決められている規約やルール、契約に合っているか、事前に委託元と委託先で確認が必要となる。お互いに確認して合意を行うためには、法務部門や総務部門などとも確認やすり合わせが必要となる。

　委託元となる部門については委託先と実現が可能であり、お互いの契約やルールに合っているかを確認して進めるようにしたい。

　委託元と委託先がグループ会社の関係にあり、親会社から子会社へ作業の委託を行うこともある。この場合に委託先としての子会社が狙われて情報の漏えいなどが起きた場合に、親会社も同一のグループ会社として責任があるとみられる可能性もある。お互いのセキュリティポリシーやルールが合っているものか、契約として問題がないかについても注意をされたい。

　昨今であれば合併や M&A によりこれまでとは全く別のセキュリティポリシーや管理策によって運用されているシステムを同じく管理することが必要となるケースがある。その場合もこれまで委託されていた委託先についても、新たなポリシーや管理策に基づいて新たな委託元が管理をすることとなる。新たなポリシーや管理策に合っているものか、セキュリティの対策が弱い部分がないかなど十分注意が必要である。

法務や総務における留意点

　システムの検討から廃棄までについて、それぞれに段階があること、それぞれの段階ごとに外部委託する業者やベンダの契約の形態が異なることやチェックするポイントが異なることをシステム担当やセキュリティ担当に意識をしてもらい、法務部門や総務部門での相談や支援、チェックができるようにしておくことが重要である。場合により委託先との契約についての調整も必要となる。事業部門の担当ですべての対応は難しいため、法務部門などからの支援が期待される。

　開発時の機密性によっては、自組織と同様の品質管理基準であるか、二次委託・三次委託の禁止といった契約がなされているかのチェックも必要となる。調達するソフトウェアや部品については、不正なロジックやプログラムが組み込まれないことの確認、組み込みの部品については部品調達の基準を満たしていることを契約面で保証されているかのチェックについても法務部門からの支援が期待される。

　委託先管理については、オフショアからリモート、テレワークや在宅勤務といった形でどこで情報が扱われるかの広がりをみせている。扱う情報の機密性や重要性に応じてどのような契約であるべきか、どういったチェックを行うべきであるかについて法務部門や総務部門からの支援が期待される。

　グループ会社における対応については、システムやセキュリティに関連した部分においても会社や組織のポリシーや管理策、ルールに合っているかといったところまでチェックをすることが重要である。技術的な部分やシステム面での対応は各担当で行うことができるが、その前段にある管理策やルール面でどのような違いがあるのか、新たに適用しなければならない規制やルールがないかなどは法務面からの支援が必要とされる。

第4章 社内規程の整備

1 サイバーセキュリティリスクに対応した社内規程整備

　第1章で紹介したサイバーセキュリティに関する内部統制システム
を適切に構築・運用するためには、適切な社内規程が整備されることも
必要となる。本来、社内規程は、会社の規模、業務内容等をふまえたセ
キュリティリスクの特定と評価を前提として、これに対応した適切な業
務、対策、運用を検討・設計したものを、文書化するものであるため、
個別性がある。また、会社をとりまく周辺環境の変化、ビジネスの変
化、リスクの変化に応じたセキュリティポリシー、その他関連する社内
規程の改定も必要になる。

　他方で、サイバーセキュリティリスクの一般的な視点から、広く共通
化された業務、対策、運用も存在する。そこで、本章では、一般的に必
要と思われる規程を一覧化した上で、サイバーセキュリティリスク対応
の一般的な観点から、本書の個別の各章では扱われない問題における社
内規程整備のあり方について概観する。

2 社内規程の例

　サイバーセキュリティのための規程類一式の例としては、JNSA（特定
非営利活動法人日本ネットワークセキュリティ協会）が公表している「情
報セキュリティポリシーサンプル改版（1.0 版）」が存在する[1]。また、
独立行政法人情報処理推進機構（IPA）が公表している「中小企業の情
報セキュリティ対策ガイドライン」も、その付録5「情報セキュリティ
関連規程（サンプル）」[2]で、作成すべき規程の種類と各規程のごく基本

---

1) https://www.jnsa.org/result/2016/policy/
2) https://www.ipa.go.jp/files/000055794.docx

的な例を紹介している[3]。

　JNSA の各雛形と IPA の各雛形は、以下のとおりである。

・　JNSA「情報セキュリティポリシーサンプル改版（1.0 版）」
① セキュリティ基本方針
② セキュリティ方針
③ 人的管理規程
④ 外部委託先管理規程
⑤ 文書管理規程
⑥ 監査規程
⑦ 物理的管理規程
⑧ リスク管理規程
⑨ セキュリティインシデント報告・対応規程
⑩ システム変更管理規程
⑪ システム開発規程
⑫ システム管理規程
⑬ ネットワーク管理規程
⑭ システム利用規程
⑮ スマートデバイス利用規程
⑯ SNS 利用規程

・　IPA「情報セキュリティ関連規程（サンプル）」
① 組織構築に関する規程
② 人的管理に関する規程
③ 情報資産管理に関する規程
④ アクセス制御及び認証に関する規程
⑤ 物的対策に関する規程
⑥ IT 機器利用に関する規程
⑦ IT 基盤運用管理に関する規程

3）　これは、ガイドラインが今までセキュリティ対策をほとんどしてこなかった中小企業を想定しているためと思われるが、その一方で汎用性の高いものとなっている。

⑧　システム開発及び保守に関する規程

⑨　委託管理に関する規程

⑩　情報セキュリティインシデント対応ならびに事業継続管理

⑪　個人番号及び特定個人情報の取り扱い

　以上を比較すると、JNSA のほうがやや幅広い事項を規定しているものの、セキュリティの基本方針（ポリシー）と機密情報の保護に関する規程の策定を前提として、組織に関する規程（組織的管理規程）、役職員に対する管理規程（人的管理規程）、サーバ設置場所等に関する管理規程（物理的管理規程）、IT 機器等の利用における技術的なセキュリティ確保やシステム等に対するアクセスに関する規程（技術的管理規程）やインシデント発生時における対応に関する規程（インシデント対応規程）が中心になるという意味で、両者は本質的には変わらないと考えられる。サイバーセキュリティに関する内部統制システムの構築・運用の観点から必須といえるのは、表現の違いはさておき、以下の各規程と思われる。

①　基本ポリシー

②　組織に関する規程

③　機密情報保護に関する基本規程

④　人的管理規程

⑤　物理的管理規程

⑥　委託先管理規程

⑦　インシデント対応規程（報告に関する規程を含む）

⑧　システム開発・運用・保守規程

⑨　IT 機器・社内システム利用規程

　また、上記の他、企業グループを構成する会社においてはグループ管理に関する規程も必要である。

⑩　グループ管理に関する規程

　以下では、各規程における重要な点や留意すべき点を解説するが、各規程のうち他の章で扱うことになる、②組織（**第 1 章**）、⑥委託先管理（**第 3 章**）、⑦インシデント対応（**第 1 章・第 3 部第 2・3・4 章**）、⑧シ

ステム開発・運用・保守（**第2章**）については、規程を策定するにあたり重要な点や留意すべき点が詳述されていることから、本章においては割愛することとする。

3　基本ポリシー

　サイバーセキュリティに関する基本ポリシーはプライバシーポリシーにも相当するもので、対外的な公開もありうるものである。サイバーセキュリティに対する経営者の責任、法令その他関連法規の遵守、社内体制の整備、情報管理と従業員の取組み、インシデント発生時の対応、継続的な見直し等を宣言する。

　なお、ポリシーについて若干の注意点を述べると、自社の事業内容を前提としてこれに特定したサイバーセキュリティリスクに関し経営者が認識し、これに対し対応が必要と考えるところをポリシーに落とし込むべきであり、他社のポリシーの真似をしたり、キレイに書かれたお手本のような雛形を真似るのは適切ではない。

4　機密情報保護に関する基本規程

　機密情報保護に関する一般規程として、機密情報管理規程といった名称の規程を定めることが多い。その内容の中で、特に重要と思われる事項について、その留意点を以下に説明する。

- ・　アセスメント
- ・　機密区分と台帳の作成
- ・　機密情報へのアクセス権の範囲
- ・　機密情報の開示・提供
- ・　機密情報の持ち出し方法
- ・　監査

⑴　アセスメント

　まず、情報セキュリティに関するリスクアセスメントの実施に関する定めが必要である。これは、社内の情報セキュリティリスクを特定し、評価し、その対策プランを策定するアセスメントを実施することで自社

の情報セキュリティに関する状況を把握でき、情報セキュリティ強化の第一歩となるものであり、極めて重要な事項である。また、アセスメントは1回実施すれば足りるものではなく、事業環境やIT環境の変化に伴い企業を取り巻く情報セキュリティリスクも変動するため、会社の性質やシステムの内容にもよるが、多くのシステムでは、少なくとも3年に1回程度は実施すべきものである。この旨をルール化することは極めて重要である。

(2)　機密区分と台帳の作成

　次に、機密情報の定義およびその区分に関する規定も必要となる。機密情報にも重要性に応じた取扱いの差が必要であり、社外に対する開示は認められないが社内であれば広く共有可能な機密情報である社外秘、社内でも一定の部署の者のみ閲覧が認められる部外秘、社内でも限定された者しか閲覧できない厳秘等に分類する。分類の数や内容は任意であり、各社の状況に応じて定めればよいと思われるものの、あまりに種類が少ないと適切な分類ができない一方、あまりに分類の数が多いと運用ができない。そのため、3から5種類くらいの分類が適切であることが多い。

　さらに、機密情報を一覧化した管理台帳の作成も必要である。このような台帳がないと、どのような機密情報があるのか一覧化できず、管理ができないためである。台帳の記載事項としては、従業員台帳、顧客名簿等といった機密情報のタイトル、管理者、作成日、最終更新日、廃棄予定日、上記の機密分類、アクセス権者などである。そして、当該機密情報の持つリスクも記載し、台帳上でのリスク分析もよく行われている。また、企業活動により日々新しい機密情報が作られていることを考えると、少なくとも年1回程度の台帳の更新が必要である。また、台帳に記載する秘密情報の粒度も重要な問題である。ファイル1つずつというのは明確性が確保できるが、名簿の作成およびメンテナンスコストを考えると非常に難しい。「……システムの設計書類一式」というような程度の粒度が適切なことが多いが、各企業の状況に応じて細かすぎず荒すぎない粒度を運用として決めておくことが望ましい。

(3) 機密情報へのアクセス権の範囲

　機密情報の区分や役職等に応じて機密情報へのアクセス権の内容を定めておくことが望ましい場合もある。たとえば、閲覧権限と編集権限を区別して、役職や機密情報区分に応じてこれを定めることが考えられる。ただし、あまり細かく設定すると、ルールの遵守が難しくなるので、適切な細かさで定めることに留意する必要がある。また、アクセス権の設定はあくまで対応する機密情報との関係で一定の役割を有するか否かを基準（役職・職種基準）に応じて設定すべきであり、単に職位における地位に応じて設定範囲を広げるべきものではないことにも留意が必要である。

(4) 機密情報の開示・提供

　機密情報の開示や提供に関する手続規程を設けておく必要もある。概ね上長や部署の管理者の同意を要件とし、機密区分に応じて上位の機密区分についてはより上位の管理者の同意を必要とするルールであることが多いが、同意の対象たる機密情報の粒度に関する検討は重要である。筆者の知る限り、個別のファイルごとに同意を得るルールが多いが、実際の運用コストが高く、ルールが遵守されていない例を多くみる。台帳のところで論じた問題と同じ問題が存在し、理論的には台帳における粒度と開示の同意における粒度を一致させる必要はないが、混乱を回避する意味で、一致させることにも一定の合理性がある。適切な粒度は、ルールの遵守コストとセキュリティ確保のバランスを各社の状況にしたがって判断することになるものと思われる。また、同意の形式も検討すべき事項である。機密情報の開示がどの程度発生するかにもよるが、社外秘については結構な頻度で発生する場合が多い。よって、会社所定の申請書というような運用では適切に業務が遂行できないことが多い。メールを含め文書の形であれば形式は問わないというルールや、厳秘については一定の申請書の必要があるが、その他の機密情報についてはメールでもよいというような機密区分に応じて形式を変えるルールもありえるため、各社の状況に応じて柔軟に定めるべきである。ルールが遵守できず、規程が形骸化することは避ける必要があるため、実際の運用

可能性には十分に配慮が必要である。

(5)　機密情報の持ち出し方法

　さらに、機密情報の持ち出し方法についても検討が必要である。メール、書留、USB、クラウドストレージ、手渡し等様々な方法が考えられる。また、電磁的な方法により提供する場合は、パスワードや暗号化について定めることも考えられる。各機密情報の区分等に応じて決定すればよいが、繰り返しになるが実行可能なルールでなければならない。厳秘は、書類の手渡しのみというルールをみることがあるが、通常開発中の新システムの設計書等はほとんどの場合、厳秘であるところ、そのような設計書は膨大な枚数になり、協力ベンダ等に書面で手渡しすることは、ほぼ行われない。実際の提供方法を考え、適切な規制を行うべきである。

(6)　監　　査

　最後に機密情報の管理状態に対する監査も重要である。監査は、外部組織による監査でなくとも監査対象から独立性を確保した社内組織による内部監査でも構わない。内部監査部門が存在しない場合には、監査責任者を決めて、他部署における管理状態を監査することにより一定の独立性を有する監査を実施することが可能である。

5　人的管理規程

　人的管理に関する規程については、必ずしも独立の規程を設ける必要はなく、就業規則や機密情報管理規程の中に内容を盛り込むことも考えられる。その内容の中で、特に重要と思われる事項について、その留意点を以下に説明する。

- ・　守秘義務と目的外利用の禁止義務
- ・　個人情報の適切な取扱い
- ・　入社時の誓約書提出
- ・　退職時の誓約書提出
- ・　従業員教育

(1)　守秘義務と目的外利用の禁止義務

まず、従業員等の守秘義務について定める必要がある。また、守秘義務の内容として、単に社外に漏らさないというだけではなく、会社の指示に従い社内の他の従業員等に対しても一定の守秘義務を負う旨を定めることも考えられる。これは、機密区分に従うという意味のみならず、他社と締結するNDAには、業務に関連する従業員にしか情報を開示してはいけない旨の規程も存在しており、これに反した場合も社内規程違反とできるようにするためでもある（すなわち、NDAを遵守するよう会社から該当する従業員に指示があったとみるわけである）。

また、秘密情報を業務以外の目的に利用することを禁止する規程も必要である。

(2)　個人情報の適切な取扱い

顧客の個人情報の取扱いに関しては、その収集・保管・廃棄における遵守義務を定めることも必要となる。これには、個人情報を取扱う部署の特定、責任者の設置、顧客情報保護方針の公開、収集における利用目的の明示等の留意事項、保管におけるアクセス制限、正確性の確保、顧客からの開示・訂正・削除要求があった場合の対応手続、廃棄における手続等を盛り込むことが考えられる。

(3)　入社時の誓約書提出

さらに、入社時に一定の秘密保持（不開示・目的外利用の禁止等を含む）の誓約書を提出させる旨の規程も有用である。社内規程で定めることとの違いとしては、精神的な効果が考えられる。

(4)　退職時の誓約書提出

退職時に秘密保持の誓約書を提出する義務を課しておくことも有用である。社内規程は、基本的には従業員等にしか効果を有さず、退職後の元従業員には効果を持たないためである。

(5)　従業員教育

　最後に従業員教育に関する規程も有用である。年一定回数の教育を受ける義務を課することで、効果的・計画的に全従業員等にセキュリティに関する教育を行うことが容易になる。

　なお、この人的管理規程の対象者として派遣社員（労働者）を対象とする場合について、若干付言する。労働者派遣法 40 条 2 項は、派遣先事業者にも「業務の遂行に必要な能力を付与するための教育」の実施に関する配慮義務があることから、この義務を根拠に派遣先における教育対象者とすることが考えられる。他方で、上記の誓約書については、派遣元との労働者派遣契約における安全管理措置に関して派遣先の指揮命令者の指示に従うように義務づけるほか、派遣元事業者に対する誓約事項で代替し、必要に応じてその写しをもらうこと等で対応する必要がある[4]。

◆コラム　テレワークを狙うサイバー攻撃

　本コラム執筆時点（2020 年 4 月）における新型コロナウイルスの世界的な流行により、多くの企業がテレワークの導入を促進している。このテレワークの導入・拡大は柔軟な就業形態を可能にする一方で、社内システムのサイバー攻撃に対する脆弱性も高める※。

　総務省は「テレワークセキュリティガイドライン〔第 4 版〕」を 2018年 4 月に公表し、①「ルール」、②「人」、③「技術」のバランスがとれた対策の実施が必要と説明する。具体的な枠組みとして、①（経営者が実施すべき対策として）テレワークの実施を考慮した適切なセキュリティポリシーや社内規程の整備、情報に重要度に応じたレベル分けとそのレベル分けに応じた情報の取扱、テレワーカーに対する定期的なセキュリティに関する教育・啓蒙活動、インシデント発生時の対応手続の策定等、②（テレ

---

[4]　大谷和子＝岡村久道「サイバーセキュリティにおける安全管理措置と労働法規（上）」NBL1128 号（2018）93 頁参照。

ワーカーが実施すべき対策として）①で策定された各種ルールの遵守と定
期的な教育・啓蒙活動への参加、③（システム管理者が実施すべき対策と
して）①で策定された各種ルールに従ったテレワークのセキュリティ確保
に関する技術的対策（アクセス制御や暗号化、印刷設定等）の実施とその
監査、テレワーカーに対する教育・啓蒙活動やインシデント発生時の対応
をふまえた訓練への実施者としての関与等が挙げられている。

　新型コロナウイルスの流行を契機として企業でテレワークの導入が進む
中、内閣サイバーセキュリティセンター(NISC) は「テレワーク実施者の
方へ」を 2020 年 3 月 27 日に公表し（2020 年 4 月 3 日に追加）、具
体的な実施事項として①複雑なパスワードや多要素認証の使用、②使用端
末・機器の OS・アプリ等の適切なアップデート、③不審なメール
（フィッシング詐欺等）への注意、④ Wi-Fi 使用時の注意などの留意点（屋
外の Free Wi-Fi 等の回避）を挙げている。

　また、海外当局もコロナウイルスの流行によるテレワークの導入・促進
に対するサイバー攻撃について注意喚起を行っており、テレワーク導入に
際してセキュリティを確保するための一般的な実施事項として参考になる。

　たとえば、欧州ネットワーク・情報セキュリティ機関（ENISA：
European Network and Information Security Agency）も 2020 年
3 月 24 日に「Tips for cybersecurity when working from home」を
公表し、経営者向け・テレワーカー向けの推奨策を紹介している。

　経営者向け推奨策としては、以下の事項等が挙げられている。
・　セキュリティの確保されたビデオ会議の提供
・　従業員に対し通信機器のセキュリティソフト・セキュリティパッチ
　　を適切にアップデートするよう定期的にリマインドする。
・　私用の PC 等の通信機器の利用を許可する場合には、これらの通信
　　機器のセキュリティ確保状況を必ず検査する。
テレワーカー向け推奨策としては、以下の事項等が挙げられている。
・　セキュリティが確保されたネットワークを利用し、公開・無料
　　（open/free）のネットワークの利用は避ける。
・　ローカルに落としたファイルにはパスワードを必ず設定する。
・　第三者のいる場からテレワークを行う場合はスクリーンロックをか

ける。

・　ビデオ会議等に参加するための URL を SNS 等で共有しない。

※　社外の通信機器（テレワーカーが自ら所有または企業から貸与を受けた PC、
　　モバイル機器、ルーターその他通信デバイス）が社内システムにアクセスす
　　るために利用される VPN（Virtual Private Network）の脆弱性を標的とするサイ
　　バー攻撃、その他アクセス手法を攻撃経路としたサイバー攻撃により社内シ
　　ステムの脆弱性が高まるリスク、従業員に対するフィッシングによりパスワー
　　ド等が窃取され不正アクセスが容易になるリスク、標的とした従業員になり
　　すましたビジネスメール詐欺やその他ビジネスプロセスを侵害する詐欺等、
　　社外の通信機器がサプライチェーン攻撃の起点となるリスクなど。

6　物理的管理規程

物理的管理規定については、以下の点が重要になると考えられる。

・　社内のゾーニングと入退室管理
・　サーバルームに関するルール
・　書類、その他媒体の取扱いと保管

⑴　社内のゾーニングと入退室管理

まず、社内において取り扱う情報の内容に応じて、セキュリティの区
画を明確に区分し（ゾーニング）、各区画における情報管理を適切に行う
ことを定める必要がある。具体的には、それぞれの区画における管理責
任者を明確にし、利用者の範囲の特定とその入退室管理、施錠等の管理
手続、設置可能な情報機器の特定と設置における留意事項とそれらを保
護するための措置（電源や空調の保護を含む）等定めることが考えられ
る。

⑵　サーバルームに関するルール

重要度の高い情報を格納するサーバを設置するサーバルームを有する
場合は、特にサーバルームのセキュリティ確保のための定めを設けるこ
とが考えられる。具体的には、サーバルームを他のオフィスとは独立し
た場所に設置し、利用者の限定とその入退室管理、その他防犯設備、災
害時の対応等を定めることが考えられる。

⑶　書類、その他媒体の取扱いと保管

　職場における書類、その他媒体（以下この項において「書類等」という）の取扱いと保管に関する定めをおくことも考えられる。具体的には、机上における書類等の放置の禁止、書類等をキャビネット等の施錠可能な場所へ保管することといったクリアデスクポリシー、使用しているパソコン上の情報の盗み見等を防止するため離席時にはスクリーンロックをかける等のクリアスクリーンポリシー、ホワイトボードやコピー機・FAX といった事務用機器の使用時における留意事項（書き込み内容や入出力書類の放置、宛先の確認による誤送信の防止等）を定めることが考えられる。また、郵便物や宅配便、その他搬入物の受け渡しについても、上記のセキュリティ区画やサーバルームとは分離した場所において、従業員以外の者による入退室の管理、その他情報漏えいを防止するための手続を定めることも考えられる。

7　IT 機器・社内システム利用規程

　IT 機器・社内システムの利用に関しては、以下の点が重要になると考えられる。
- ・　PC 等の IT 機器の貸し出し手続と利用状況のモニタリング等
- ・　私物端末（Bring Your Own Device（BYOD））に関する取扱い
- ・　SNS の個人利用

⑴　PC 等の IT 機器の貸し出し手続と利用状況のモニタリング等

　これまで、従業員に対する人的な管理、サーバルーム等重要な情報が管理された場所に対する物理的な管理に関する規程について説明してきたが、各従業員が利用する IT 機器や社内システムの利用について規律することも必要となる。従業員に対し業務の目的から貸与される IT 機器はパソコンのほか、スマートフォン等のスマートデバイス等多岐にわたる。まずは、それらの貸与状況について把握するための貸与手続とその管理を定めることが考えられる。そして、貸与された機器の利用状況を管理するため、管理責任者を設置し、一定期間ごとに貸し出し状況の申告を求める手続を定めることが望ましい。さらに、貸与された機器の

社外における利用手続を定め、一定の機器については持ち出し禁止とする等、社外利用における留意事項を定めることも考えられる。一定の機器について持ち出しを許可する場合には、盗難や紛失を防止するための対策、社外利用時の盗み見防止等の情報漏えい対策、紛失・盗難発生時の対応手続等を定めることが考えられる。

(2)　私物端末に関する取扱い

　従業員自らが私物として使用しているパソコンや USB 等の利用について許可する場合（BYOD）は、その利用手続・禁止事項を定める必要がある[5]。具体的には、利用開始時、利用期間中（社内における利用を含む）と利用終了時について定めることが考えられる。①利用開始時においてはウイルス対策状況・インストール済みソフトウェアの確認や、会社の業務上必要なソフトウェアインストール時に保存データの消失等が発生した場合であっても会社はそれによる損害は一切負担しない旨の免責規定等、②利用期間中はウイルス対策ソフトや OS 等の定期的なアップデートの実施、会社が推奨するもの以外のソフトウェアのインストールを禁止しファイル共有ソフトや正規のライセンスを取得しないソフトウェアのインストール等セキュリティ上の安全性が損なわれることを防止する手続、社内 LAN システムへのリモート接続を許可する場合は、クリアスクリーンその他端末からの情報漏えい等を防止するための留意事項、社内メール管理における私用アドレスへの転送その他社内情報の私物パソコンへの保存の禁止、インターネットへのアクセスに関して会社が契約している会社以外の Wi-Fi サービスの利用禁止や、会社がセキュリティ監査を実施する場合には保存されているデータ等の検査に応じ、協力する義務等[6]、③利用終了時においては、業務で使用したデータをすべて消去した状態とし、その状態において会社の担当者からの確認を得る手続等を定めることが考えられる。

---

5)　私物端末の利用がサイバーセキュリティインシデントに繋がった事例については、経済産業省「昨今の産業を巡るサイバーセキュリティに係る状況の認識と、今後の取組みの方向性について 報告書」14 頁（https://www.meti.go.jp/press/2020/06/20200612004/20200612004-2.pdf）に掲げられた各事例も参照されたい。

(3) SNS の個人利用

近時は従業員による SNS の利用から会社の機密情報が流出するリスクも高まっていることから、SNS の利用規程を設けることも考えられる。具体的には、業務目的と業務目的外（私的）の利用の場合にわけ、前者については利用目的等をセキュリティ担当者へ申請・承認を得る仕組みとしつつ、他の利用者からのクレームや炎上等が発生した場合にはセキュリティ担当者への報告を求めることが考えられる。そして、後者については、会社の機密情報の記載や法令等に違反する記載の禁止や機密情報の漏えい可能性、他の利用者からのクレームや炎上等が発生した場合には、セキュリティ担当者へ報告することを求めることが考えられる。また、いずれの利用においても、違反が発生した場合には懲戒処分等の対象となることを定めておくことにより、少くとも違反に対する抑止的な効果は得られるものと思われる。

◆コラム　アップデートのパッチは当てるべきか

「パッチ」とは、もともと洋服の穴を塞ぐための継布を指す言葉である（「パッチワーク」のパッチと同じ）。それが、プログラミングの世界では、バグやセキュリティホールといった、ソフトウェアや OS の「穴」を塞ぐためのプログラムを指す言葉として、コンピュータの黎明期から使われてきた。

従前、パッチは、プログラムの障害対策として、バグ等の修正を主な目

---

6)　なお、BYOD における私物 PC 等に対するモニタリングの一環として行われる監査・検査その他調査を行うに際しては、所有者である従業員のプライバシーに留意した対応が必要となり、対象を業務に関して使用するアプリケーション・システム（そのような領域に限ることを可能とするソフトウェア等も存在する）に限定する等の対応が必要となる。また、個人情報保護法上の「個人情報」・「個人データ」に該当することも想定されるため、利用目的の特定や目的外利用の禁止、第三者提供の制限等にも留意する必要がある。BYOD 利用上の留意点については、森亮二「BYOD（個人所有端末の業務活用）の法的留意点」NBL1019 号（2014）24 頁が詳しい考察を加えており、参考になる。

的とするものであったが、1990年代から、メールやインターネットを介してマルウェアが猛威を振るうようになると、セキュリティの脆弱性を塞ぐためのパッチの重要性が高まってきた。今日では、「OSを最新版に保つ（すなわち、最新のパッチをきちんと当てておく）」というのは、セキュリティの基本として、多くの人に認知されているものと思われる。もっとも、個人で使用するPCについては、それで大きな問題はないが、多くの役職員が、様々なソフトウェアを使用する企業や団体では、やや事情が異なる。

　Windows10は、複数の種類のアップデートが常になされていることが公表されている。概ね数か月に一度の大型アップデート（機能更新プログラム）のほか、米国太平洋時間（PST/PDT）の火曜日（日本時間の水曜日未明）には、セキュリティ等に関する不具合修正のためのアップデート（品質更新プログラム）が行われている。水曜日にPCを起動すると重く感じることがあるのは、これが原因である場合もある。また、緊急性を要する場合、臨時のアップデートも行われる。こうしたアップデートは、常にそれによる影響を完全に考慮して行われるとは限らない。たとえば、OSの最新のパッチを当てたことで、特定のソフトウェアに不具合が生じるといった可能性がありうる。

　最新のパッチを当てた結果、企業活動に不可欠のソフトウェアが使用できなくなり、仮にそれが一定の期間続いてしまった場合、かえって企業に損害が生じてしまうおそれがある。したがって、企業のシステム担当者には、適切なパッチ管理が求められる。具体的には、提供されるパッチの情報をできる限り確認するのはもちろん、特に重要なソフトウェアがインストールされている端末については、パッチの内容を検証してからアップデートがなされるような設定にしておくといった対応が必要になる。

　他方で、最新のパッチを当てないことによるリスクも当然に存在する。法的な観点からは、最新のパッチを当てていなかったことが、企業側の過失として評価される可能性がある。たとえば、業務委託先企業の故意または重大な過失によって、企業のシステムにマルウェアが侵入したような場合、損害賠償訴訟において、被害を受けた企業が最新のパッチを当てていなかったことにより損害が拡大したと認定されれば、過失相殺がなされて、損害の填補が十分にできなくなるおそれがある。この点、「最新のパッチを

当てることによるリスク」を主張・立証し、裁判所を納得させることは容易ではないことが予想され、被害を受けた PC やサーバが最新の状態でなければ、比較的簡単に被害者側の過失が認定されてしまう事態が予想される。

　したがって、法的な側面からは、できる限り最新のパッチを当てるべきである。もっとも、安易に最新のアップデートを行うのではなく、その必要性を常に検証し、リスクを排除して適時に必要なパッチを当てるための管理体制を構築すること、さらにそれを従業員にも徹底することが、企業には求められている（パッチ適用に関しては、第2章も参照）。

8　グループ管理に関する規程

　近時、仮想通貨交換業を営む子会社において仮想通貨が流出する事例や、子会社のホームページが不正アクセスの被害を受け顧客情報が流出する事例等、グループ会社におけるインシデントの発生がグループ全体の経営に影響する事例が発生している。

　このような事例に備え、インシデント発生時に有効な対応をするためにはグループ全体でサイバーセキュリティの対応基準を設けこれを周知・徹底するとともに、グループ間におけるセキュリティ担当者の連携を確保し、有事の際には、各社において CSIRT といった対応組織を構築・運用するだけではなく、必要に応じてグループ間でこれらの対応組織を連携させることが望ましい。また、グループ各社における平時の対策状況や有事対応事例の共有・連携により、各社におけるサイバーセキュリティに関する体制の改善に利用することが可能となる。具体的には、グループ各社におけるセキュリティ担当者、内部監査部門、そして監査役・監査等委員・監査委員といった部門ごとの連携や外部の監査法人やセキュリティ監査の専門業者に委託したグループ監査結果を定期的に共有することを、あらかじめグループサイバーセキュリティ管理規程として定めておくことが考えられる。

◆コラム　規程管理

システム担当やセキュリティ担当の留意点

　働き方改革や感染症対策などでテレワークや在宅勤務などリモートでの業務が今後より進むものと考えられる。リモートワークを狙ったサイバー攻撃の防御だけではなく内部不正に対する対策も必要となる。

　セキュリティの対策を行う部門において、実際にどのようなセキュリティの対策や業務が必要となるかを考える際には、ポリシーから各種規約を考慮してセキュリティの管理策を決める必要がある。

　各種の規約の範囲は法務部門や総務部門におよぶものである。会社や組織にあった実現できるセキュリティの対策を考える場合は、セキュリティの対策を行う部門だけではなく、各種の規約に関連する部門と連携を行うこととなる。

法務や総務における留意点

　大半の規定については一度策定してしまえばそれ程頻繁に内容の見直しは必要ないが、インシデント対応規定については自組織に対する脅威は日々変化し新しい攻撃手法が出てきているので、適宜脅威が顕在化した際の対応を追加・修正していくことが必要になる。規定を整備するためにはビジネスに対するリスクは何か、そのリスクに対応するために必要となる会社や組織としてのポリシーは何であるか、ビジネスの周辺環境として守るべき規制や法律は何か、といった点の検討が必要となる。この部分は事業部門やセキュリティ担当だけでの検討ではなく、法務部門や総務部門など幅広い管理部門も含めて検討が必要である。セキュリティの事故による被害が広範囲におよぶ場合はそれだけ幅広い部門との連携や検討が必要となる。

　インシデント対応規程の下位文書であるインシデント対応手続については、一度定めても実効性の検証が必要であり、定期的にサイバー訓練を実施しインシデント対応規程や手続の有効性を検証し見直しをしていくことが重要である。

　昨今のリモートワーク関連する規程作成の際には NISC（内閣サイバーセキュリティセンター）が公開した「テレワークを実施する際にセキュリティ上留意すべき点について」、NIST の SP800-46「Guide to Enterprise Telework and Remote Access Security」、ISACA の「Managing Remote Work Environments With COBIT 2019」、DoD のテレワークセキュリティガイド等が参考になる。

第5章　サイバーセキュリティ対策に関する情報開示

1　はじめに

(1)　サイバー攻撃による被害とその拡大可能性

　サイバー攻撃の被害は、直接被害を受けた企業にとどまらず、連鎖的に多くの企業や多数の個人に及ぶ危険性があり、その被害内容も、企業情報・営業秘密、企業価値の毀損、個人情報・個人資産等広範囲に及ぶ可能性がある。たとえば、**第1部**でも述べたように、ある企業や団体のネットワークや端末等を踏み台にして、他のネットワークへの侵入が行われるなど、被攻撃者が、単なる被害者ではなく加害者の道具のような立場に置かれることは十分に考えられる。こうした事態に陥った場合、当該企業の企業価値が大きく毀損する事態となりかねない。

　この点について、米国証券取引委員会（SEC）が、2011年に公表したサイバーセキュリティ開示ガイダンス[1]では、サイバーインシデントが企業に課すコストとして、以下のようなものを挙げている。

　①　復旧コスト

　資産・情報の窃取やシステム損害の修復のための賠償責任や、サイバー攻撃後に顧客・取引先との関係を維持するために提供するインセンティブも含む。

　②　サイバーセキュリティ対策コストの増加

　組織変更、追加人員・テクノロジーの配置、従業員の研修、外部専門家・コンサルタントへの相談も含む。

　③　売上の減少

---

1)　https://www.sec.gov/divisions/corpfin/guidance/cfguidance-topic2.htm。詳細は**第4部第1章**参照。

サイバー攻撃後の営業秘密の不正利用や顧客の維持の失敗に基づくもの。

④　訴訟コスト

⑤　レピュテーション損害

顧客・投資家からの信頼喪失に基づくもの。

　このように、サイバー攻撃のリスクは、企業の経営上極めて重要なリスクとなっており、サイバーセキュリティ対策は、経営上の最重要課題として位置づけられねばならない。そして、十分なサイバーセキュリティ対策を講じ、その内容を適切に開示することは、今日、企業が様々なステークホルダーから信頼を得るための重要な要素となっている。

(2)　内部統制システムと情報開示

　第1章でも述べたとおり、デジタル化が進展する今日において、ほぼすべての会社にサイバーセキュリティに関するリスクが存在し、サイバーインシデントによる「損失の危機」を管理する必要がある。また、情報の保存と管理に関するセキュリティは、情報保存管理体制の観点から、会社による個人情報の取扱いについて個人情報保護法の遵守が求められるなど、情報セキュリティに関して適用される法令がある場合には法令等遵守体制の観点から、それぞれ内部統制システムを整備する必要がある[2]。

　なお、後述するように、2019年1月の企業内容等の開示に関する内閣府令の改正により、有価証券報告書の「事業等のリスク」について、記載の充実が法令上求められている。企業には、状況に応じて、サイバーセキュリティに関するリスクに対応する内部統制システムの開示も求められる場合が生じている。

---

2)　たとえば、EU一般データ保護規則（GDPR）28条では、個人情報の取扱いを委託する際に、委託先との契約の内容とすべき事項が定められている。なお、GDPRについては、原文（https://eur-lex.europa.eu/legal-content/EN/TXT/PDF/?uri=CELEX:32016R0679&from=EN）のほか、個人情報保護委員会による仮日本語訳が公開されている（https://www.ppc.go.jp/files/pdf/gdpr-provisions-ja.pdf）。

◆コラム　M&A における DD

　M&A における法務デューディリジェンス（DD）の一環として、個人情報保護法等の法令遵守や IT システムに関する知的財産権その他の懸念点は通常調査対象となるが、サイバーセキュリティに焦点を置いた法務 DD が行われることは実務上まだ多くはないと考えられる。もっとも、買収対象会社の事業の性質によっては、サイバーセキュリティに関しても一定の注意を払う必要があると考えられる。この点で注目に値するのは、米大手ホテルチェーン Marriott International（Marriott）が 2018 年 11 月に公表した同社の予約データベースに対する不正アクセス事案※に関して、英国の Information Commissioner's Office（ICO）　が 2019 年 7 月に GDPR 違反として 99,200,396 ポンドの制裁金を科す意向を表明した事例である※※。このケースでは、不正アクセスされた約 339 百万人の宿泊客の個人情報のうち約 30 百万人分が EU 領域に関するもので、うち約 7 百万人分が英国居住者とされている。Starwood hotels group（Starwood）のシステムに対する不正アクセスは 2014 年から生じていたと考えられており、Marriott が 2016 年に Starwood を買収した後も、2018 年まで発覚していなかった。ICO のコメントのうち、「Marriott は Starwood の買収時に十分な DD を行っておらず、システムの安全性強化も怠っていた。」と述べている点は特に注目に値する。法務 DD の実施に際しては、対象会社の業態、保有している個人情報等の分量および性質、適用される可能性がある法令（たとえば GDPR 等の海外法令の適用可能性を含む）等を考慮して、リスクに応じて範囲および深度を検討することが望ましい。具体的な方法としては、過去に生じたインシデントの有無およびそれに対する対応に加え、内部規則その他のサイバーセキュリティに関する管理体制を確認するとともに、サイバーセキュリティを所管する会議体の議事録やサイバーセキュリティに関する監査結果を確認することが考えられる。なお、サイバーセキュリティに関する技術的なリスクを正しく評価するためには、環境 DD のように専門のベンダーによる DD が必要になると考えられる。もっとも、M&A における DD の一環として実施するに

は時間・リソース・情報などの観点で実務上の制約を伴うことが多いと考えられる。

2　サイバーセキュリティ対策に関する情報開示の意義等
(1)　情報開示のメリット

　上述のとおり、十分なサイバーセキュリティ対策が講じられているか否かは、取引先、一般利用者、投資家、金融機関などステークホルダーにとって極めて大きな関心事になっている。そのため、企業がサイバーセキュリティ対策に関する情報開示を適切に行うことにより、ステークホルダーからの信頼を確保し、取引先として競争力を高め、また投融資先としての魅力を高めることが可能となる。

　また、情報開示に至る過程や開示の結果、経営陣の意識の改革や向上をなしうることがある。既に述べたとおり、サイバー攻撃のリスクは、企業の経営上極めて重要なリスクとなっており、サイバーセキュリティ対策は、経営上の最重要課題として位置づけられねばならない。経営陣がこうした意識を確実に共有し、サイバーセキュリティ対策に十分なリソースを配分するためにも、情報開示は一定の意味を持ちうる。

　さらに、情報開示により、委託先、グループ会社、従業員等の意識の向上を図りうる。今日、企業は、自社のみならずサプライチェーンを含めたセキュリティ対策を行うことが求められており、従業員を含め、内部のステークホルダーに対する意識改革を促すことは極めて重要な事項といえる。

　加えて、企業の情報開示は、攻撃者への牽制という意味も持ちうる。攻撃者は、できる限り弱い部分を狙うものである。企業として、サイバーセキュリティ対策に対する積極的な姿勢を明確にすることで、「攻めづらい」相手であると認識させることは、それ自体、ひとつの効果的

なセキュリティといいうるのである。

⑵　情報開示によるデメリット

　上述のとおり、サイバーセキュリティ対策に関する適切な情報開示は、企業にとって多くのメリットがある。他方で、あらゆる情報をすべて開示することは、サイバーセキュリティ対策の観点から、必ずしも適当とはいえない。サイバーセキュリティ対策にかかる情報開示には、一定の限界がありうる。

　情報開示によるデメリットに関して、最も考えねばならないのは、攻撃者に対して「ヒント」を与えてしまう事態を回避することである。今日、企業等においてサイバーインシデントが発生すると、多くの場合、原因や再発防止策を含めた報告書が公表される。その中には、場合によっては攻撃者にヒントを与えかねない情報がありうるとの指摘がなされている[3]。

　たとえば、ある枠組みで防御態勢を構築していたにもかかわらず、不正アクセスの検出から断定までに 10 日間を要した、との発表がなされた場合、当該防御態勢で概ね 10 日間は気づかれない可能性がある、とのメッセージになりかねない。また、攻撃と被害の詳細な情報を公開することは、攻撃方法のヒントを与える可能性があることはもちろん、同程度の同業種の企業には、同じ攻撃が有効な可能性がある、というヒントになりかねない。特にわが国においては、業種や規模によって、いわゆる「横並び」の対策がなされているケースが多いとの指摘がなされており、ある企業への攻撃が奏功した場合、攻撃者が同規模の事業者を標的にする可能性は十分にありうる。したがって情報開示によって、いたずらに「業界標準」のようなものを読み取られる事態は避ける必要がある。

　情報開示は、適切に行わなければマイナスの効果を生むおそれがあ

---

　3)　大元隆志「三菱電機、不正アクセス事案の第三報を公開。サイバー攻撃者にとって有益なヒントが多数公開される」（https://news.yahoo.co.jp/byline/ohmototakashi/20200214-00162999/）。

る。サイバーセキュリティ対策に関しては、その効果がダイレクトに被害として顕在化する可能性があり、注意深い対応が求められる。

3　サイバーセキュリティ対策に関する情報開示について、参照すべきガイドライン等

⑴　サイバーセキュリティ対策情報開示の手引き

総務省は、2019 年 5 月～6 月まで意見募集を行った上で、2019 年 6 月「サイバーセキュリティ対策情報開示の手引き」を公表した[4]。

同手引きには、サイバーセキュリティ対策に関する情報開示について、その必要性や意義はもちろん、具体的な手段や記載例等が紹介されており、企業の担当者はもちろん経営陣も可能な限り参照すべき資料である。

なお、本稿も、基本的に同手引きに準拠しつつ、さらに付け加えるべき視点に言及している。

⑵　サイバーセキュリティ経営ガイドライン Ver2.0

経済産業省は、2015 年 12 月に、サイバーセキュリティを経営問題であると位置づけ、経営者が認識すべき 3 原則と、サイバーセキュリティ経営の重要 10 項目を整理した「サイバーセキュリティ経営ガイドライン」を発表し、漸次改訂している。そして、現時点の最新版として、Ver2.0 が 2017 年 11 月 16 日公開された[5]。

同ガイドラインは、サイバーセキュリティリスクや対策に係る情報開示の重要性を、経営者が認識すべき 3 原則のうちの 1 つとして挙げている。上記「サイバーセキュリティ対策情報開示の手引き」も、ガイドラインの重要 10 項目に沿って情報開示のあり方を紹介しており、情報開示についてもガイドラインと整合的な整理がなされている。

---

4)　総務省サイバーセキュリティ統括官「サイバーセキュリティ対策情報開示の手引き」（https://www.soumu.go.jp/main_content/000630516.pdf）。
5)　経済産業省・独立行政法人情報処理推進機構「サイバーセキュリティ経営ガイドライン Ver2.0」（https://www.meti.go.jp/policy/netsecurity/downloadfiles/CSM_Guideline_v2.0.pdf）。

　なお、本書執筆時において、経済産業省を中心に、サイバーセキュリティ経営ガイドラインベースの可視化ツールの開発が進められている[6]。これは、サイバーセキュリティ経営の実践を、自社内や投資家等のステークホルダーに向けて可視化することにより、セキュリティの高い企業であることを可視化し、投資家等がそれを評価することが可能になるようにするものであり、今後、企業はこうしたツールも用いながら、サイバーセキュリティ経営の実践とその可視化を進めていくことが求められている。

(3)　米国証券取引委員会（SEC）によるガイダンス

　上述のとおり、米国証券取引委員会（SEC）は、米国上場企業を対象として、2011年にサイバーセキュリティ開示ガイダンスを公表し、また、2018年2月には追加のサイバーセキュリティ開示に関する解釈ガイダンスを公表した[7]。

　これらのガイダンスは、すべての日本企業に適用されるものではないが、企業が、投資家に対し、サイバーセキュリティの企業価値への影響をどのように開示すべきかを検討する上で参考となる。

(4)　内閣府令の改正と記述情報の開示に関する原則

　前述のとおり、2019年1月に、企業内容等の開示に関する内閣府令（開示府令）が改正され、上場企業の有価証券報告書における「事業等のリスク」に関する情報の充実が要求された。

　これをふまえ、金融庁は、2019年3月19日、「記述情報の開示に関する原則」を公表した[8]。同原則は、事業等のリスクについて、法令上記載が求められている事項として、「事業等のリスクの開示においては、企業の財政状態、経営成績及びキャッシュ・フローの状況等に重要な影響を与える可能性があると経営者が認識している主要なリスクについ

6）　https://www.meti.go.jp/shingikai/mono_info_service/sangyo_cyber/wg_keiei/pdf/002_03_00.pdf
7）　https://www.sec.gov/rules/interp/2018/33-10459.pdf
8）　https://www.fsa.go.jp/news/30/singi/20190319/01.pdf

て、当該リスクが顕在化する可能性の程度や時期、当該リスクが顕在化した場合に経営成績等の状況に与える影響の内容、当該リスクへの対応策を記載するなど、具体的に記載することが求められている。また、開示に当たっては、リスクの重要性や経営方針・経営戦略等との関連性の程度を考慮して、分かりやすく記載することが求められている」と明確化した。また、「望ましい開示に向けた取組み」として、「事業等のリスクの開示においては、一般的なリスクの羅列ではなく」「投資家の判断に重要な影響を及ぼす可能性のある事項を具体的に記載することが求められる」と記載している。

　サイバーセキュリティリスクが投資家の判断に重要な影響を及ぼす可能性がある場合には、日本の上場企業にも、上記のような法令・原則に基づき、具体的な開示が求められている。

4　情報開示の媒体

⑴　サイバーセキュリティ対策に関する情報開示に使用される主要な報告書等

　現在、サイバーセキュリティ対策の情報開示に活用されている主な開示書類は以下のとおりである。

　以下のうち、①②が制度開示、③〜⑥が任意開示の書類である。現状、サイバーセキュリティ対策に係る記載の量は、任意開示の書類（とくに③等）が比較的多い傾向にあり、制度開示の書類では比較的少ない傾向にある[9]。

①　有価証券報告書
②　コーポレート・ガバナンス報告書
③　CSR 報告書・サステナビリティ報告書
④　統合報告書
⑤　アニュアルレポート
⑥　情報セキュリティ報告書

---

9)　総務省サイバーセキュリティ統括官・前掲注 4) 13 頁以下。

(2)　ウェブサイトにおける情報開示の有用性

　一般の利用者や一般の投資家は、上記(1)の各報告書等に接する機会が多いとはいえない。また、企業や団体であっても、必ずしもサプライチェーン等関連企業の報告書類を詳細に確認していない場合がありうる。

　各ステークホルダーに適切かつ十分な情報開示を行うためには、企業のウェブサイト等において、サイバーセキュリティ対策についての情報開示を行うことが有用である。ただし、一般の利用者等を主なターゲットとするウェブサイト等で、セキュリティについての詳細な説明や技術的な記載は、あまり意味を持たない可能性が高い。広く情報を発信することを目的とするウェブサイトにおいては、企業としてセキュリティ対策に積極的に取り組み、十分な施策を講じていることを説明することがむしろ重要となろう。

5　情報開示のあり方

(1)　開示にあたってのポイント

　「サイバーセキュリティ対策情報開示の手引き」においては、情報開示にあたり留意すべきポイントとして、①目的適合性、②表現真正性、③比較可能性、④理解容易性、⑤適時公表性、が挙げられている[10]。

　上記①に関して、手引きでは、「例えばサイバーセキュリティ対策の対応の基本方針を定めて公表するのみならず、自社のトップマネジメントの取組姿勢や取組の本気度をトップマネジメントのメッセージとして伝える、サイバーセキュリティ対策の取組内容を企業価値向上のプロセスと関連づけて記載するなどの工夫が考えられる」としている。

　この点、サイバーセキュリティ対策に限らず、企業の情報開示にあたっては、いかなる目的でその情報を開示するか（なぜその情報を開示しなければならないのか）、という点が最も重要な視点となる。そうした観点からは、誰をイメージして開示するのか、取引先、一般利用者、投資家、金融機関、公的機関といったステークホルダーそれぞれに対し

10)　総務省サイバーセキュリティ統括官・前掲注4) 19頁以下。

て、どのような目的でどのような内容を開示すべきかを十分に検討する
必要がある。

　たとえば、一般利用者の多い企業（小売業、旅行・宿泊業、運輸業等）
であれば、個人情報に関するセキュリティ対策について、具体的な取組
みの内容を紹介することが効果的であろう。また、金融機関や公的機関
に対しては、委託先や関連企業も含めた十分なセキュリティ対策を実施
していることを示すことにより、信頼を向上させる効果が期待できよ
う。

　上記③の「比較可能性」とは、「同業種・同規模間、同じ企業の異時
点間等の一定の範囲で比較可能にするための基礎となる情報を提供する
こと」「定量的な情報や、対策の有無が直接記載の有無につながるよう
な情報など、客観的な評価が可能な情報を記載すること」とされてい
る。その上で、具体例として、「例えば他者との差別化を意識したサイ
バーセキュリティ対策の取組内容を開示する、自社の重点領域を意識し
た取組を開示する、前期からの変更点について開示する、PDCA サイク
ルを意識して対策の取組内容を開示する、取得した第三者評価・認証を
記載する、SOC（Security Operation Center）や CSIRT について記載するな
どの工夫が考えられる」との記載がある。これは、企業の競争力やレ
ピュテーションを向上させるために有益な視点ということができる。さ
らに、「横並び」ではない対策を施しているという点を強調することで、
攻撃者への牽制ともなり得よう。

　なお、上記①ないし⑤を前提に、企業としては、開示すべきではない
内容についても整理しておく必要がある。情報開示のデメリットに関し
ては既に述べたとおりであるが、攻撃者を利する可能性がある情報や、
企業の競争力やレピュテーションに悪影響を及ぼす可能性のある情報
は、記載すべきではない。

　たとえば、具体的な社内ネットワーク環境や使用中の OS、ソフト
ウェア等が類推できる記載は避けるべきであろう。

　また、明らかに時代遅れな対策を開示することも適切ではない。その
意味で、企業の担当者には、サイバーセキュリティ分野において、現時
点でどのような水準の対策が求められているのかを、常に把握する努力

が求められている。

(2) 情報開示の内容

a 記載例等

「サイバーセキュリティ対策情報開示の手引き」では、2016 年から 2018 年の間の日経 225 対象企業の実際の開示書類の記載を、サイバーセキュリティ経営の重要 10 項目に沿って整理しており、参考になる[11]。

b 項目ごとの記載のポイント

ア サイバーセキュリティ対応方針策定に関する情報開示

これは、企業として、サイバーセキュリティ対策にいかなる方針で取り組んでいるかという、最も基本的な部分に関する情報開示である。したがって、経営者や CISO といった、しかるべき責任を有する主体による情報発信がなされることが望ましい。また、企業として、サイバー攻撃やセキュリティリスクを経営上の問題であると明確に位置づけることも重要となる。その上で、セキュリティポリシー等、企業としてのサイバーセキュリティ対策に関するポリシー・規程等を整備し、その内容を明らかにすることが効果的である。

イ 経営層によるリスク管理体制の構築に関する情報開示

企業として、いかなる体制でサイバーセキュリティリスクを管理しているかを明確に示すことが望ましい。経営陣を含めたリスク管理体制（誰がどのような役割を担い、どのような責任が分担されているか）、CISO や CISIRT といったセキュリティに関する機関の存在や位置づけ、権限と責任をわかりやすく記載する必要がある。

ウ 資源（予算、人員等）の確保に関する情報開示

この部分で、最もシンプルで効果的なのは数字である。サイバーセキュリティ対策のための具体的な予算の額や、人員の数、従業員に対す

---

11) 総務省サイバーセキュリティ統括官・前掲注 4) 31 頁以下。

る教育の回数といった具体的な数字を示すことが、企業のサイバーセキュリティ対策に対する姿勢を端的に示すことになるからである。

　ただし、企業規模や業種・業態に比して過大なリソースを投下していると判断されることは、むしろネガティブな影響を与える可能性があり、その点は留意する必要がある。

　　エ　リスクの把握と対応計画策定に関する情報開示
　この部分で、最も重要なのは的確なリスクの把握である。
　一口にサイバーセキュリティといっても、各企業において、想定しうるリスクは同じではない。企業の規模や業種・業態、取り扱う商材、サプライチェーンを構成する企業等の規模や性質、サプライチェーンの規模などによって、攻撃を受ける可能性やどこにどのような攻撃がありうるかは全く異なりうるからである。

　近年、企業に関わる多くの場面で、リスクベース・アプローチ（RBA）が求められている。自社に、経営上いかなるリスクがありうるかを十分に精査し、分析することが求められる。その際には、たとえば同業他社によって開示された情報や、実際のインシデント事例等は重要な手がかりとなろう（ただし、「同業他社がこの程度だから、自社も同じ程度でよい」という発想が適切でないことは、情報開示のデメリットの部分で記載したとおりである）。

　　オ　保護対策（防御・検知・分析）の実施に関する情報開示
　実際のサイバーセキュリティ対策の核となる情報に関する開示項目であり、それだけに、繊細なコントロールが求められる。できる限り具体的な記載によって説得力を持たせることが望ましい反面、上述したとおり、開示すべきではない情報も含まれるからである。自社のセキュリティ担当部門はもちろん、セキュリティベンダといった技術的な知見を有する者とも協力しながら、効果的な開示を行う必要がある。

　　カ　PDCAの実施に関する情報開示
　PDCAとKPIについて、実効的な取組みを行っていることを説明すべ

きである。

　もっとも、この部分でより重要となりうるのは、実際に発生したインシデントや、インシデントにつながりかねないような事象についての報告である。企業が直面したサイバーインシデントと、その際に行った対応、その対応をふまえてのフィードバック等を適切に開示することにより、セキュリティ対策に対する説得力を格段に増幅することができる。

　　キ　緊急対応体制に関する情報開示
　緊急対応体制の中核を担うのは、多くの場合 CSIRT であろう。現在、CSIRT を設置する企業は珍しくなくなってきている。CSIRT を設置し、しかるべき演習等を行いながら緊急時への備えを行うことは、企業として当然なすべき義務であるという状況をふまえて、適切な情報開示は必須となる。

　他方で、CSIRT の具体的な規模や構成員についての詳細情報（経歴・資格・経験・スキル等）まで明らかにしている事例は多くない。また、CSIRT というのは、その組織や体制が必ずしも一義的に定まっているわけではなく、様々な機能や活動範囲を有することがありえ、企業によって、設置あるいは運用すべき CSIRT が異なることも考えられる[12]。
　CSIRT について、必要に応じて、単に「設置しています」以上の情報開示を検討すべきであろう。

　　ク　復旧体制の整備に関する情報開示
　多くの企業で、すでに BCP が定められている。サイバーセキュリティ対策との関係では、いかなるインシデントがありうるか、それによりどのような障害が発生し、どのようなフェーズを経て復旧に至るか、という具体的な対応策を、不断に更新し続けることが望ましい。企業

---

12)　たとえば、一般社団法人 JPCERT コーディネーションセンター（JPCERT/CC）による「CSIRT ガイド」（https://www.jpcert.or.jp/csirt_material/files/guide_ver1.0_20151126.pdf）では、CSIRT を、サービス対象によって、「組織内 CSIRT」「国際連携 CSIRT」「コーディネーションセンター」「分析センター」「ベンダチーム」「インシデントレスポンスプロバイダ」に分類している。

は、BCP の詳細な内容まで開示する必要はないが、復旧体制について、常に新しい知見を吸収しながら対応策を更新し続けているという点を明確にしておくことは有益と考えられる。

　　ケ　取引先・委託先やグループ単位のセキュリティ対策に関する情
　　　　報開示

　現在、取引先・委託先等を含めたサプライチェーン全体に係るサイバーセキュリティ対策の重要性が極めて大きくなっている。商材や経済構造の拡大・複雑化が進み、サプライチェーンは拡大しているところ、そのどこかに「穴」があり、攻撃者の侵入を許してしまえば、サプライチェーンのネットワークを通じて、そのすべての構成員が危険にさらされるからである。実際に、近時のセキュリティインシデントでは、最終的な標的を直接狙うのではなく、「踏み台」を経た攻撃が行われるケースが多い。

　その意味で、取引先・委託先取引先・委託先等を含めたサプライチェーン全体に対して、いかなる方法でガバナンスを及ぼしているかを、具体的かつ説得的に記載することが極めて重要になる。

　　コ　情報共有活動への参加に関する情報開示

　現在、サイバーセキュリティ協議会、重要インフラの情報セキュリティ対策に係る第4次行動計画に基づく情報共有体制、CEPTOAR、C4TAP、J-CSIP、ISAC 等の組織が、サイバーセキュリティ対策に係る情報共有体制を構築している[13]。

　また、日本セキュリティオペレーション事業者協議会（ISOG-J）や日本シーサート協議会といった企業横断的な団体もあり、こうした情報共有活動に参加していることは、積極的に開示していくべきである。

(3)　個別具体的な開示内容の検討の重要性

ここまで、「サイバーセキュリティ対策情報開示の手引き」の記載を

---

13)　総務省サイバーセキュリティ統括官・前掲注4）5頁。

ふまえ、サイバーセキュリティ経営の重要 10 項目に沿って情報開示の
ポイントを指摘してきた。

　もっとも、常に 10 項目すべてを一様に開示する必要があるわけでは
ない。重要なのは、開示の相手方であるステークホルダーや開示の方法
の種類に応じて、個別具体的に開示の内容を検討することである。

　各ステークホルダーによって、その関心事項や企業との関係性は異な
る。

　たとえば、投資家は、一般的に、投資先企業においてサイバーセキュ
リティ企業価値の毀損を生じさせるリスクを適切に管理しているか否か
に関して関心を有する。これに対し、利用者は、企業のサイバーセキュ
リティ対策により安全に企業の提供する製品・サービスを利用できるか
否かに関心を有する。このような関心の違いに応じて、開示項目の重点
も異なることが考えられる。

　また、「サイバーセキュリティ対策情報開示の手引き」17 頁も指摘す
るところであるが、不特定多数の投資家や利用者に対して提供する情報
と秘密保持契約を締結している取引先や情報共有コミュニティに対し提
供する情報では、その範囲は粒度に関して差が生じうる。一般に公開す
る情報に関しては、たとえば、エ「リスクの把握と対応計画策定」やオ
「保護対策」を具体的に公開した場合は、かえってサイバー攻撃等を誘
発するリスクがあるという情報開示のデメリットも考慮しながら、開示
することが適切な情報を判断する必要がある。

(4)　情報不開示に伴うリスクへの対応の必要

　投資家に対する関係で、重大なサイバーセキュリティリスクが存在す
るにもかかわらず、これを適切に開示しなかった上で、サイバー攻撃を
受けて企業に損害が生じた場合、金融商品取引法 21 条の 2 に基づく損
害賠償請求等がなされる可能性がありうることには留意が必要である。

　金融商品取引法 21 条の 2 は、報告書等に、虚偽記載や重要事項の不
記載等があった場合の損害賠償責任を規定する。当該規定は、国内大手
鉄道会社が提出した有価証券報告書等に虚偽記載があったことから、同
社が上場廃止となり、その後、同社株式を保有していた投資家による複

数の訴訟が提起され、最高裁において投資家からの損害賠償請求が認められたことを受けて、2004 年に改正された旧証券取引法の規定を引き継いだものである。

　いかなる場合に重要情報の不記載にあたるかに関しては、「「企業内容等の開示に関する内閣府令の一部を改正する内閣府令（案）」に対するパブリックコメントの概要及びコメントに対する金融庁の考え方」（以下「PB」という）が参考になる[14]。

　PB の No.16 では、「事業等のリスクの開示に当たっては、取締役会等において、そのリスクが企業の将来の経営成績等に与える影響の程度や発生の蓋然性に応じて、それぞれのリスクの重要性をどのように判断しているかについて、投資者が理解できるような説明をすることが期待されており、平成 31 年 3 月 19 日に公表した「記述情報の開示に関する原則」においても同様の考え方を示しています。このように、事業等のリスクの記載は、将来の不確実な全ての事象に関する正確な予想の提供を求めるものではなく、提出日現在において、経営者が企業の経営成績等の状況に重要な影響を与える可能性があると認識している主要なリスクについて、具体的な説明を求めるものです。事業等のリスクの記載が虚偽記載に該当するかどうかは個別に判断すべきと考えられますが、提出日現在において、経営者が企業の経営成績等の状況に重要な影響を与えると認識している主要なリスクについて、一般に合理的と考えられる範囲で具体的な説明がされていた場合、提出後に事情が変化したことをもって、虚偽記載の責任を問われるものではないと考えられます。一方、提出日現在において、経営者が企業の経営成績等の状況に重要な影響を与える可能性があると認識している主要なリスクについて敢えて記載をしなかった場合、虚偽記載に該当することがあり得ると考えられます」とされている。

　今日、多くの企業にとって、サイバーセキュリティリスクは「企業の経営成績等の状況に重要な影響を与える可能性がある」ものになる可能性がある。これまで述べてきた情報開示のポイント等もふまえて、十分

14）　https://www.fsa.go.jp/news/30/sonota/20190131/01.pdf

な開示を検討する必要がある。

6　利用者に対するセキュリティ対策の開示と実例

　ネットワーク関連製品・サービスを提供する企業は、その利用者が安心して製品・サービスを利用できるように、一般的な開示内容を超えて、セキュリティ対策に関して、非常に詳細な情報開示を行う例も存在する。このような情報開示に関して先進的な取組みを行っているGoogle の例を用いて、以下のとおり、解説する。

⑴　セキュリティポリシー・プライバシーポリシーの公表

　多くのネットワーク運営企業が、個人情報保護規制の強化をふまえ（詳細は**第4部第2章**参照）、利用者の個人情報を保護するため、プライバシーポリシーを公表するとともに、その中でまたは別途、セキュリティに関するポリシーを開示している場合が多い。

　たとえば、Google はプライバシーポリシーの中で、以下のような顧客情報保護のためのセキュリティ対策の内容を公表している[15]。

> お客様の情報を保護するための Google サービスのセキュリティ対策
> 　Google のサービスはすべて、お客様の情報を継続的に保護する強力なセキュリティ機能を備えています。サービスを継続的に提供することで得られる分析情報を活用し、セキュリティ脅威をお客様の元に到達する前に検知し、自動的にブロックします。そして、何らかのリスクの高い脅威を検知し、これについてお客様にお伝えすべきと判断した場合は、お客様に通知し、セキュリティを強化して継続的な保護を実現するための手順をご案内します。
>
> 　Google は、Google が保持する情報への不正なアクセス、改変、開示、又は破壊からお客様と Google 自身を保護すべく尽力しています。たとえば以下の対策を講じています。
> ●　お客様のデータが伝送中に漏洩することのないよう、暗号技術を使用しています。
> ●　セーフブラウジング、セキュリティ診断、2段階認証など、お客様の

15）　https://policies.google.com/privacy?hl=ja#infosecurity

アカウントを保護するための各種セキュリティ機能をご用意しています。

● 　システムへの不正アクセスを防止すべく、Google の情報収集、保存、及び処理の実施方法（物理的なセキュリティ対策を含む）の見直しを行っています。

● 　個人情報にアクセスできる担当者を、情報の処理のためにその情報を必要とする Google の社員、請負業者又は業務委託先、及び代理人に限定しています。当該担当者はいずれも、厳格な契約上の守秘義務を負っており、当該義務を履行しなかった場合は懲戒処分又は契約解除の対象となることがあります。

　なお、Google は、「プライバシーとセキュリティ原則」において、「Google は、すべてのユーザーのプライバシーを尊重します。それは、誰もが無料で利用できる製品やサービスを開発、提供することに伴う責任です。テクノロジーが進化し、プライバシー保護への要求が高まる中、このことは非常に重要です。Google の社員、プロセス、サービスは、ユーザーデータのプライバシーと安全性を維持するため、本プライバシー原則に従っています」とした上で、以下の 7 つの項目を宣言している[16]。

　a　ユーザーとそのプライバシーを尊重する。

　b　収集するデータの内容とその目的を明確にする。

　c　ユーザーの個人情報を決して販売しない。

　d　ユーザーが自分のプライバシーを簡単に管理できるようにする。

　e　ユーザーが自分自身のデータを確認、移動、削除できるようにする。

　f　Google サービスに業界最高水準の強固なセキュリティ技術を導入する。

　g　すべての人のオンライン セキュリティを強化するための模範を示す。

　さらに、セキュリティに関して、「ビルトインされた保護機能」、「セキュリティリーダーシップ」、「セキュリティに関するヒント」という 3

16)　https://safety.google/intl/ja/principles/

つの項目を設けて、ユーザに対し、セキュリティに関する取組みを明らかにしている[17]。

(2)　クラウドコンピューティングサービスにおける詳細な情報開示

　Google においては、Google Cloud Platform というクラウドコンピューティングサービスを展開しており、クラウドでのレンタルサーバ業を行っている。また、Google は、G Suite という、Gmail や Google カレンダーなどのビジネスに必要な様々なツールを含むスイートをクラウドで提供している（読者の多くも Gmail などを利用していると思われる）。両者はともに、Google が提供している Google Cloud 上にて動いている。

　Google では Google Cloud のためのセキュリティに関する公表を多数行っており、Google Cloud におけるセキュリティ取組みの概要として「Google セキュリティの概要」[18] を公表している。そして、セキュリティの取組みの中でもさらに、インフラストラクチャーのセキュリティ、保存時の暗号化、転送時の暗号化等の点について、ホワイトペーパー等のより詳細な形式で公表している。

　上記の概要からリンクされているセキュリティに関するホワイトペーパー[19] では①セキュリティカルチャー、②オペレーションセキュリティ、③セキュリティが中核をなす技術、④独立した第三者認証認定、⑤データの利用に分けて、Google Cloud のためのセキュリティ措置を説明している。それらの中では社内でのプライバシーウィークの実施や脆弱性管理の概要、マルウェア防止の概要など実施事項がかなり広く紹介されている。また、各実施事項の詳細もリンクを追って知ることができるようになっている。

　これは、ユーザからすると、クラウドを利用することによる懸念を解消するのに必要な材料であり、利用を検討しているユーザからすると有用な情報である。この意味で、ユーザの信頼獲得やユーザとの関係構築のために適切な情報開示を行っていると評価できる。

17）　https://safety.google/intl/ja/security/
18）　https://cloud.google.com/security/overview?hl=ja
19）　https://cloud.google.com/security/overview/whitepaper?hl=ja

◆コラム　サイバーセキュリティ対策に関する情報開示

システム担当やセキュリティ担当の留意点

　情報の開示、となると広報の部門のみが注目されるが、開示する内容については それぞれの専門性を持った部門が協力して作り上げる必要がある。システムやセキュリティの担当者は法務部門や総務部門など他の部門が判断や開示にどういった情報が必要であるかを普段から連携して意識しておく。

　開示や情報共有については、どこまで情報を公開して良いかという課題がある。情報を外部に与え過ぎてしまうと次なる攻撃の手がかりになってしまう可能性や、同業他社が同様の手口で狙われるといった可能性がある。

　一方でどのような弱点に対してどう対策をするか、という情報については他社などに今後の対策に活用できるメリットがある。

　すべての情報を一律に公開する、しないではなく、公開の相手先や公開範囲に応じて判断できるようにしておきたい。すでに一般的に公開されているレベルであるのか、外部に公開するにはリスクがあり公開するものではないのか、各担当で開示や公開に向けた判断の支援ができるように日々他の部門と連携して検討をしておきたい。

法務や総務における留意点

　情報の開示や共有については、一部のセキュリティの部門のみが対応するものではなく、各部門が連携して対応を行う必要がある。そのためどのような情報の提供が外部の規程やガイドラインで定められているか、といった情報はそれぞれの専門の部門と連携する際には最初に必要な情報となる。

　情報の開示先や共有先によってはどこまで公開して良いかのレベルも異なる。ある情報が公開されることによるリスクは何があるかについては、法務部門を含め各部門の専門性のある担当において連携し検討をすることが期待される。

第３部

有事対応

　サイバー攻撃の件数が年々増加の一途をたどる中、攻撃者のスキルや攻撃方法も日々進化している。そして、各企業のシステムがインターネットに接続されている状況下では、あらゆるサイバー攻撃からシステムを100％防御することは不可能に近い。すなわち、どんなに強固な防御システムを整備したとしても、サイバー攻撃の被害者になる可能性が常にあるという前提で、企業はリスク管理に臨む必要がある。

　第２部では、平時において必要となる体制の整備や行うべき施策等について説明した。しかし、平時における備えと同等またはそれ以上に、実際に攻撃を受け、インシデントが発生した際に、即時にそれを検知し、適切な対応をとれるか否かが企業の危機管理の観点からは重要になる。そこで第３部では、法的な観点を中心に、有事における、リスクを最小化するために企業や団体が行うべき対応について概説する。

第1章　サイバー攻撃の手口と実例

1　情報セキュリティリスクの主な類型と近時の傾向

(1)　IPA「情報セキュリティ10大脅威」

　独立行政法人情報処理推進機構（IPA）セキュリティセンターは、毎年、「情報セキュリティ10大脅威」を発表し、「個人」と「組織」に分けてそれぞれの脅威を紹介している。現在のサイバー攻撃の「トレンド」を推し量る上で、各企業の情報セキュリティ担当者においては、参照すべき資料といえる。

　2020年1月に決定された、「情報セキュリティ10大脅威2020」[1]においては、「組織」向け脅威として、「標的型攻撃による機密情報の窃取」がトップとなっているが、これは実に、2016年から5年連続であり、標的型攻撃の脅威を示すものといえる。また、4位には、これも2年連続で「サプライチェーンの弱点を悪用した攻撃」がランクインしており、自社のみならず、自社からのガバナンスを効かせることが難しい取引先や委託先といったサプライチェーンにおけるセキュリティ対策の重要性が高まっていることがわかる。また、外部からの攻撃のみならず、「内部不正による情報漏えい」や「不注意による情報漏えい」といった組織内部に存在する脅威もランクインしている。サイバー攻撃は年々多様化しており、企業は、サイバーセキュリティ対策を経営上の重要事項と位置づけて積極的な対策を講じ続けることが求められているといえよう。

---

1)　https://www.ipa.go.jp/security/vuln/10threats2020.html

［図表 3-1-1］情報セキュリティ 10 大脅威 2020

「個人」向け脅威	順位	「組織」向け脅威
スマホ決済の不正利用	1	標的型攻撃による機密情報の窃取
フィッシングによる個人情報の詐取	2	内部不正による情報漏えい
クレジットカード情報の不正利用	3	ビジネスメール詐欺による金銭被害
インターネットバンキングの不正利用	4	サプライチェーンの弱点を悪用した攻撃
メールや SMS 等を使った脅迫・詐欺の手口による金銭要求	5	ランサムウェアによる被害
不正アプリによるスマートフォン利用者への被害	6	予期せぬ IT 基盤の障害に伴う業務停止
ネット上の誹謗・中傷・デマ	7	不注意による情報漏えい（規則は遵守）
インターネット上のサービスへの不正ログイン	8	インターネット上のサービスからの個人情報の窃取
偽警告によるインターネット詐欺	9	IoT 機器の不正利用
インターネット上のサービスからの個人情報の窃取	10	サービス妨害攻撃によるサービスの停止

（IPA「情報セキュリティ 10 大脅威 2020」より引用）

(2)　近年の傾向

「情報セキュリティ 10 大脅威」は、情報セキュリティ分野の研究者、企業の実務担当者等からなるメンバー（2020 年は約 140 名）により選考されており、毎年、実際に社会的な影響の大きかった脅威が上位にランクインする。

以下に、「組織」向けの過去 4 年間の 10 大脅威を挙げた[2]。若干の表現の差はあるが、上記 2020 年の「10 大脅威」と併せてみると、近年のサイバー攻撃におけるトレンドがみえてくる。

2)　https://www.ipa.go.jp/security/vuln/index.html

[図表 3-1-2] 情報セキュリティ10 大脅威 2016-2019

順位	2019	2018	2017	2016
1	標的型攻撃による被害	標的型攻撃による被害	標的型攻撃による情報流出	標的型攻撃による情報流出
2	ビジネスメール詐欺による被害	ランサムウェアによる被害	ランサムウェアによる被害	内部不正による情報漏えいとそれに伴う業務停止
3	ランサムウェアによる被害	ビジネスメール詐欺による被害	ウェブサービスからの個人情報の窃取	ウェブサービスからの個人情報の窃取
4	サプライチェーンの弱点を悪用した攻撃の高まり	脆弱性対策情報の公開に伴う悪用増加	サービス妨害攻撃によるサービスの停止	サービス妨害攻撃によるサービスの停止
5	内部不正による情報漏えい	脅威に対応するためのセキュリティ人材の不足	内部不正による情報漏えいとそれに伴う業務停止	ウェブサイトの改ざん
6	サービス妨害攻撃によるサービスの停止	ウェブサービスからの個人情報の窃取	ウェブサイトの改ざん	脆弱性対策情報の公開に伴い公知となる脆弱性の悪用増加
7	インターネットサービスからの個人情報の窃取	IoT 機器の脆弱性の顕在化	ウェブサービスへの不正ログイン	ランサムウェアを使った詐欺・恐喝
8	IoT 機器の脆弱性の顕在化	内部不正による情報漏えい	IoT 機器の脆弱性の顕在化	インターネットバンキングやクレジットカード情報の不正利用
9	脆弱性対策情報の公開に伴う悪用増加	サービス妨害攻撃によるサービスの停止	攻撃のビジネス化（アンダーグラウンドサービス）	ウェブサービスへの不正ログイン
10	不注意による情報漏えい	犯罪のビジネス化（アンダーグラウンドサービス）	インターネットバンキングやクレジットカード情報の不正利用	過失による情報漏えい

（IPA のウェブサイトより作成）

　これをみると、標的型攻撃や、ランサムウェアによる被害、内部不正による情報漏えいなどが常に上位にランクされている。また、昨年初登場で 4 位にランクされ、今年も同順位となったのがサプライチェーンの弱点を悪用した攻撃である。近年はサプライチェーンの重要性が拡大しているところ、サプライチェーンの弱点を利用してネットワークに侵入し、真の標的への攻撃につなげるケースが増えており、広い意味で標的型攻撃の手段ともいいうる。

　他方で、従前は上位に入っていたもので、近年姿を消したものもある。たとえば、2017 年まで上位にランクされていた「ウェブサイトの改ざん」は、ここ 3 年は 10 位以内には入っていない。印象的な事例がなかったこともあろうが、ウェブサイトの暗号化が一般的になったことや、企業や組織が、自社のウェブサイトの防御を向上させたことなどが原因であると考えられる。

2　主な攻撃の手口と実例

(1)　標的型攻撃による企業秘密の漏えい等

a　概　　要

　標的型攻撃は、企業や民間団体、官公庁等特定の組織から重要情報を窃取することを目的とする攻撃である。メールの添付ファイルやメール本文のリンク先にマルウェアを仕込み、開かせることで感染させるメール型のものや、ウェブサイトを閲覧させることでマルウェアに感染させる手口などが一般的である。

　標的型攻撃の大きな特徴は、攻撃者が、必ずしも直接的な金銭的満足を求めて攻撃しているとは限らないという点にある。標的型攻撃の目的は、企業や組織、場合によっては国家レベルでの機密情報や知的財産情報等の重要情報の窃取であるケースも多い。それはすなわち、標的型攻撃の被害が、金銭的な損害を超えて、企業の有する核心的な資産が毀損するリスクや、安全保障上のリスクにまで及ぶおそれがあるということである。

　標的型攻撃のもうひとつの特徴として、攻撃が秘密裏に行われ、被害者が、攻撃の存在自体に気づかないまま被害が拡大するおそれがあると

いう点が挙げられる。重要情報の窃取を目的とすることから、企業等の
ネットワークに、継続的に侵入が繰り返されるとともに、攻撃者は、侵
入の発覚を避けるために様々な工作を行う。たとえば、2019 年 8 月 8
日にトレンドマイクロ株式会社が発表した「国内標的型攻撃分析レポー
ト 2019 年版」[3] では、近年「Living Off the Land」と呼ばれる、正規の
ツールを利用して自身の活動に気づかせずに潜伏する攻撃手法が進み、
標的型攻撃が、さらに「気づけない攻撃」になっていることが指摘され
ている。

　また、同社が 2018 年に行った調査によれば、調査対象の 100 社のう
ち 33 社で侵入を受けている危険性が高いと判定され、そのうちの約 6
割、全体の 2 割にあたる 21 社では遠隔操作通信の疑いも検出している
という。ほかにも、米国のソフトウェア企業が発表したレポート[4] で
は、2019 年に、世界中の組織の 28％が悪意のある多目的ボットネット[5]
の影響を受け、標的型ランサムウェア攻撃が 20％増加したという報告
もなされており、様々な手法が用いられながら、標的型攻撃は増え続け
ている。

　なお、標的型攻撃の手口は様々である。近年では、たとえば、exe や
zip といった、一見して「怪しい」と気づくことができる拡張子ではな
く、Excel や Word といった Microsoft の Office アプリケーションのファ
イルや、pdf ファイルにマルウェアを仕込む攻撃手法も確認されてい
る[6]。また、Word や Excel マクロにマルウェアが仕込まれており、メー
ルソフトで添付ファイルをクリックして連動して起動した Office アプリ

　3）　https://www.trendmicro.com/ja_jp/about/press-release/2019/pr-20190808-01.html。な
　　お、同レポートは、標的型攻撃について、基本的な事項から、近年の傾向、攻
　　撃段階ごとの説明等が詳細に記載されており、参照すべき資料といえる。
　4）　Check Point Software Technologies Ltd. *2020 Cyber Security Report*（https://pages.
　　checkpoint.com/cyber-security-report-2020.html）
　5）　悪意のボット（ロボット（robot）の短縮形。様々な作業を自動化したプログ
　　ラムのことで Twitter で自動的に呟くものが有名。「悪意のボット」となると、
　　パソコンや IoT 機器などを乗っ取ってゾンビ化するためのプログラムを指す）
　　にコントロールされた機器で構成される集合体。パソコン、スマホ、IoT 機器
　　などが、コントロール用のサーバによって管理され、DDoS 攻撃などに利用さ
　　れる。

ケーションから感染する事例も現われている。プレビュー機能は、比較的安易に使用されるケースが多く、したがって、プレビュー機能のみで感染する場合、完全な防御が極めて困難といえる。

　標的型攻撃は、密行性があり、攻撃を受けていることすら気づかないまま、企業や組織にとって致命的に重要な情報を奪われかねない、極めてクリティカルな攻撃であるということを、まずは認識する必要がある。特に標的型攻撃では成功するまで執拗に手口を変えて攻撃が行われる場合もあるため、その都度攻撃に対処する必要があり完全に防御するのは困難である。したがって、完全な防御は困難ないし不可能であるという前提で、有事における対応体制を整備することが求められている。

　b　実例と被害

　2020 年 1 月 20 日、国内の大手電機メーカーが、同社のネットワークが第三者による不正アクセスを受け、個人情報および企業機密情報が外部に流出した可能性があると発表した[7]。

　発表によれば、2019 年 6 月 28 日、同社の各端末に導入しているウイルス対策ソフトの挙動検知機能が、不審な挙動を検知し、調査したところ、マルウェア感染が判明したとのことである。マルウェアは Windows の標準機能である PowerShell を使用したファイルレスマルウェアで、同社を狙った標的型サイバー攻撃であると考えられる。攻撃の発端は、2019 年 3 月 18 日に、同社の中国拠点内ネットワークにあるウイルス対策管理サーバが、外部からの侵入を受けたことであった。

　同社は、国内大手企業というだけでなく、電力・鉄道等の社会インフラ事業に加えて、防衛にかかる機微な情報、機密性の高い技術情報等を有していることから、社会的にも大きなインパクトがあり、大きく報道されることになった。

---

6)　比較的近時においても、たとえば、IPA「WIZ ファイルを悪用する攻撃手口に関する注意点」（https://www.ipa.go.jp/files/000069663.pdf）というような、Office アプリケーションのファイルを用いた攻撃手法に関する注意喚起がなされている。

7)　http://www.mitsubishielectric.co.jp/news/2020/0212-b.pdf

　同社は、米国国立標準技術研究所（NIST）の規格である「サイバーセキュリティーフレームワーク」の考え方に則り、事業内容に応じたサイバーセキュリティ対策を講じていたが、「今回の事象は従来の監視や検知をすり抜ける高度かつ巧妙な手法であったため、残念ながら攻撃を完全に防御することはできませんでした」としている。

　同社によれば、防衛関連のシステムに関する情報や、社会インフラにかかる機微な情報は、他のネットワークから切り離されており、核心的な情報の流出はなかったとしている。しかしながら、同社は翌月には機微情報の流出はなかったとの発表を撤回するに至り、わが国を代表する電機メーカーが、一定のセキュリティ対策を施していたにもかかわらず、標的型攻撃による被害を受けたことで、標的型攻撃からの防御の困難さおよびその場合の被害把握の難しさを図らずも証明することになった。

⑵　ビジネスメール詐欺

ａ　概　　要

　ビジネスメール詐欺（Buisiness E-mail Compromise:BEC）は、取引先や経営者とやりとりするようなビジネスメールを装い、メールのやりとりで企業の金銭を取り扱う担当者を騙し、金銭を騙取する類型の攻撃である。ビジネスメール詐欺においては、実際の取引先や弁護士等の社外の第三者になりすます等、その手口は年々巧妙になっている。

　なお、ビジネスメール詐欺は、メールによるやり取りで金銭や情報を詐取することを目的とするが、その前提として、標的企業のメールを盗み見たり、アカウントを乗っ取るといった形で、詐欺のためのいわば下準備がなされるケースが多い。メールの盗み見やアカウントの乗っ取りの際には、ネットワークの脆弱性を利用してメールサーバに侵入したり、マルウェアに感染させて情報を窃取するといった方法で、標的とされた企業にサイバー攻撃が加えられることになる。

　標的型攻撃とビジネスメール詐欺は、特定の標的に対して、メール等を用いて情報や金銭を窃取・騙取するという点で共通しており、上述の「情報セキュリティ10大脅威2020」において、組織の脅威の１位と３位

を占めている。

　b　実例と被害

　2017 年 12 月 20 日、国内大手航空会社が、ビジネスメール詐欺の被害を受けたとの報道がなされた。貨物業務委託料および旅客機リース料の名目で虚偽の請求書が送付され、これを真正なものと誤信した財務担当部署等により、香港の銀行に約 3.8 億円の送金がなされたという内容であった。この件では、送信元のメールアドレスが 1 文字違いであったことや、担当者が、リース料の支払遅延が生じた場合の運行への影響等を危惧し、確認よりも支払いを優先したと説明したこと等が報道され、被害額とともに社会的に大きな関心を集めた。

　個人においても、いわゆる「オレオレ詐欺」に代表される特殊詐欺被害は後を絶たないが、企業に対するビジネスメール詐欺は、その被害額が大きくなる傾向にあり、経営上のリスクとして明確に認識しておく必要がある。

(3)　ランサムウェア

　a　概　　要

　PC（サーバを含む）やスマートフォン、タブレット等の端末に保存されているファイルの暗号化やロックを行い、復旧のために金銭を支払うように脅迫するマルウェアを、ランサム（ransom：身代金）ウェアという。

　メールの添付ファイルやリンクにランサムウェアを仕込む方法、Web サイトを閲覧させることでランサムウェアに感染させる方法、OS の脆弱性を悪用する方法、リモートデスクトッププロトコル（RDP）等で遠隔からシステムに侵入する方法等が確認されている。

　ランサムウェアに関しては、身代金を支払うべきか否かについて、困難な経営判断を迫られる可能性がある。一般的に、ロックされたファイルや端末を解放するための身代金を攻撃者に支払うことは推奨されない。身代金の支払いが犯罪者に利益を供与することとなり、ランサムウェアの蔓延に結果的に寄与してしまうリスクがあるのみならず、仮に

身代金を支払ったところで、感染した端末が確実に解放される保証はなく、仮に解放されたとしても復旧コストが高くつく例もあるからである。

　他方で、攻撃者が要求する身代金と、身代金を支払わずにシステムを復旧し事業を継続するためのコストを比べ、後者が圧倒的に大きい場合、企業や団体としては、その支払いの是非を判断しなければならない。また、公共機関や医療機関等においては、システムが長期間停止するような状況を許容できない場合も考えられる。2019 年には、ランサムウェアの攻撃に対して、何らかの形で身代金を支払ったという回答者の割合が増加しているという報告もある[8]。また、2019 年 6 月には、米国において、行政機関のほぼすべてのシステムがランサムウェアに感染し、市民生活に重大な影響が生じたことなどから、市が身代金の支払いを決定したという報道もなされている[9]。なお、最近は身代金を支払った場合には実際に端末が解放される事例も少なくないため、経営者にとってはなおさら難しい判断を迫られることとなる。

　このように、ランサムウェアについては、万一感染した場合の対応について困難な判断を迫られる可能性がある点も大きな特徴のひとつといえる。このような難しい判断に際しては、知見を有する弁護士等の専門家に相談することを検討すべきである。

　b　実例と被害

2017 年 5 月 12 日頃から、全世界的な規模で「WannaCry」と呼ばれるランサムウェアによる感染の拡大が観測された。これは、すでにマイクロソフトがセキュリティパッチを公開済みであった Windows の脆弱性を突き、セキュリティパッチをインストールしていなかった PC を通じて感染が拡大したものと考えられている。

　150 か国、23 万台以上のコンピュータが感染したとの報道もあり、ランサムウェアのみならずすべてのマルウェアによる攻撃を通じても、極

---

8)　https://www.crowdstrike.com/resources/reports/global-security-attitude-survey-2019/
9)　https://www.nytimes.com/2019/07/07/us/florida-ransom-hack.html

めて大規模な被害が発生することとなった。

　日本国内でも、複数の大手企業を含む多くのコンピュータが感染し、2017 年 5 月 12 日から同月 15 日までに、13,645 件の攻撃が確認されたとの発表もなされている（なお、この攻撃数は、法人の場合、PC がネットワークに複数台ある場合にも「1 件」とカウントされるため、実際に攻撃を受けた PC の台数は上記件数を上回っていたと考えられている）[10]。

(4)　サプライチェーンの弱点を悪用した攻撃

ａ　概　　要

　企業が商品やサービスを生み出す際の一連の商流に関わるグループ企業や取引先、企業が特定の業務を外部組織に委託している場合の委託先等のサプライチェーンに対し、攻撃が行われることがある。今日、企業のサプライチェーンは極めて広範囲におよぶことも珍しくなく、そのすべてが同等の強度でセキュリティ対策を行っているとは限らない。攻撃者は、攻撃がしやすいところから侵入し、サプライチェーン全体に係る情報等を窃取することを目的とする。典型的には、個人情報等の重要情報を扱うウェブサイトの運用管理を委託している場合に、委託先が不正アクセス等を受けることで、その情報が漏えいするといったケースが考えられる。

　企業には、サプライチェーンの組織群について、必要なセキュリティ対策を行っているかどうかを基準に、適切な選定、管理を行うことが求められる。

ｂ　実例と被害

　2017 年 4 月 25 日、チケット事業・出版事業等を運営する国内大手企業が、運営を受託しているバスケットボール「B.LEAGUE」のチケットサイトに不正アクセスがあり、個人情報約 15 万件（内クレジットカード情報約 3 万 2,000 件）が流出したと発表した[11]。同年 5 月 8 日時点におい

---

10)　https://blog.trendmicro.co.jp/archives/14906
11)　https://corporate.pia.jp/news/files/security_incident20170425.pdf

て、クレジットカードの不正利用は 379 件、約 880 万円の被害が発生している。

　当該不正アクセスは、アプリケーションフレームワークである「Apache Struts2」の脆弱性を突いたものであることが判明した。上記大手企業から、チケットサイトの開設と運用を委託された企業が構築した、ファンクラブ受付サイトおよび B.LEAGUE チケットサイトにおいて、2017 年 3 月 7 日から同月 15 日の間、「Apache Struts2」への攻撃による Web サーバおよびデータベースサーバへの不正アクセスがなされたことが原因であった。

　なお、「Apache Struts2」の脆弱性については、2017 年 3 月 10 日、IPA の発表により明らかになっていた。

⑹　内部不正による情報漏えい
a　概　　要
　情報漏えいやそれによる被害は、外部からの攻撃のみならず、企業や団体等の従業員や元従業員等、組織内部の関係者による機密情報の漏えいや悪用によっても発生する。組織内部の関係者による不正行為は、企業や団体のレピュテーションの著しい低下を招くとともに、損害賠償等による金銭面での被害も生じさせる。ある意味で、外部からの攻撃以上に大きな損害が発生するリスクがある類型ということができる。

　情報漏えいや悪用の典型的な方法は、付与されたパスワードを悪用し重要情報を取得するアクセス権限の悪用、離職前に使用していたアカウントの悪用、あるいは USB メモリやメール等による情報の持出しといった方法等である。

　権限のある組織内部の関係者によって行われる以上、これを完全に防止することは、サイバー攻撃に対する防御と同様、極めて困難である。企業や団体には、重要情報にアクセスしうる者の適切な選定および管理、USB メモリ等の外部記録媒体の利用に係る規程やルールの整備はもちろん、平時より、従業員等の組織関係者に対して、継続的な教育や研修を行うことなどにより、内部不正による情報漏えいをできる限り防止する施策が求められる。

b　実例と被害

2014年7月、教育関連事業を運営する国内大手企業において、3,500万件を超える個人情報の漏えいが発覚し、大きな注目を集めた。

当該個人情報の漏えいは、上記大手企業のシステム開発・運用を行っているグループ会社の業務委託先の元社員によって行われた。同元社員は、データベース内に保管されていた顧客等の個人情報を抽出の上、業務において使用していたクライアントPCに保存し、その上で、クライアントPCに保存した顧客等の個人情報を、USBケーブルを用いてスマートフォンに保存し、持ち出していた。同元社員は、取得した個人情報を、名簿業者3社に売却したことが判明している[12]。

近時では、2019年12月6日、IT機器の回収業務等を行う企業が、個人情報を含むハードディスクおよびデータの外部流出が発覚したと発表した[13]。同社は、地方自治体をはじめとする公的機関、大学、銀行、保険会社、証券会社等の大手金融機関、マスコミやインフラ企業を含む大手企業等から、個人情報等を記録したIT機器の回収業務を受託していたことから、社会的に大きな注目を集めることとなった。

当該事件は、同社の従業員が、ハードディスクなどの記憶媒体をオークションサイトにて転売していたことが、外部からの連絡により判明し、発覚したものである[14]。ネットオークションには、元従業員により、ハードディスク等の記録媒体が4,000個近く出品されていたとの報道もなされており、事件の影響が広範に及ぶ可能性がある。

(5)　サービス妨害攻撃によるサービスの停止

a　概　　要

攻撃者に乗っ取られた複数の機器から形成されるネットワーク（ボットネット）を踏み台として、企業や組織が提供しているインターネットサービスに対して大量のアクセスを仕掛け高負荷状態にさせるDDoS

12)　https://blog.benesse.ne.jp/bh/ja/news/m/2014/09/25/docs/20140925%E3%83%AA%E3%83%AA%E3%83%BC%E3%82%B9.pdf

13)　https://www.broadlink.co.jp/info/pdf/20191206-press-release.pdf

14)　https://www.broadlink.co.jp/info/pdf/20191209-01-press-release.pdf

（分散型サービス妨害）攻撃による被害が発生している。攻撃を受けた
ウェブサイト等は、過剰なトラフィックによりレスポンスが遅延、また
は機能停止状態に陥り、サービスの提供に支障が出るおそれがある。

　サービス妨害攻撃は、その原理が単純であることから、比較的古くか
ら行われてきた[15]。現在は DDoS 攻撃が主流といえ、その方法もボット
ネットを利用する方法、送信元の IP アドレス[16] を標的組織のサーバに
偽装して、多数のルータや DNS サーバ[17] 等に問合せを送り、応答結果
を標的組織に送りつけるリフレクター攻撃、標的組織のドメインにラン
ダムなサブドメインを付けて問合せ、標的組織ドメイン名の権威 DNS
サーバに高負荷をかける DNS 水攻め攻撃のほか、DDoS 代行サービス
も存在し、多様なものとなっている[18]。

　原理が単純であることから、新たな攻撃の方法が比較的現われやす
く、防御も困難といえる。また、情報や金銭目的のみならず、政治的な
主張を行うためであったり、愉快犯的な犯罪者によっても行われること
が多く、ウェブサイトを持つ企業や団体は、いつサービス妨害攻撃の標
的になるかわからないというリスクにさらされることになる。

　b　実例と被害
　2018 年 10 月 29 日 19 時 16 分頃から、国内の企業が提供する動画サー

---

15)　大量のデータを送りつけてサーバダウンを狙う攻撃のうち、もっとも単純な、
　　人海戦術でウェブページの再読込をかけ続ける「F5 攻撃」（一般的なキー割当
　　てで F5 キーが再読込となるため、こう呼ばれる）は、実現性は別として、全
　　くの素人でも可能な攻撃方法である。
16)　インターネットに接続されている機器に割り当てられている番号であり、イン
　　ターネット上の「住所」にあたるもの。
17)　ドメイン名と IP アドレスの対応関係を管理するサーバのこと。DNS とはドメ
　　イン名と IP アドレスを対応づける仕組みである。ドメイン名とは IP ネットワー
　　クにおいて個々の端末を識別するための名称であり、不正競争防止法 2 条 9 項
　　では「インターネットにおいて、個々の電子計算機を識別するために割り当て
　　られる番号、記号または文字の組合せに対応する文字、番号、記号その他の符
　　号またはこれらの結合」と定義されている。
18)　IPA「情報セキュリティ 10 大脅威 2019」48 頁（https://www.ipa.go.jp/files/000072668.
　　pdf)。

ビスにおいて、同サービスが利用できない、あるいは表示に時間がかかる等の不具合が発生した。そして、当該不具合について、運営会社より、「これは、システムに過剰な負荷をかける、異常量の通信によって引き起こされたものでした」との発表がなされ、DDoS攻撃による障害であることが判明した[19]。

　運営企業は、不具合対策のため、日本国外との通信を一部遮断したが、遮断されたことを検知した攻撃者が、手段を変えて再度異常量の通信を行ったことから、同日21時19分頃まで不安定な状況が継続した。結局、通信の遮断が解消されたのは2018年10月30日昼頃であった。

　動画サービスや、「5ちゃんねる」に代表される掲示板サイト等は、多数の作品や様々な主張が現われることから、DDoS攻撃等のサービス妨害攻撃の標的になりやすい。

◆コラム　システム担当からのワンポイントアドバイス

　サイバー攻撃の手口については、脆弱性を狙ったものと人を狙ったものがある。脆弱性を狙うものについては最新化をすることやツールによるチェックなどで対応ができるが、人を狙うものについてはそれぞれ個人が気をつけるというだけでは対策が難しい。

　そのため、今までは企業の壁の中にマルウェアをどうやって入れないか、という対策が中心であったが、昨今ではマルウェアの感染した挙動や不正なアクセスの挙動をみつけていかに早く対応を行うかまで考えることが必要となっている。

　新たな対策のソフトウェアやシステムが次々と出てくるものではあるが、何が対策として必要かを考える際には、セキュリティの対策の原点に立ち返って考える必要がある。守りたいビジネスは何か、守りたい資産や情報は何か、それに対するどんなリスクが今あるのか、といったところから見直し、新たな対策として何が必要となるかを検討する必要がある。

19）　https://blog.nicovideo.jp/niconews/92066.html

　日々のサイバー攻撃に関する情報収集については、平時から行っておく必要がある。どのような脅威が今あるか、それによって平時からどのような対策を行うべきか、日々検討を続ける必要がある。大量の情報の中から取捨選択して自組織に必要な情報を取得し CISO や取締役等に提供できるようになるには経験とスキルが必要になる。サイバーセキュリティのセミナーや研修、外部コミュニティ等に積極的に参加し有識者とネットワークを構築することも検討されたい。あるセキュリティ製品やサービスを導入したのでこれで万全、ということはなく、日々新たな脅威に対して、ビジネス的に判断が必要なレベルの脅威なのか、セキュリティ対策製品の設定を追加して対応できるものなのか、法律的にはどう対応できるのか、様々なレベルや部門と連携して対処することが必要である。

　法務担当者にとっては新たな手口や状況に対してどのようなセキュリティ対策をしなければならないかについては、守るべきビジネスに対してどのようなリスクがあるか、周囲のビジネス環境としてどのような規制やルールがあるかも重要な視点となる。システムやセキュリティの技術面については専門性のある部門が検討を行うとしても、それ以外のビジネスの周辺環境におけるリスクの検討や対応すべき規制やルールについての検討と連携することにより、何を対策として行うべきなのかをより総合的に判断できるようになる。法務部門においても、それぞれの会社や組織に必要な対策は何があるのか、各部門と連携して判断できるようにしておくことが期待される。

第2章　インシデントの検知と分析

1　有事対応の基本手順

　インシデントが発生した場合の対応については、官民の様々なガイドラインにおいて紹介されているものの、関連用語や対応手順の整理が必ずしも統一されていない。

　たとえば、米国の NIST は、「コンピューターセキュリティインシデント対応ガイド」にて、有事における対応手順につき、①準備、②検知と分析、③封じ込め、根絶、復旧、④事件後の対応と四段階に整理している。これに対し、そのほかの団体も以下図表 3-2-1 にあるように、様々な形で対応手順の整理を試みている。

[図表 3-2-1] 各ガイドラインにおける有事対応の手順

JPCERT/CC「インシデントハンドリングマニュアル」	①検知／連絡受付 ②トリアージ ③インシデントレスポンス ④報告／情報公開
JPCERT/CC「インシデント対応マニュアルの作成について」	①発見及び報告 ②初動対応 ③告知 ④抑制措置と復旧 ⑤事後対応
情報セキュリティ大学院大学「情報セキュリティ事故対応ガイドブック」	①検知 ②初期対応 ③回復 ④事後対応
日本セキュリティオペレーション事業者協議会（ISOG-J）「セキュリティ対応組織の教科書」	①普段の監視状況の維持 ②イベントによるインシデントレスポンスのスタート ③イベントが対応を要するインシデントかの判断 ④インシデント情報を詳細に調査する

	⑤インシデントの影響度及び優先度の判断を行う ⑥インシデント収束に向けた対応を行う ⑦インシデントレスポンスの収束を宣言 ⑧報告及び公表
独立行政法人情報処理推進機構（IPA）「情報漏えい発生時の対応ポイント集」	①発見・報告 ②初動対応 ③調査 ④通知・報告・公表等 ⑤抑制措置と復旧 ⑥事後対応

　このように、各団体の設置目的、これらが公表するドキュメントの目的・性格、それらに関連して日常の監視業務を含めるか、終了や事後的な報告を含めるかといった点や、インシデント対応の一連の流れをどのように区切って一つのアクションとするかの捉え方によって、インシデント対応の流れの表現は異なりうるものであり、どれが正解というものではない。

　本書では、インシデント対応として不可欠である部分や法務・コンプライアンス担当者の関与の割合が大きいであろう部分に重点を置き、有事対応の基本手順につき以下のとおり６つのフェーズに分けて整理する。

① 　インシデント情報の検知
② 　インシデント情報の分析（トリアージ）
③ 　初動対応および証拠保全
④ 　当局対応および情報開示
⑤ 　原因分析および再発防止
⑥ 　事後対応（被害者への補償、被害回復、および責任追及）

　以下、標的型攻撃により社内システムがウイルスに感染した以下の想定事例を前提に、インシデント情報の「検知」と「分析」のフェーズ（①および②）について概説する[1]（③以降のフェーズについては、次章以降

でそれぞれ取り上げる）。

◆コラム　サイバーセキュリティ情報共有

サイバー攻撃の複雑化・巧妙化により、企業で単独での対策を行うことには限界がある。複数の企業や関係機関がサイバー攻撃に関する情報共有を行うことが的確かつ迅速な対策を行うためには有益である。

このような問題意識から従前より、① JPCERT コーディネーションセンター運営の早期警戒情報の提供システム「CISTA」、②内閣サイバーセキュリティセンター(NISC)による「重要インフラの情報セキュリティ対策に係る第4次行動計画」に基づく情報共有体制、③ IPA によるサイバー情報共有イニシアティブ「J-CSIP」、④日本サイバー犯罪対策センター(JC3)による情報共有、⑤業界別 ISAC（Information Sharing and Analysis Center）などを通じてサイバーセキュリティに関する情報共有が行われてきた。

以上のような従来の枠を超えた情報共有・連携体制のための組織として「サイバーセキュリティ協議会」の設置などを柱とするサイバーセキュリティ基本法改正法（平成30年法律第91号）が成立（2018年12月5日）し、2019年4月1日に施行された。

上記改正の目的は、主にサイバーセキュリティに関する情報共有に伴うデメリットを解消し、サイバーセキュリティ協議会の構成員が安心して情報提供ができるようにする点にある。提供した情報が適切に取り扱われず提供者名等が漏れてしまう懸念に対応するため、協議会構成員には罰則により担保された守秘義務を課した。また、機微な情報を法的根拠なく提供し個人情報保護法など他法に抵触してしまうリスクを解消するために、協議会構成員には「情報提供義務」が課された。

改正法によってもなお、企業が機微な情報を含むサイバーセキュリティに関する情報を共有することが民事・行政上の責任を全く発生させること

---

1) なお、各ステップの詳細について個別に論じる章がある場合は、当該章も参照されたい。

がないかについては不明確な部分があり、情報提供を躊躇してしまうことにつながりうる。第4部第1章で解説したとおり、米国では、サイバーセキュリティ情報共有法（2015年）が、セーフハーバーとして、①民事上の責任免除、②規制上の責任の制限、③反トラスト法上の責任免除を認める一方、情報共有が特権・保護の放棄とはみなされないことを確認している。日本でも、このようなセーフハーバー等のルールが情報共有のさらなる促進のために必要か否かを、今後検討していくことも期待される（情報共有については第2部第5章・第4部第6章も参照）。

参考資料　NISC「サイバーセキュリティ協議会について」（平成31年4月）
https://www.nisc.go.jp/conference/cs/ciip/dai18/pdf/18shiryou10.pdf

2　インシデント情報の検知

（想定事例）
　ホームページ上の問い合わせ窓口のメールアドレスにおいて、顧客見込み者と思われる差出人からのメールを受信した。商品に関する質問事項リストが添付されていたため、担当者が当該 Excel ファイルを開いたところ、当該ファイルが攻撃者の用意した C&C サーバ（Command & Control）と交信を開始した。さらにはマルウェア感染者の PC が遠隔操作されてしまうという事態が発生した。

　上記想定事例において、マルウェア感染者が PC の挙動がおかしいことに気づき、セキュリティ部門に直ちに報告するか、または、ファイアウォールの監視を受託しているベンダが不審な通信がなされていることに気づきセキュリティ部門に直ちに報告すれば、セキュリティ部門において適切な対応を行うことで情報漏えいを避けることができる可能性が高まる。しかし、インシデント報告がなされなければ、組織としてそもそもリスクを検知できず、情報漏えいは不可避である。このように、イベントやアラートなどのインシデント情報の迅速な入手は極めて重要なステップである。

　問題は、迅速かつ適切な情報が報告されるかである。マルウェアに感染したとしても、多くの場合は、気づかれないように工作されており、「マウスの動きがぎこちない」や「ややシステムが重い」程度の症状し

かなく、感染者が気づかず報告されない場合も少なくない。実際にサイバー攻撃を受けたとしても PC の画面にわかりやすく髑髏マークが出力されるようなことは期待できず、また、ウイルス検知ソフトも効果がないこともある。このため、インシデント報告を行う際の適切な判断基準や具体的な攻撃例と手順を定めておき、これを周知することは非常に重要である。

　このようにインシデント対応の出発点は、インシデントの発生を認知するところから始まる。一般に、イベントやアラートとして検知するための方法には以下の(1)～(3)の3つがある。

(1)　システム部門や外部委託しているベンダによる監視やログ分析による検知

　まず、システム部門や外部委託しているベンダがファイヤーウォールなどのセキュリティ機器を監視して検知をしたり、得られているログを分析することにより不審な通信や不審な挙動から検知できる場合がある。検知のためには社外のセキュリティ団体等が提供している脅威情報（悪用されている IP アドレスやマルウェアに関連した情報、攻撃の手口）を入手して活用することもできる。脅威情報には自社がターゲットになっていることを示す情報（別件の攻撃を解析していたところ攻撃先に当社 IP アドレスが挙がっていたなど）も含まれることもある。

　ここでは、何を異常として捉え、検知や報告をするかをあらかじめ明確にしておくことが必要である。異常を検知するようなセキュリティ機器を導入する場合には、何をもって異常とみなすかを整理して誤検知を抑える必要がある。

(2)　マルウェアに感染しパソコンが不正な挙動を行うことによる当該従業員からの通報

　次に、従業員からの通報により異常を検知できる場合がある。具体的には、メールの不審なリンクをクリックしてしまった、不審な添付ファイルを開いてしまった、パソコンが不審な挙動をしている、などの形で報告が上がることが多い。

145

　一般の従業員からの通報が機能するためには、通報を受ける側と従業員との信頼関係を構築しておくことが前提である。その上で広く従業員に通報や報告をする重要性を認識してもらい、研修等を通じてマルウェアに感染した場合のパソコンの挙動や怪しいメールの例といった攻撃の手口などを周知しておく必要がある。

(3)　JPCERT/CC や他 CSIRT などの外部からの通報

　最後に外部からの通報が検知のきっかけとなることもある。こうした通報を有効に活用するためには、組織の CSIRT で外部や内部からの受付窓口をきちんと作り、連絡先を外部へ公開することが必要である。外部からの受付においては様々な通報がある。得られる情報にはインシデント発見につながるものもあるので真摯に取り扱い、有用な情報を得られるようにしておきたい。

　そのためには、従業員が外部（取引先等）から不信な問い合わせやクレームを受けた場合に、それを吸い上げ、CSIRT 等が早期に把握・判断するための報告ルールを手順書等に定めておくことはもちろん、平時から予行演習を通じて全社に周知・理解を図っておくことも有用である。

(4)　インシデント情報の報告のルール

　上記(1)～(3)のどの経路で報告を受けるにしても、インシデント情報の明確な報告ルールを策定しておくことが重要である。このような報告のルールを作成する際には、a　報告の対象事実、b　報告の即時性、c　報告先、d　報告方法の4点の定め方がポイントとなる。

a　報告の対象事実

　報告の対象事実は、幅広に設定し、かつ、「重要な影響がある」などの評価的要素を含まない事実とすることが望ましい。なぜなら、報告の主体は、一般の従業員でありインシデントが会社全体に与える影響や重要性の判断が難しいからである（これは報告の主体がログの解析を行うシステム担当者であっても同様である）。また、報告対象事実の重要性は、

次の「トリアージ」の段階において対応・不対応を含めて検討すること
が望ましいため、報告の段階では可能な限りインシデントの重要性判断
などの要素は避けることが望ましい。

　具体的には、システムの停止の場合、「○分以上の停止」というよう
に客観的に判断できるようにしたり、「頻繁な（目安として１時間で○回
程度）システムの一時停止」というように客観的な目安を定めるなどし
て、報告対象事実を定めるべきである。また、「マルウェアの感染」の
ように判断が一般従業員には難しい事項については、通報や報告の段階
では厳密な判断を求めずに「何かおかしい」というレベルで速やかに報
告をしてもらうことが重要である。そして、報告を受けたセキュリティ
部門において情報を収集して、異常であるか分析を行うことになる。そ
のためにも一般的な従業員にとって報告することが面倒ではない仕組み
や現状をエスカレーションできる仕組みも必要である。

　なお、このような報告対象事実のリストの作成には、非常に大きな負
担がかかり、またマルウェアの挙動などの専門的な知識も求められるた
め、開発部署やセキュリティ所轄部署などと協力して作成することが推
奨される。

　b　報告の即時性

　マルウェアに感染した場合、マルウェアが攻撃者の用意したサーバと
交信して本格的に攻撃を開始するまでの時間は、一般にわずか30分か
ら40分程度といわれている。したがって、社内でインシデントが探知
されたらできるだけ迅速にインシデント対応チームに情報が伝達される
ことがダメージコントロールにおいて極めて重要となる。

　報告のルールとしても、インシデントレスポンスにおいては時系列も
重要となるため、発見した時刻や報告した時刻も重要になる。そのため
「速やかに報告する」ことは必要であり、同時に時刻も記録することで
どの程度速やかに報告されたかを客観的な基準でみられるようにしてお
くことが望ましい。「何かおかしい」と感じたことをすぐに報告できる
手段が必要である。なお、有事における報告内容の要素として早さ、正
確性、網羅性の３つがあるが、通常はこれらのうちいずれか２つしか満

たすことができない。早さを優先する場合、正確性か網羅性のどちらか
までしか満たせないことにも注意が必要である。

　また、報告の優先度を明示しておくことも重要である。実際に深刻な
サイバー事案において「異変に気づいたが、会議に遅刻しそうであった
ので会議に急いで参加し、会議後に異変を報告した」というような従業
員の判断ミスから会社の対応が後手に回ることは決して珍しくない。こ
うしたことにならないよういかなる業務にも優先してインシデントにつ
ながる可能性のある異変を即時に報告すべきことをルール上明記してお
くことが有用である。

c　報 告 先

　インシデント兆候を探知した場合のエスカレーションの先はあらかじ
め定めてそのとおりにすべきである。たとえば組織の各部門のインシデ
ント対応チームと所属する上長などが一般的である。インシデントの兆
候が重大な場合については、通報先を全社的なインシデント対応チーム
にしておく場合もある。しばしば、上長や所属部署の管理者にまず報告
し、その指示に基づいてインシデント対応チームに報告する事例がみら
れるが、このような対応は被害拡大のリスクが高く不適切である。攻撃
者は会社の部署内部の稟議のために攻撃を待ってはくれないのであるか
ら、社内でインシデント兆候を探知した場合は、直接インシデント対応
チームへ報告することとし、上長や管理者はメールの CC に含めて情報
共有をしておくことが考えられる。

d　報告方法

　報告方法についても、まずは迅速性を重視し、メール、電話、対面報
告、など特に制約を設けるべきではない。また、報告が簡便になるよう
に、報告の項目もある程度決めておいたほうが望ましい。ただし、第一
報が口頭で行われた場合は、その後速やかに書面化（メール等の電磁的
方法を含む）しておくことが望ましい。

3　インシデント情報の分析（トリアージ）

　上記想定事例において、セキュリティ部門は、従業員からイベントやアラート等のインシデント報告を受けたとしても、直ちにマルウェア対策を始めるわけではない。当然、個別の従業員からインシデント兆候の報告があったとしても、たとえばマルウェアに関係なく偶然 PC が重くなっている可能性も存在するのであり、そもそもインシデントであるか、その可能性の大小を検討して、対応を要するかを考える必要がある。これが、インシデント情報の分析のフェーズであり、「トリアージ（優先順位づけ）」と呼ばれる重要な手順である。

　インシデントと思われたものが実はインシデントではなかったという可能性もある。実際にシステムの誤検知や通報者の勘違いは少なくない。したがって、報告を受けたインシデント対応チームとしては、検知システムに誤作動がなかったか、またはオペレータの単なる誤操作による一時的な誤動作をインシデントと間違えてしまったのではないかといった考えうる可能性を検討した上で、インシデントであるか否かを判断する必要がある。他にも、自組織とは全く関係のないインシデントであるにもかかわらず、報告者が誤って対応を依頼してくる可能性もある。これらに誤って対応すると、本来は秘匿すべき情報を無関係の第三者に開示してしまうといった新たな「インシデント」を引き起こしてしまう可能性もある。

　インシデントと判断されたものについてはビジネスへの影響度などを勘案し、どのインシデントから対応をするかを判断するトリアージ（優先順位付け）が行われる。すなわち、トリアージのフェーズでは、インシデントの優先順位や次のフェーズであるインシデント対応に移行するか否かを決定する。当然、インシデント対応に移行しない場合、インシデントはクローズとなる。

　CSIRT の人的・物的資源は有限であるうえ、CSIRT が受けた連絡のすべてが実際にインシデントであるとも限らない。また、連絡を受けたものがインシデントであったとしてもそのすべてに対応できるとは限らない。そのため、トリアージ（優先順位づけ）は、CSIRT の業務のなかでも重要な業務となる。

トリアージの流れは一般的に次のようになる[2]。

① 得られた情報に基づいて、事実関係を確認し、その情報を得た CSIRT が対応すべきインシデントか否かを判断する。その際には、必要に応じて、報告者や当該インシデントに関係している可能性のある関係者と情報をやり取りして詳細を確認する。

② CSIRT が対応すべきインシデントではないと判断した場合は、その判断の根拠を社内のポリシーなどに照らして可能な範囲で詳細に、報告者に回答し、情報をやり取りした関係者に報告する。

③ CSIRT が対応する、しないにかかわらず、関係者に速やかな対応を依頼すべき、また情報提供すべきと判断した場合は、注意喚起などの情報発信を行なう。

④ CSIRT が対応すべきと判断した場合には、インシデントを「レスポンス（対応）」の対象とする。

　トリアージの場面においては、当該インシデントの重大性や緊急性を検討することになるが、当然、そこでは法務的・コンプライアンス的な要素を考慮する必要がある。たとえば、インシデントが拡大した場合の損害賠償額や法的な制裁、監督官庁への報告、許認可への影響などである。このため法務・コンプライアンス部門がトリアージに参加することは非常に重要である。

　トリアージのプロセスのルール化においては、トリアージへの関係各部署の参加やトリアージ結果の承認手続について定める必要がある。なお、トリアージについては判断基準を事前にルール化しておくことが必要である。また、判断が付きにくい状況の場合には誰がどう判断するのか、ディシジョンツリーの作り方を決めておくとよい。その上で個別事案ごとの検討になる場合は、重要な考慮要素の検討漏れを防ぐために重要な考慮要素をチェックリストとして列挙しておき、確実にそれらの観

---

2) JPCERT/CC の「インシデントハンドリングマニュアル」5 頁（https://www.jpcert.or.jp/csirt_material/files/manual_ver1.0_20151126.pdf）。

点から検討を行った上で判断する旨を定めることは有用である。

　また、トリアージの結果をインシデントの報告者に通知するかについても考慮が必要である。伝えることによる不利益としては、インシデント対応しない場合の相手の不信感や重大インシデントである場合の情報統制上のリスクなどがある。他方で、伝えないことによる不利益としては、通報したのに対応してもらえなかったのではないかという不信感や社内で憶測による噂が広がる可能性が考えられる。原則的には、伝える範囲を検討した上で何らかの情報を伝えるのが適切な場合が多い。

　このようなインシデントの検知および分析の手順を経て、特定されたインシデント情報が実際にセキュリティ上のリスクをもたらす事案であり、対応を要すると判断された場合、組織としては速やかに初動対応に移ることになる。

◆コラム　インシデントの検知と分析

システム担当やセキュリティ担当の留意点

　平時の監視において検知により見つかったアラートやイベントの情報を分析し、あらかじめ定められた基準に沿ってインシデントとして判断をして対応が始まる。

　どのような状況であればインシデントとするか、そのために必要な情報はなにか、インシデントの際にどのような対応をするかについては、平時のうちに基準を定めて訓練や演習により洗練させる必要がある。インシデントかどうかを判断する基準には、インシデントによるビジネスへの影響を事前に検討して決める必要がある。そのためにはシステムやセキュリティの担当だけではなく、幅広い他の部門ともビジネス面への影響の検討が必要である。

　一度決めた基準であっても、様々な事象や攻撃が日々起こるものであるため新たな状況に対応できるように検知や分析の手順についても見直せるようにしておきたい。きっかけは小さなアラートやイベントであったが分

析するうちに組織内への大規模な感染や大きな事案の発見に発展すること
もある。

　インシデントの状況によっては法的な対応が必要な場合もある。その際
にはどのような情報をどのような手段で確保しておくかについては法律の
専門家による助言が必要である。インシデントと判断してから対応を相談
するのではなく、事前の訓練や演習など平時からの連携により対応ができ
るようにしておきたい。

　情報セキュリティの対応の全体像が広がり続けるなかで、組織内に設立
した CSIRT に求められる対応も増えている。情報セキュリティは経営課
題としても認識されるなかで、セキュリティの対応を行う専門チームや部
門ですべてを対応する形から、各部門や各組織で連携して対策できるよう
に変化をしている。体制構築の早い段階で CISO（Chief Information
Security Officer）など、セキュリティ統括にあたる者が、IT 担当だけで
はなく幅広い部門との連携を行うことや、リスク管理においてはサイバー
セキュリティに関する脅威や事業への影響を理解しておくことが必要であ
る。緊急対応時のセキュリティ統括として各部門と連携をしつつビジネス
判断に必要な情報を取りまとめられるよう、平時より要員の戦略的な育成
が必要である。

　緊急対応時のフォレンジックやマルウェア解析、原因調査、特定・封じ
込め策の検討については、セキュリティの専門ベンダにアウトソースする
ことを検討し、事前に契約が必要であれば契約手続を整備し備える必要が
ある。

　日々のサイバーセキュリティに関する業務を経験することにより組織と
個人が成長し、自組織にとって必要な機能は内製化し、アウトソースでき
る部分はアウトソースすることによってサイバーセキュリティ組織の成熟
度を上げていくことが重要である。有事の際には各部門と連携して組織の
全体としてセキュリティの対応が必要となる。そのためにも平時から各部
門が連携してセキュリティの対応が行えるように、演習や訓練を通じて準
備を行っておきたい。

法務や総務における留意点

　「セキュリティは経営課題」といわれるまでになっており、実際に有事の際には社内や組織内の各部門が連携して対応をする必要がある。インシデントのレベルによっては法的な対応も必要になることがある。法務部門においても、早い段階からセキュリティ部門と連携を行い、この先どのような情報を確保しておくべきかなど、支援や相談の対応ができるようにしておくことが期待される。

　緊急時対応のセキュリティ専門ベンダとの契約については、何か起きた際には刻一刻を争うものであるため、事前にどのような内容であるか、契約の手続は何が必要であるかについて、セキュリティの担当と連携して確認を進めておくことが期待される。

　何か起きてからの連携については、有事の刻々変化する状況の中では難しいこともある。平時の段階からある程度想定を行い演習や訓練をしておくことで有事の際にはスムーズに対応できるようにしておくことが望ましい。

第3章　初動対応および証拠保全

1　初動対応の概要

　インシデント兆候を検知し、分析の結果、対応が必要と判断した場合、企業としては直ちに被害拡大の防止のための初動対応に取り組むことになる。たとえば、ウイルス感染が疑われる事例では、直ちに不審な通信を行っている PC やマルウェア対策ソフトが反応した PC の特定等が必要となる。そして、すぐに対象者や対象部署に連絡し、LAN ケーブルを抜いたり、無線 LAN を無効化したりするなどでして PC の通信を遮断することが考えられる。また、社内の PC が何か怪しいファイルをダウンロードした疑いがあれば、当該ファイルを隔離環境で起動させて解析し、マルウェアかどうかを実際に確認することも多い。さらに、攻撃対象となった PC のログなどを保存した上で解析して、他の PC やサーバと不審な通信していないかを確認することも急務となるであろう。

　このように、インシデントと判断された以降の対応が円滑に行われるように、すべての権限を CSIRT に集約し、その指揮命令において行われることが望ましい。初動対応のフェーズにおいて CSIRT の指揮の下で実施される対応策は多岐にわたる。具体的な対応は、サイバー攻撃の手法によって異なってくるが、多くの事例において共通する手順を整理すると、概ね以下の 4 つの対応に分類できる。

① 　事実関係の初期的な調査
② 　被害の拡大防止措置
③ 　情報の共有と統制
④ 　証拠保全

2　事実関係の初期的な調査

　初動対応の出発点は初期的な事実関係の調査である。この初期調査は迅速性が極めて重視され、事案によっては分単位でのスピードが要求される。たとえば、マルウェア感染の事例であれば、C&C サーバから本格的なマルウェアをダウンロードされる前に、感染した PC や不審な通信先などを認定し、対応を行う必要がある。さらには、他の PC やサーバに汚染が拡大していないかも認定する必要がある。C&C サーバからマルウェアをダウンロードするのに必要な時間は、1 時間も必要ない場合も少なくない。なお、被害が拡大している場合には、初期的な事実確認と並行して被害の拡大防止措置を採ることも少なくない。

　初期調査において認定するべき事実は、マルウェア感染型なのか内部犯行型なのか標的型攻撃なのか不正アクセスなのかなど、インシデントの内容によって若干異なることに留意が必要である。ただし、多くのインシデント類型に共通する確認項目としては、次のような事項が挙げられる。

- ▷　誰が攻撃をしているのか（Who）
- ▷　誰が攻撃されているのか（Whom）
- ▷　何を（データ、サービス等）攻撃しているのか（What）
- ▷　いつ攻撃が始まったのか（When）
- ▷　どこで攻撃されたのか、どこから攻撃されているのか（Where）
- ▷　どのように攻撃しているのか（How）

　サイバーインシデントの初期調査は、技術的な検証を要する点が多いため、基本的には CSIRT の指揮のもと、システム部門およびその委託を受けた外部ベンダが主導することが多い。

　たとえば、マルウェア感染の事例であれば、まず、感染したと疑われる PC 等をネットワークから切り離す。その上で、マルウェアと思しきファイルが本当にマルウェアなのか、マルウェアとしてどのような害を働くものか解析するべく、まず、表層解析と呼ばれる解析を行う。これは、マルウェアと疑われるファイルのハッシュ値を取得して、インター

ネットでマルウェアとして把握されているか調査するものである。次
に、マルウェアが暗号化等されている場合は、動的解析という解析を行
う。これは、マルウェアを実際に動かしてみて分析する手法である。や
り方は様々あるが、たとえば、サンドボックスという隔離された仮想環
境内でマルウェアを動作させ（サンドボックス上であるためマルウェアが
動作しても問題は発生しない）、マルウェアかを判断するなどである。マ
ルウェアが暗号化されていない、または動的解析ではマルウェア解析が
上手くできない場合は、静的解析を行う。これは、マルウェアのコード
を１行ずつ読んでいくことで解析する手法である。また、対象となって
いる PC やインターネット通信に必要な様々なサーバのログを分析する
ことも行う。ただし、ログの分析も限界があり、他人によるなりすまし
などがなされた場合は、行為者を特定できないという限界が存在する。
また、これらの対応の後には、証拠保全やマルウェアの活動内容を把握
するために、フォレンジックを行うこともある。フォレンジックの種類
としては、PC やサーバのストレージを調査するコンピュータフォレン
ジック、ネットワーク通信をフォレンジックするネットワークフォレン
ジックなどがあり、必要に応じて使い分ける。

　なお、初動対応において証拠保全やフォレンジックは時間がかかるこ
ともあるため、並行して行うこともある。

　初動対応において、マルウェアの感染が疑われる端末に対してアンチ
ウイルスソフトでスキャンを行ったり、重要な情報を削除するなどした
場合、後段で証拠保全やフォレンジックでの解析を難しくしてしまう可
能性がある。こうしたリスクに十分留意して極力感染した時の状態を保
ち、セキュリティベンダに引き渡して解析を依頼すべきである。

　ただし、内部犯行が疑われるような事案等の場合には、メールの解析
や当事者へのインタビューなど一般的なコンプライアンス調査の手法が
用いられることも多い。

　なお、初動対応を効率的に行うには、システム部門と法務・コンプラ
イアンス部門の密接な協働体制の構築が重要となる。初動対応の時点で
はログ等の情報の解析結果の報告書やフォレンジック結果の報告書が時
間の関係上入手できないことが多いため、法務・コンプライアンス担当

者においても、平時より自社におけるネットワーク構成、ファイアウォール等の構成上の位置、各サーバ等の持つ働きなど自社のサイバーセキュリティ環境について基礎的なリテラシーを身に着けておき、ある程度自分で分析できるようになっていることが推奨される。プロキシーサーバ[1] や DHCP サーバ[2] などネットワーク構成上に存在するサーバの役割を理解しておけば、各サーバのログの意味を迅速に理解する上で有効であるほか、後述するように適切な証拠保全を行う際にも役立つと考えられる。

3　被害の拡大防止措置

　初動対応の場面においては、上述の初期的な調査結果をふまえ、被害の拡大防止のための措置を直ちに実施する必要がある。効果的な被害拡大防止措置を採るためには、インシデントの内容により生じる被害の態様や範囲につきできるだけ正確に予測し、理解する必要がある。たとえば、マルウェアに感染した場合、社員のアドレス帳の登録先にマルウェア付きのメールを送信することで社外に被害が拡大することもありうる。ユーザのクレジットカード番号が漏えいした場合であれば、クレジットカードの不正利用によるユーザの被害も考えられる。DDoS 攻撃により外部提供しているサーバがダウンした場合には、サーバを利用できなくなるユーザの被害も想定しなければならない。特に一定の情報漏えいが疑われる場合は、被害の拡大防止の手段を検討する上で、漏えいした（または漏えいの危険のある）データの主体と内容の特定が非常に重要である。

　有事に際して、想定される被害の態様や範囲を検討する上では、システム的な視点に加え、法務・コンプライアンスの視点も極めて重要となる。たとえば、自社のサービスを利用してユーザが別のサービスをエンドユーザに提供している場合、自社のインシデントの結果、ユーザがエ

---

1)　インターネットに直接接続できないコンピュータに代わり、インターネットに接続し、Web サイトへのアクセスなどを行うサーバ。

2)　LAN 上のパソコンなどが起動すると、その都度、一次的な IP アドレスを自動的に割り当てるサーバ。

ンドユーザに賠償義務を負うことも想定する必要がある。また、アカウントに対する不正ログインが認められた場合、対象者の ID とパスワードの組み合わせを把握した攻撃者が、対象者の他のサービスのアカウントで同様の不正を働く可能性やその場合の法的責任についての検討も必要となりうる。そのほか、契約上の損害賠償制限条項の適用可否なども頻出する論点である。このように、必要な被害拡大防止措置を検討する前提となるリスクシナリオの分析の場面では、法的観点や他のコンプライアンス事案における経験則が必須の視点となる。

　なお、被害の拡大防止の手法としてシステムの停止という選択肢が検討される事例も少なくない。しかし、かかる措置は一定の副作用を伴うため、影響の範囲につき慎重な考慮を要する。特に、停止対象となるシステムが外部ユーザへのサービス対象のシステムである場合、サービスの停止は、ユーザとのサービス提供契約の不履行になりうるため、債務不履行責任の問題が生じかねない。このため、サービス提供契約における損害賠償制限条項の有無やその適用範囲、セキュリティ上の問題によりサービスを停止できる旨の条項の有無の確認などが必要となる。他方で、サービスを停止しないとユーザや自社に重大な利益侵害が発生する場合には、停止の判断遅れは、取締役の善管注意義務違反やユーザ等の信頼喪失につながりうる場面も想定される。

　実際には、システムを停止しない場合の損害と停止により発生しうる不利益とを具体的な場面において比較衡量し、判断することになる場合が多い。この際に考慮すべき視点として、以下のチェックリストを参照されたい。

- □　攻撃されているデータの内容（盗まれようとしているのはいかなるデータか等）
- □　システムの内容（物品の購入等が可能か、ユーザの秘匿すべき情報にアクセスできるか等）
- □　攻撃の内容（データの漏えいか利用阻害か等）
- □　攻撃されているデータが摂取された場合、どのような悪用方法がありうるか

- □　攻撃者がすでに保有している情報（ID とパスワードは既に把握されているのか）
- □　予測可能な範囲での攻撃の成功確率
- □　攻撃が成功した場合に発生する自社への影響
- □　ユーザ、自社以外に攻撃により影響を受ける者とその影響の内容
- □　他の有効な防御方法の有無およびその利用可能性
- □　システムの停止により停止するユーザの業務の内容
- □　システムの停止により発生する自社への影響の内容
- □　システムの停止によりユーザおよび自社以外で影響を受ける者とその影響の内容
- □　停止した場合に予測されるシステム再開までの期間

4　情報共有・統制

　初動対応を適切に行うには CSIRT が中心となり関係部門への情報共有や密な連絡が必要である。インシデント発見者や発見部門からセキュリティ部門へインシデント兆候の一報があった後、セキュリティ部門からインシデント発見者や発見部門、さらには関連部門（たとえば、インシデントにもよるがマルウェアがリリースしているプロダクトにも拡大している可能性がある場合は、プロダクトの運用を管轄している部門など）への情報共有が必要である。

　ここで留意すべきは、無秩序な、または、広範すぎるインシデント情報の拡散は適切ではなくかえってリスクを産む可能性がある点である。よって、共有すべき人物やチームには必要な範囲で共有し、それ以外の者には共有すべきではない。

　こうした考慮を念頭に、事前に情報連絡体制や情報統制体制を構築しておく必要がある。

　セキュリティ担当部署への情報共有体制については**第2章**で述べたとおりである。他の従業員への情報共有の範囲については、どの範囲の人物まで情報共有するべきかを事前に定めることは難しいので、定めるとしても「必要最小限」のような記載にならざるを得ないであろう。また、セキュリティ担当部署については、セキュリティインシデントに関

する情報が従業員の秘密保持の対象であることを内規上明確にすること
に加え、必要があれば機密保持の誓約書を毎年徴収することも考えられ
る。他方で、他の従業員に対しては、共有する情報が厳秘であり、社内
を含む第三者への開示は一切禁止することを共有時に伝達することが考
えられる。

5　証拠保全

　初動対応における重要なステップの一つに証拠保全がある。サイバー
攻撃の実態および被害範囲を検討する上でもシステムへのアクセスロ
グ、通信記録、ハードドライブの状態などは極めて重要な手がかりを与
えてくれる。また、将来攻撃者に対する法的手段をとるためには、民
事、刑事いずれの手段をとるにあたっても攻撃を立証するための証拠を
確保しておくことが極めて重要である。しかし、ここ数年のサイバー犯
罪やサイバー攻撃で利用される不正プログラムは痕跡を残さない回避技
術を高度化しており、もともと社内のコンピュータシステムで保全でき
る痕跡やログが極端に少なくなってきている。証拠の保全は時間が経て
ば経つほど困難になることから、初動対応の段階で専門家を交えて迅速
かつ適切に保全活動が遂行されることは有事対応において極めて重要な
ポイントとなる。なお、社内に適切な専門人材がいない場合には、セ
キュリティインシデントへの対応を行いまたは支援する組織やフォレン
ジック業者等の外部専門家[3] を利用することとなる。

3）　本文中で紹介したJPCERT/CCの他、民間企業（日本ネットワークセキュリティ
　　協会ホームページ「サイバーインシデント緊急対応企業一覧」（https://www.jnsa.
　　org/emergency_response/）等を参照）によるサービスも存在する。

[図表3-3-1] 証拠保全手続の概要[4]

```
発生したインシデントの内容把握
 - 発生したインシデントの内容
 - インシデント発生の検知の経緯
 - インシデントが発生した時間
 - インシデント発生から依頼を連絡するに至るまでの時間
   及びその間のインシデントに対する対処の有無
```

↓

```
発生したインシデントに関する対象物の決定
 - 対象物に対する情報収集及び対象物の絞り込み
 - 対象物の選定と優先順位付け
```

↓

```
証拠保全を行う上で必要な情報の収集
 - 対象物の情報
   ・対象物の形状、個数、物理的な状態
   ・HDD/SDD・ストレージメディアの記憶容量
   ・インターフェースの状況
   ・セキュリティ設定の有無
```

　証拠保全を進めるにあたっては、まず、対象物の状態を把握した上で、その状態によって、以下(i)から(iii)のような処置を選択していくこととなる。

（i）　対象物がコンピュータで、電源がOFFの状態の場合

　この場合、HDD/SSD全体暗号化等、やむを得ず電源をONにしなければ証拠保全ができない場合を除き、原則として電源をONにしてはならない。やむを得ず電源をONにする場合も証拠保全作業の責任者の指揮の下、リスクを受容して証拠保全作業を実施する必要がある。

　また、データの書き込み等が発生しないよう、電源ケーブル、キーボード・マウス、USB系のコネクタ類はすべて筐体から取り外しておき、その際には、解析時におけるシステムの正確な再現や作業後の原状

---

4)　証拠保全の具体的な方法について、特定非営利活動法人デジタル・フォレンジック研究会「証拠保全ガイドライン」等が参考になる。

復帰を可能にするため、ケーブルや機器がどこに取り付けられていたかを明確にしておく必要がある。

(ⅱ)　対象物がコンピュータで、電源が ON の状態の場合

この場合は、コンピュータの形式によって処置は異なる。

①　コンピュータがデスクトップ型の場合は、コンピュータの種類・規格、使用 OS の確認を行った上、確保した時点におけるシステム時計の正確性を目視またはコマンドで確認、記録しておく。また、ネットワーク環境の確認を行う。

対象物を確保した時に画面やプリンタ等の出力装置に表示または出力されていた場合には、その状況の写真撮影等を行い、具体的に記録しておく。可能であれば、バックグラウンドで稼働していたプロセス等も併せて確認をしておくことが必要である。

そして、調査の目的、必要に応じて、揮発性の高いものから順番に情報を取得した後、電源を OFF にすることとなる。メモリに展開中のデータを証拠保全する場合や通信中のデータを証拠保全する場合、その他電源を OFF にすることにより、データの上書きや削除が発生する場合など、証拠保全の対象によっては電源を OFF にしてはならない場合が存在するため注意を要する。電源を OFF にした後、電源ケーブル、キーボード・マウス、USB 系のコネクタ類をすべて筐体から取り外すこととなる。

処置にあたり、やむを得ない場合を除き、ファイルやアイコン、その他の不審な画面の動き等には触れてはならない。

②　コンピュータがノート型の場合は、基本的にはデスクトップ型と対応は変わらないが、筐体底面にバッテリーパックがあるため、プラグをコンセントから抜いても強制的な電源 OFF とはならない。そのため、筐体底面のバッテリーパックを取り外した後、プラグをコンセントから抜いて電源を強制的に OFF にすることが必要である。バッテリーパックが外せない場合には、電源ボタンの長押しで電源を OFF にする。

③　コンピュータがサーバ型の場合は、RAID 装置（複数のディスクにデータを分散し、ディスク障害のときにデータの再生を可能とする仕組み）

が利用されていることが多々あるが、RAID 装置に組み込まれている
HDD/SSD のコピーを証拠保全機器で別の HDD に物理コピーしたとし
ても、元の RAID 装置を使わなければ、物理的な仕様の変化等により再
構成（原状復旧）が困難な場合がある。RAID 装置を別の OS で起動し、
RAID 上で構成されている論理ボリューム単位等で取得することで
RAID ボリュームの再構成が可能であるが、RAID 装置を一式持ち帰る
ことが困難な場合、業務に大きな影響を与えない範囲で、記録媒体に記
録されているすべてのビット列を正確に複写するイメージ取得を実施す
ることとなる。

(iii)　対象物がコンピュータ以外（メディア系）の場合

　この場合は、収集・取得・保全する外部メディアの誤廃棄および紛失
等を防止するため、識別目的の札を付けるなどして、確実な識別および
管理を行う。そして、付けた札には、収集・取得・保全の日時、場所、
所有者（または管理主体）、使用用途、状況、収集・取得・保全に至った
経緯および目的等を記録しておく。

　その他、セキュリティ対策で利用されるネットワーク機器や、サーバ
や PC 上にインストールされているオペレーティング・システム、Web
やメール等のアプリケーションから、サーバおよび通信・監視装置の
ネットワークログも収集・取得・保全する必要性がある。

　証拠保全の実施に際しては、予期せぬエラーによる証拠保全作業の中
断を想定し可能な代替手段をあらかじめ用意することが望ましい。ま
た、可能な限り、立会人を付けるか、複数人で実施することが望まし
い。

　証拠保全に際しては、原本に対していかなる書込みも行うことができ
ないよう必要な装置の用意や措置の実施を行い、現存するデータだけで
なく、削除データ・隠しデータ・未使用領域を含めた、対象物全領域を
複製する。その上で、対象物（複製元）および複製先のハッシュ値
（ハッシュ値を用いずに、バイナリコンペア等により同一性を担保する場合も
ある）を計算し、これらを照合して同一性を検証することになる。

　証拠保全の正確性を担保するために、証拠保全を行う際は、作業に伴

う一切の活動履歴を記録する。対象物（複製元）および複製先について
の詳細情報や、実施した作業の内容、結果等の作業ログや実施作業の管
理者等や実施作業に用いられた機器の情報等の監査証跡情報を記録し、
対象物（複製元）および複製先の媒体だけではなく、証拠保全に関わる
一切の機器の情報を記録する。各工程で行った作業は、状況に応じてビ
デオや写真に撮影するなどして、後日、可能な限り再現できるようにす
ることが望ましい。

　なお、証拠保全によって得た複製先は、他の機器と混在しないように
物理的に区分けされたスペースに保管し、解析用途以外では一切触れる
ことができないよう、Chain of Custody（証拠保全の一貫性）を証明でき
る書類等を作成して厳重に管理を行う必要がある。さらに、複製先をそ
の後の取扱いの詳細情報についても逐一記録・明記し、Chain of Custody
を確保していくこととなる。

◆コラム　初動対応および証拠保全

システム担当やセキュリティ担当の留意点

　サイバー攻撃による内部からの機密情報の漏えいの調査などでメール
サーバが停止するような場合は、メール等の通常の連絡手段が利用できず、
報告や連絡、注意喚起ができない、あるいは時間がかかることも想定され
る。クラウドサービスを利用している場合も通信障害やクラウドサービス
自体の大規模な障害により初動対応に影響が起こりかねない。

　対策として緊急時に別ルートのメールサービスを利用できる契約をして
おくことやコミュニケーション不全に陥った場合を想定した事前の訓練を
行い、課題を洗い出し、対策を打っておくことが有用である。

　ビジネス上で収益の源泉となっている重要なサービス停止を伴う判断は
非常に難しい。しかしながら被害が出ているが外部からの侵入ルートが特
定できていないような状況では、被害を拡大させないためにサービスその
ものを停止することも判断の一つである。ただし、その影響は大きいため、

事前に停止した場合の別の手段の準備や対応、そのための訓練が必要である。業務停止による顧客への告知や個別の連絡については事前に法務部門と連携して初動対応による訴訟リスク等にも備える必要がある。

法務や総務における留意点

　有事の際の初動の対応として、通常の業務と同じような対応ができないことも予想される。そういった場合にはどのような対応を行うかについては、法務部門においても、サイバーセキュリティのリスク検討といった体制構築の最初の段階から各組織と連携して検討をしておくことが期待される。

　ビジネスにとって大きな影響が出るような場合を想定し、訴訟リスク等に備えて弁護士と相談して見解をとっておくなどの事前の準備も有益である。

第４章　当局対応および情報開示

1　当局対応および情報開示の重要性

　サイバーインシデントが発生した場合、初動対応としての初期的な事実確認や被害防止の措置を採った後（またはこれと並行して）、検討が必要となるのが規制当局や社外のステークホルダーへの報告・情報開示の要否およびその態様である。こうした判断については、たとえば上場企業に適用される適時開示のルールや、適用ある規制法上の報告義務などのように、判断の規範要件が明文化されている場合もあるが、企業ダメージの最小化の観点からの経営判断に委ねられている場面も少なくない。

　一般的に報告や情報開示の範囲を限定したほうがマスコミなどにも取り上げられることなく、短期的なダメージを減殺できる場合が多い。他方で、インシデントの隠蔽や公表遅れにより社外の関係者の被害拡大を招くようなことがあれば、法的なリスクのみならずレピュテーション上も多大な損害を負うことになりかねない。経営者は事案ごとに開示・不開示の各シナリオにおけるメリット・デメリットを慎重に比較した上での難しい判断を迫られる。そこで以下、当局対応と情報開示についてそれぞれ考慮すべき要点を整理する。

◆コラム　情報開示とフェアディスクロージャールール

　サイバーセキュリティに関する情報開示は極めて重要である一方で、開示に際して留意すべき事項も存在し、上場企業である場合にはフェアディスクロージャールール（以下「FDルール」）がこれに含まれる。
　FDルールは、公平・公正な情報開示により証券市場の健全性・市場参

加者の信頼性を確保する観点から、上場企業が未公表の決算情報など投資
判断に影響を及ぼす情報を一部の投資家や証券アナリストなど（主要な株
主、取引先金融機関の融資担当者、株式を持ち合う取引先の担当者が含ま
れる可能性がある）に提供する場合、一定の例外を除き、同時にこの情報
を公表することが求められる制度である（金融商品取引法 27 条の 36 参
照）。この FD ルールの対象となる情報は重要情報と定義され、その内容は
以下のとおり。

「上場会社等の運営、業務又は財産に関する公表されていない重要な情報で
あって、投資者の投資判断に重要な影響を及ぼすもの」（注：下線部筆者）

　金融庁は、公表されれば有価証券の価額に重要な影響を及ぼす蓋然性の
ある情報である場合には重要情報に該当すると説明している（「金融商品取
引法第 27 条の 36 の規定に関する留意事項について」問 4 参照）。
　サイバーセキュリティに関するインシデントが発生した場合、将来の多
額の賠償金、制裁金等の負担が収益を圧迫するおそれや、事業の差し止め、
許認可の取消しまたは一時停止、その他事業の継続に重大な影響を及ぼす
おそれが生じる。一般論としては、インシデントの発生やそれに対する対
応状況等の情報は、公表されれば有価証券の価額に重要な影響を及ぼす蓋
然性のある情報として重要情報に該当しうると整理しておくことが望まし
いものと思われる。
　上場企業は、インシデントの発生後これを公表するまでの間に、自社の
主要な株主や取引先金融機関の融資担当者、その他サプライチェーン上の
取引先で自社株式を保有する取引先の担当者に、かかるインシデントに関
する対応状況等を提供することも想定される。そのような場合には、①
FD ルールに基づく同時公表義務が生じる要件を充足するか、②充足する
可能性がある場合はこれを回避するために必要となる対応（守秘義務およ
び重要情報を利用した売買等禁止義務を定める合意等）を準備できている
かという点に留意する必要がある。

2　当局対応について

(1)　個人情報保護法に関する対応

a　ガイドラインの位置づけ

個人情報保護法は、本書執筆時点においては、事業者に対し個人情報が漏えいした場合の対応義務および報告義務を課していない。これらの義務は、個人情報保護法 8 条に基づいて個人情報保護委員会が策定するガイドラインの一つである「個人データの漏えい等の事案が発生した場合等の対応について」（平成 29 年個人情報保護委員会告示第 1 号）に努力義務として定められている。

したがって、上記ガイドラインに準拠しない対応が直ちに個人情報保護法違反となるものではないが、個人情報保護委員会は、仮に個人情報取扱事業者の対応の不備等があり、「個人の権利利益を保護するため必要がある」と認めた場合には、当該事業者に対して是正の勧告（個人情報保護法 42 条 1 項）および命令（同条 2 項、3 項）を発することができることから、事業者としても、基本的には、個人情報保護委員会の方針すなわちガイドラインに準拠した対応が求められる。もっとも、2020 年 6 月 5 日に個人情報保護法の改正案が国会で成立し、2 年以内に施行される予定であるところ、同改正法では、個人の権利利益を害するおそれが大きいものとして個人情報保護委員会規則で定める事態が生じた場合の個人情報保護委員会への報告、および、本人への通知を義務化する内容が盛り込まれている。改正法施行後は個人情報取扱業者はより厳格な対応が求められることとなるため、今後の議論を注視する必要がある。以下では、現時点では、改正法の施行時期が未定であり、また、対応する政省令や関連するガイドラインの改正内容が公表されておらず、改正案の具体的な運用方針が明らかでないことをふまえ、現行法の内容を前提に記載する。

なお、現行法においても、生存する個人のマイナンバー（特定個人情報）が漏えいした一定の場合には、個人情報保護委員会への報告が義務づけられているため（行政手続における特定の個人を識別するための番号の利用等に関する法律 29 条の 4、特定個人情報の漏えいその他の特定個人情報の安全の確保に係る重大な事態の報告に関する規則 2 条）、注意されたい。

b　対象となる事案

ガイドラインが対象とするのは、個人データ（個人情報保護法 2 条 6 項）の漏えい・滅失・毀損、もしくは、加工方法等情報（個人情報の保護に関する法律施行規則 20 条 1 号）の漏えい、または、これらのおそれが生じた事案である。

そのため、個人データに該当しない個人情報の漏えいについては、ガイドラインの対象外となるが、電気通信回線を介して漏えいする個人情報の多くは、個人データに該当するものと思われる。

c　講ずべき措置

ガイドラインは、漏えい等が発覚した場合には、次の事項について、必要な措置を講じることが望ましいとしている。いずれも、一般的に求められる事項であると思われるが、個人情報漏えいの際のインシデント対応に際しては、これらの事項が含まれているべきであることに留意する必要がある。

[図表 3-4-1] 個人情報の漏えい等が発覚した場合に講ずべき措置

①　事業者内部における報告及び被害の拡大防止	責任ある立場の者に直ちに報告するとともに、漏えい等事案による被害が発覚時よりも拡大しないよう必要な措置を講ずる。
②　事実関係の調査及び原因の究明	漏えい等事案の事実関係の調査及び原因の究明に必要な措置を講ずる。
③　影響範囲の特定	②で把握した事実関係による影響の範囲を特定する。
④　再発防止策の検討及び実施	③の結果を踏まえ、漏えい等事案の再発防止策の検討及び実施に必要な措置を速やかに講ずる。
⑤　影響を受ける可能性のある本人への連絡等	漏えい等事案の内容等に応じて、二次被害の防止、類似事案の発生防止等の観点から、事実関係等について、速やかに本人へ連絡し、又は本人が容易に知り得る状態に置く。
⑥　事実関係及び再発防止策等の公表	漏えい等事案の内容等に応じて、二次被害の防止、類似事案の発生防止等の観点から、事実関係及び再発防止策等について、速やかに公表する。

d　個人情報保護委員会等への報告

　ア　報　告　先

　事業者は、漏えい等事案が発覚した場合は、その事実関係および再発防止策等についてすみやかに当局に報告するよう努めるものとされる。

　報告先は、原則として、個人情報保護委員会である。ただし、認定個人情報保護団体（個人情報保護法47条1項）の対象事業者である場合は、当該認定個人情報保護団体が報告先となる。そして、上記にかかわらず、個人情報保護法44条1項に基づき同法40条1項に規定する個人情報保護委員会の権限（報告徴収および立入検査）が事業所管大臣に委任されている分野における事業者の報告先については、個人情報保護委員会が公表する「改正個人情報保護法に基づく権限の委任を行う業種等及び府省庁並びに当該業種等における漏えい等事案発生時の報告先」によって整理されている。

　したがって、事業者としては、まず、自己の業種が事業所管大臣に委任されているか否かを確認し、次に、認定個人情報保護団体の対象事業者であるか否かを確認した上で、いずれにも該当がなければ、原則どおり個人情報保護委員会へと報告を行うこととなる。たとえば、権限が委任されている業種として、金融業（金融庁）、電気通信業（総務省）、建設業（国土交通省）があり、認定個人情報保護団体として、プライバシーマーク制度の運用を行っている一般財団法人日本情報経済社会推進協会がある。

　イ　報告事項

　ガイドラインでは、具体的な報告事項については触れられていないものの、個人情報保護委員会へ報告を行う場合には、インターネットの報告フォーム上で報告を行うこととなっており、事案の内容、漏えいした情報の内容のほか、公表予定の有無、再発防止策等の報告が求められる。報告先が他府省庁または認定個人情報保護団体である場合には、各々が定める様式に従うこととなる。

170

　ウ　報告を要しない場合

　ガイドラインが対象とするインシデントのうち、次に該当するものについては、報告を要しないとされている。

　①　実質的に個人データまたは加工方法等情報が外部に漏えいしていないと判断される場合

　②　FAX もしくはメールの誤送信、または荷物の誤配等のうち軽微なものの場合

　ガイドラインでは、①②の例が挙げられているものの、該当性に迷う場面も多いと思われるが、そのような場合には、早めに専門家に相談することが望ましい。

(2)　個人情報保護法以外の当局対応

　業種によっては、個人情報保護法に基づく報告以外にも、各種業法によりインシデントに関する報告または対応義務を課せられる場合がある。

　また、所属する業界団体による自主規制として、団体構成員に対して報告または対応義務を課している場合もありうる。

　以上のような事情から、インシデントが発生した場合には、個人情報保護法に基づくもの以外にも対応が必要となるものがないか、確認が必要である。以下では、高度な情報セキュリティ体制が求められる代表的ないくつかの業種を例に挙げ、必要となる対応をみていく。

a　金融機関

　個人情報保護委員会と金融庁は、金融分野の個人情報の性質および利用方法に鑑み、個人情報の取扱いに関して、「金融分野における個人情報保護に関するガイドライン」（平成 29 年 2 月 28 日個人情報保護委員会・金融庁告示第 1 号）を策定し、同ガイドラインの安全管理措置等についての実務指針を定めることで、金融分野における個人情報取扱事業者に特に厳格な措置が求められる事項等を規定している。たとえば、金融分野における個人情報取扱事業者による個人データ（個人情報ではない点に注意を要する）の漏えいがあった場合には、一般の個人情報取扱事業

者の漏洩の場合とは異なり、個人情報保護委員会等への報告を「しなければならない」とされている。

　一方で、銀行法、保険業法等の業法においても、その施行規則において、個人顧客情報の安全管理措置等、返済能力情報の取扱い、特別の非公開情報の取扱いが定められている。この点に関して、金融機関は、通則ガイドライン、金融分野ガイドラインおよび実務指針等に沿って個人情報保護法上必要かつ適切な措置を講じている場合には、業法の体系においても必要かつ適切な措置を講じているものと解されている。

　ただし、業法においては、業務の管理上重大な有価物の紛失があった場合には、これが不祥事件に該当するものとして、監督官庁に届け出るべき旨定めていることがある（銀行法53条1項8号、同規則35条1項25号、同条8項3号。保険業法127条1項8号、同規則85条1項17号、同条5項4号）。したがって、個人情報の漏えいがない場合であっても、インシデントにより資産が逸失または毀損した場合には、監督官庁への届出を検討すべきといえる。当該インシデントの不祥事件への該当性については、インシデントの生じた経緯、逸失または毀損した資産の内容等から各業法の規定に照らして判断するものと解される。

b　インフラ産業

　インフラ産業がサイバー攻撃の対象となって久しいが、社会経済活動の基盤であるインフラに支障が生じた場合、多大な影響を及ぼすこととなるため、一定の事故が生じた場合に監督官庁に報告をすべき旨を定めている法令は多い。

　たとえば、一般送配電事業を営む電気事業者は、一定以上の規模の電力供給支障を生じさせた場合には、経済産業大臣等に対する報告義務が課せられる（電気事業法106条、電気関係報告規則3条）。

　なお、わが国では、重要なインフラに関するサイバーセキュリティの連携基盤として、内閣サイバーセキュリティセンター（NISC）のIT戦略本部に設置された、情報セキュリティ政策会議が、重要インフラの情報セキュリティ対策に係る行動計画を策定しており、2017年4月18日に第4次行動計画が整備されている。ここでは重要インフラ分野とし

て、情報通信、電力、水道、石油など 14 分野 19 セプターが対象とされ
ており、インシデントに関する情報共有を進めている。

3　情報開示・公表について

(1)　適時開示による開示

　証券取引所の上場規程においては、会社情報の適時開示に関して、具
体的に開示基準が定められた開示項目のほか、「上場会社の運営、業務
若しくは財産又は当該上場株券等に関する重要な事項（事実）」であっ
て、投資者の投資判断に著しい影響を及ぼす事実が発生した場合等に
は、適時開示を行うべき旨が定められている（いわゆるバスケット条
項）。

　インシデントの発生に関しても、当該事実により当該事業者に対する
投資家の投資判断に著しい影響が及ぶ場合があり、適時開示の検討が必
要となる。たとえば、当該インシデントが当該事業者のシステム管理の
重大な不備に起因しており、第三者に対して多額の損害賠償義務を負い
うる場合には、投資判断に著しい影響が及ぶものとして、適時開示が求
められる場合もあろう。また、子会社で発生したインシデントであって
も、当該インシデントが親会社に対する投資判断にも著しい影響が及ぶ
場合には、適時開示を行うこととなる。

　なお、開示事項については、バスケット条項に基づく適時開示である
ことから、事案に応じた事項を開示することになると思われるが、イン
シデントの概要、発生の経緯、今後の見通し（当期以降の業績に与える影
響の見込み、今後の方針がある場合にはその内容）等を含むものになる。

・適時開示の例文

		○年○月○日
各位		
	会　社　名　○　○　○　○　○株式会社	
	代　表　者　代表取締役社長　○　○　○　○	
	（証券コード　xxxx、○証一部）	
	問い合せ先　取締役管理部長　○　○　○　○	

（TEL　xxxx-xx-xxxx）

不正アクセスによるお客様情報流出に関するお詫びとお知らせ

　この度、連結子会社の〇〇〇〇株式会社（以下「子会社」という）が運営するオンラインストア「▲▲」（以下「本件サイト」という）のウェブサーバーに外部からの不正アクセスがあり、その内容を調査いたしましたところ、一部のお客様のクレジットカード情報が、不正アクセスにより流出した可能性があることを確認いたしました。

　お客様には多大なるご迷惑とご心配をお掛けしますことを心よりお詫び申し上げます。本件に関し、現時点で判明している概要と対応につきまして、下記の通りご報告いたします。

記

1. 漏洩の可能性のあるクレジットカード情報

　クレジットカード情報が漏洩した可能性があるのは、〇年〇月〇日から〇年〇月〇日の間に、本件サイトでクレジットカード決済をご利用された方が対象です。

　この間のカード決済件数は最大〇件です。

　漏洩の可能性のあるクレジットカード情報は、カード会員名、クレジットカード番号、有効期限であり、セキュリティコードの漏洩の可能性は確認されていません。

2. 原因

　本件サイトのシステムの脆弱性をついた第三者の不正アクセスにより、不正プログラムが仕組まれ、カード情報が漏洩したことが判明しております。

3. 発覚と対応の経緯

　被害拡大防止のため、本件サイトを即時休止し、個人情報流出の可能性について告知いたしました。また、同時に第三者の調査機関である「□□株式会社」による調査も開始し、クレジットカード会社に不正利用の防止モニタリングを依頼しました。

4. 流出懸念の告知からの経緯

　本件サイトの休止の告知から今回の報告まで時間の要しましたことを深くお詫び申し上げます。不確定な情報の公開はいたずらに混乱を招き、お客様へのご迷惑を最小限に食い止める対応準備を整えてからの告知が不可

欠であると判断したことから、発表は調査会社の調査結果および関係各所との調整を完了してから行うことに致しました。今回の発表までお時間をいただきましたこと、重ねてお詫び申し上げます。

5. 再発防止策ならびに子会社が運営するサイトについて

　弊社はこのたびの事態を厳粛に受け止め、調査結果を踏まえてシステムのセキュリティー対策および監視体制の強化を行い、再発防止を図ってまいります。現在、本件サイトは、クレジット決済を導入しない方法で運営しております。

　また、今回の不正アクセスにつきまして、個人情報保護委員会に報告済であり、また、所轄警察である××警察署にも被害相談しており、今後捜査にも全面的に協力してまいります。

6. 業績への影響

　○年10月期の業績への影響は軽微であり、これまでに公表している業績予想への影響も軽微であると考えております。

以上

⑵　任意の情報開示の判断基準

　適時開示や法令上の要請による開示の必要がないとしても、企業においては被害拡大の防止やレピュテーション維持の観点から公表の要否を検討することは少なくない。

　インシデントの影響は、対象となった事業者にとどまらず、各方面に及ぶ。情報システムに障害が生じてサービスが停止した場合には利用者は迷惑を被るほか、上場会社であった場合には、投資家の投資判断に影響が及びうる。クレジットカード情報の漏えいがあった場合には、当該情報が二次的に不正利用されることによって顧客に直接的な金銭被害が生じる可能性がある。そのため、多くの官公庁や公益機関の刊行物等においては、インシデントの当事者となった事業者にとって、被害拡大・二次被害の防止のために、できるだけ早いタイミングで積極的に情報を開示することにより、インシデントの対応に係る透明性を確保し、当該インシデントの利害関係者の予測可能性を確保することが推奨されている（透明性・開示の原則）[1]。

　他方で、こうした透明性・開示の原則が当てはまらない場面にも留意

が必要である。第1に、被害拡大のおそれが実質的にない場合である。漏えいした個人情報のすべてについて第三者に閲覧されないうちに回収できた場合、高度な暗号化等の秘匿がなされている場合、特定の個人を識別することが当該事業者以外にはできない場合などがこれにあたる。全利害関係者と個別に連絡を取ることができて、かつ、全利害関係者について拡大防止措置を取ることができた場合も、この類型に含められる。

　第2に、公開によりかえって被害が拡大するおそれがある場合である。想定されるケースは様々ありうるが、たとえば、ソフトウェアの脆弱性を突いた攻撃を受けた場合に、対策が現時点で存在しない[2]または不十分であるにもかかわらず公表を行ってしまうと、再度の攻撃を招きかねない。むしろ、脆弱性についての情報を公開したことで、同種のソフトウェアを使用する第三者が模倣犯による攻撃を受けてしまうこともありうる。

　情報開示のメリット・デメリットは実際には個別事案ごとに異なるため、実際には上記の考慮要素を念頭に、ケースバイケースで開示しないことにより生ずる第三者の被害拡大の内容と、開示することにより当事者が被る不利益との利益衡量を行った上で開示の要否を判断することになる。

(3)　開示すべき内容

被害拡大の防止を主たる目的として行う情報開示については、当事者の判断により開示する情報を選別し、当事者が選択する任意の方法によ

---

1)　たとえば、独立行政法人情報処理推進機構（IPA）「情報漏えい発生時の対応ポイント集」4頁では「情報公開により被害の拡大が見込まれるような特殊なケースを除いては、情報を公開することを前提とした対応が企業（組織）の信頼につながります。」とされている。

2)　このように、脆弱性に対する対策が存在しない状態で仕掛けられた攻撃は、ゼロデイ攻撃と呼ばれ、最も深刻な被害を引き起こす攻撃類型の一つである。近年注目を集めたものとしては、某大手情報サービス会社が2019年3月に公開した同社の提供するウェブブラウザのパッチが、実はゼロデイ攻撃を受けた脆弱性の修正だったことがパッチ公開後に明らかにされたという事例がある。

り開示を行うことになる。

　まず、開示する情報の選別については、当該情報開示の趣旨が被害拡大の防止にあることからすれば、当該情報を公開しないことが第三者に生じる損害を拡大させるか否かを基に判断することになる。多くの公表事例においては、インシデントの概要に関する事項として、①インシデントの種類、②発覚日、③発生日、④判明するまでの経緯、⑤発生原因等について記載している。また、被害に関する事項として、⑥被害の内容、⑦被害拡大・二次被害のおそれの有無および⑧防止措置の内容の公表も併せて記載されている事例も多い。そして、対応に関する事項としては、⑨調査の方法、⑩当局や警察との連携内容、⑪調査の進捗状況、⑫調査の結果、⑬再発防止策の内容の公表が記載項目に含まれる。

　事案の内容や情報開示のタイミングによっては、上記の項目をすべて一度に開示することは難しい場合もあるため、その一部を取捨選択したり、複数回にわたる開示を通じて全体像を明らかにしていくアプローチも考えられる。

⑷　開示方法

　開示方法の選択に際しては、インシデントにより損害を被っているまたは被りうる第三者が誰であるかを特定した上で、当該第三者の被害拡大防止のために、最も有効な手段を選択すべきである。

　たとえば、発電所や通信インフラ等の社会の安全に関する公共性の高い情報が漏えいした場合、当該情報漏えいにより損害を被るのは不特定多数の第三者である。したがって、記者会見等を利用してマスコミを通じて広く情報を発信する必要性が高い。逆に、小規模な個人情報漏えいのインシデントの場合、漏えいした個人情報の内容を特定済みであれば、当該漏えいにより直接の損害を被る第三者として想定されるのは、当該個人情報から識別される主体たる特定の個人に限られている。そのため、不特定の多数者に広く情報を発信する要請は低くなり、マスコミを通じた情報発信は不要との判断も不合理とはいえない。

　ここで、代表的な開示方法と考慮事項について、図表 3-4-2 にまとめたので参照されたい。なお、開示方法は単一である必要はなく、効果的

第3部　有事対応

な被害拡大防止のために、複数の開示方法が組み合わされてしかるべきである。

[図表3-4-2] 開示方法ごとの特徴

開示方法	メリット	デメリット
記者会見等のマスコミを通じた開示	・ 情報伝播性が高く、不特定多数の第三者に広く訴求することができる。	・ センセーショナルに取り扱われることにより、当事者のレピュテーションが毀損されるおそれがある。
公開WEBページ上での開示	・ 不特定多数の第三者が開示情報にアクセスできる。	・ インシデントに対して関心を持っていない第三者に対して訴求できない。
電子メール・会員制WEBページによる開示	・ 当事者の手によって、情報が開示される相手方をコントロールできる。	・ 被害者が開示した情報を確認しないおそれがある。
電話・訪問による開示	・ 訴求対象に対して、確実に情報を開示することができる。	・ 企業の規模や被害者の数によっては人員・コストの面で用いることが現実的に不可能な場合がある。

(5) **具体的な開示例**

　以下、典型的なサイバー攻撃の類型について、具体的な開示案のサンプルを紹介する。

　a　パスワードリスト攻撃によるパスワードの漏えい

　パスワードリスト攻撃とは、ユーザがパスワードを各所で使いまわすことがしばしば見受けられることを悪用して、不正に取得したあるサイトのログインID・パスワードを用いて、別のサイトへの不正ログインを企図する攻撃である。

　攻撃の性質上、ユーザへの迅速な情報開示が不可欠である一方で、漏えいの原因および対策は明らかである。

　そこで、攻撃を察知した運営者としては、インシデント発生の検知後、速やかに次のようなリリースを行うことが想定される。

178

・リリースの例文

○年○月○日

各位

○○株式会社

代表取締役社長○○　　○○

担当役員○○　　○○

不正ログインの検知についてのご報告

　弊社が提供する会員制 WEB サービスである「○○倶楽部」におきまして、外部からパスワードリスト攻撃による不正ログインがあったことが判明しました。本サービスの会員様をはじめとする皆様にはご心配をお掛けいたしましたことを心よりお詫び申し上げます。

1　経緯
　○年○月○日（木）深夜、特定の IP アドレスからの不正なログインを確認し、緊急の措置として、翌日（金）未明、該当の IP アドレスからのログインを遮断するなどの対策を講じました。調査の結果、不正なログインに使用された ID・パスワードは弊社で使用されていないものが多数含まれており、他社サービスの ID・パスワードを使用した「パスワードリスト攻撃」による不正ログインと判明しました。

2　被害の状況
（1）不正ログイン件数：1,234 件（試行件数は約 1 万件）
（2）不正に取得された可能性のある情報：
　　アカウント ID、メールアドレス、氏名、電話番号、性別、郵便番号、住所、クレジットカード情報（カード番号の下 4 桁・有効期限・氏名）

3　被害防止措置について
　詳細については現在調査中でありますが、不正ログインのあったアカウント ID は、パスワードを変更しなければ使用できないように対策を講じております。なお、対象のお客さまに対しては、弊社より個別にご案内いたします。

4　お客さまへのお願い
　不正ログイン防止の観点から、次の点にご注意ください。

179

(1)　他のサービスでご利用になっているパスワードを使用しないこと
(2)　定期的にパスワードを変更し、過去に使用したものは極力使用しないこと
(3)　第三者が容易に推測できるパスワードを使用しないこと

本件に関するお問い合わせ先
フリーダイヤル：03-XX-XXXX
（受付時間は 9:00〜19:00　土日祝含む）

以上

　b　サプライチェーン攻撃によるクレジットカード情報の漏えい

　クレジットカード情報の漏えい事故は、重大なインシデントである。特にセキュリティコードも併せて漏えいした場合には、他の EC サイト等での不正利用による実害が生じる可能性も高く、運営者には、迅速な対応が求められる。

　もっとも、**a** のパスワードリスト攻撃によるパスワード漏えいの事例とは異なり、ユーザに対する誤りのない説明が可能な程度に事案を解明するための調査が必要であったり、本サンプルのようにサプライチェーン攻撃による漏えいであった場合には、事案の性質上、委託先からのヒアリングに時間を要する場合もある。

　そのような場合には、インシデント発生後の検知後、一定の日数の経過後、次のようなリリースを行うことが想定される。なお、次のサンプルでは、被害防止措置および再発防止策にも可能な限度で触れられているところ、開示まで要した日数に応じて、充実した内容の公表が求められると思われる。

　なお、サプライチェーン攻撃によるインシデントに関する公表事例の中には、委託先の責任を殊更強調する例もみられるが、顧客やユーザ等に対する一次的な責任は委託者が負うものであり、また、自己の責任を過少評価する方向での開示は世論からの反感を招く可能性があるため、適切ではないと考えられる。

・リリースの例文

○年○月○日

各位

○○株式会社

代表取締役社長○○　　○○

担当役員○○　　○○

弊社が運営する「○○モール」への

不正アクセスによるお客様情報流出に関するご報告

　弊社が運営するECサイト「○○モール」(以下「本サイト」といいます。)において、何者かのサイバー攻撃による不正アクセスが確認され、お客様の個人情報が流出した可能性のあることが判明いたしました。本サイトの会員様をはじめとする皆様にはご心配とご迷惑をお掛けいたしましたことを心よりお詫び申し上げます。

1　経緯

　○年○月○日(月)、クレジットカード会社からの報告により、本サイトをご利用になられたお客様のクレジットカード番号にて、複数件の不正使用があった疑いが判明したため、同日中に本サイトにおけるすべてのクレジットカード決済機能を停止し、詳細な調査を外部の専門調査会社(××株式会社)に依頼しました。

　なお、関係当局への報告及び所轄警察署への相談についても本日までに済ませております。

2　流出した可能性のあるお客様情報について

　(1)　対象：対象期間中に本サイトにご登録いただいているお客様

　(2)　期間：○年○月○日～○年○月○日

　(3)　項目：対象のお客様のログインID、住所、氏名、電話番号、メールアドレス、クレジットカード情報(カード番号、有効期限、指名、セキュリティコード)

　(4)　件数：約10万件(ただし、クレジットカード情報は約1万件)

　(5)　当該クレジットカード情報の不正使用の件数と金額(○年○月○日現在で判明しているもの)：xx件／x,xxx千円

3　不正アクセスの原因について

　弊社は、本サイトの開設と運用に当たり一部の業務を委託していたとこ

181

ろ、弊社の発注仕様、運用ガイドラインと異なり、株式会社▽▽のデータベース上に上記2のお客様情報が不適切に保持されており、当該データベースサーバーへの不正アクセス（「xxxx」の脆弱性を突いた攻撃）を受けたことが直接的な原因です。しかしながら、弊社がそのことを把握できず、委託先の管理が不徹底であったことが本質的な原因と認識しております。

4　被害防止措置について

　弊社では、クレジットカード各社と連携し、情報が流出した可能性のあるクレジットカード番号による取引のモニタリング（監視）を強化し、不正使用の防止に努めております。

　お客様におかれましても、誠に恐縮ではございますが、不審なメール等についてご注意頂くとともに、クレジットカードのご利用明細書に記憶のない請求項目がないか、今一度ご確認をお願いいたします。万一、身に覚えのない請求項目の記載がありましたら、大変お手数ですが、お手元のカード裏面に記載のカード会社にお問い合わせください。

5　再発防止策について

　〇年〇月末を目途に、外部の専門調査会社から本件の最終調査結果報告書を受領する予定であり、同報告書を踏まえて再発防止計画を策定いたしますが、すでに次のとおり、再発防止策を一部先行して実施しております。
　⑴　「xxxx」のバージョンアップとサーバーの再構築
　⑵　現行の全システムとその運用に関するガイドラインの見直し

本件に関するお問い合わせ先
（略）

以上

　c　不正アクセスによるホームページの改ざん（追加で情報を公開する場合）

　既に述べたとおり、インシデントの全貌が完全に明らかになるまで情報開示を行わない、という対応は適切でなく、確定した情報については、適切なタイミングで順次公開していくことが望ましい。

　順次の公開のタイミングとしては、当該新たに判明した事実を公表することが、被害拡大の防止のために有益であるか否かが一つの基準となろう。以下のリリースの例では、すでに一度リリースでホームページの

不正改ざんの可能性があることを開示していたところ、その後、改ざんにより不正サイトへ誘導されてランサムウェアがダウンロードされる可能性があるという事実が判明し、想定される被害をある程度特定するに至った。そこで、ユーザへの注意喚起のために、追加でリリースを行っている。

・リリースの例文

　　　　　　　　　　　　　　　　　　　　　　　　　　　○年○月○日
各位

　　　　　　　　　　　　　　　　　　　　　　　　　　○○株式会社
　　　　　　　　　　　　　　　　　　　　　代表取締役社長○○　　○○
　　　　　　　　　　　　　　　　　　　　　担当役員○○　　○○

　　　　　　弊社ホームページへの不正アクセスについて（第2報）

　○年○月○日（木）の「弊社ホームページへの不正アクセスについて」にてご報告した弊社ホームページの第三者による不正な改ざんの可能性につきまして、現在、専門調査会社による調査を行っておりますところ、本日までに新たに判明した事項をご報告いたします。皆様にはご心配とご迷惑をお掛けしておりますことを心よりお詫び申し上げます。

1　判明した事項
(1)　改ざんの存在について
　弊社ホームページのサーバー内の特定ファイルが、悪意ある第三者により不正なサイト（000.000.000.0）へ誘導するためのコードが挿入されたことが判明しました。この悪意ある第三者は、悪性コードが挿入されたファイルの上書きにより、特定ファイルの改ざんを行なった可能性があります。尚、不正サイトへ誘導された場合、身代金要求型ウイルス（ランサムウェア）がダウンロードされる可能性がありました。
(2)　手口について
(略)

2　二次被害について
　改ざんに伴う被害報告は現在のところ寄せられておりません。また、不

正アクセスによる被害のうち確認されたものは改ざんのみであり、情報漏えいは現時点で確認されておりません。

本件に関するお問い合わせ先
（略）

以上

4　情報開示に伴う留意点

(1)　マスコミ対応

　インシデントの社会的な影響力が大きいと見込まれる場合は、プレスリリースに加えて、記者会見等によるマスコミを通じた公表についても検討が必要となる場合がある。マスコミから複数件の取材申し込みが来た段階で記者会見の開催を検討することになろう。ただし、通常の不祥事と異なり、サイバーインシデントの場合はシステムの脆弱性を広く開示することを避ける必要があることから、文面にて公表した内容以上に会見でどこまで追加的な情報提供が可能かを慎重に検討した上で会見を行うかどうかを判断することが望ましい。仮に会見を開いたとしても、公表文案以上の追加情報が何も提供できなければ、かえってマスコミ側のフラストレーションを誘発し、企業イメージのさらなる低下につながりかねないからである。

　記者会見を行う際には、事前にプレスリリースと同様の内容のFAXで情報を送付する。その上で、想定Q＆Aを作成してリハーサルも行い、インシデントに関する情報が正確に報道されるように準備を行うこととなる。会見には、広報および法務担当者や弁護士等の専門家、および、企業のシステム体制や技術的な内容について説明ができるシステム部門の担当者が同席することが望ましい。

(2)　被害者への個別連絡

　インシデントにより影響を受ける社外の被害者や被害企業がいる場合には、公表等の開示に先立って当該被害者等への個別連絡および謝罪等を実施しておくことが望ましい。個別通知を怠った場合、被害者等が報道を通じて初めて自身が被害に遭ったということに気づくという展開が

想定され、被害感情を著しく悪化させる可能性がある。また、インシデント情報を開示した際には、マスコミから被害者への連絡・謝罪を済ませているかを確認されることが多いため、対応が後手に回ることは企業の社会的信頼を毀損しかねない。

　なお、前述のとおり、改正個人情報保護法が施行された後は、一定の漏えい事案については被害者への通知が任意の対応ではなく法的義務に変化する点に注意が必要である。

◆コラム　当局対応および情報開示

システム担当やセキュリティ担当の留意点

　警察庁のサイバー犯罪対策プロジェクトが実施している「不正アクセス行為対策等の実態調査・アクセス制御機能に関する技術の研究開発の状況等に関する調査 」の令和元年度の調査によると、不正アクセス等の被害にあった企業のうち、「届け出なかった」企業が 38.2% となっている（http://www.npa.go.jp/cyber/research/index.html）。

　届出を躊躇させた理由についても調査がされており、不正アクセス等の被害に遭い届け出なかった企業のうち「実質的な被害が無かったので」が 44.4%、「自社内だけの被害だったので」が 36.5% となっている。

　届出の義務のある業種であると届出の割合は高くなるが、そうでない業種である場合表立った被害が出ていない場合は届出を躊躇している状況がある。

　届出を行った企業の理由には「事案解決を求めて」「被害拡大を阻止するため」を回答する割合も高い。こういった理由により届出を行うことも理解しておきたい。

　監督官庁や個人情報保護委員会への報告は罰則規定があるため、事業会社側からするとより慎重にならざるをえず、報告の内容やタイミングが必ずしも十分ではないケースも多々ある。

　顧客の ID やパスワードが漏えいしたケースでは被害抑止の観点からできるだけ迅速に犯罪者に不正利用されないように利用停止処理を行った上で

185

顧客宛に個別に連絡して ID の再発行や ID・パスワードの変更を依頼する。一方、自組織のメールサーバ等が悪用されて加害者になってしまう場合もある。その場合どこまで情報を公開するかについて訴訟のリスクもあるため、事前に想定して法務部門と相談しておきたい。

　セキュリティインシデント発生時の関係者間で情報開示をする際に一般的に用いられる公開先を指定する規格として FIRST（Forum of Incident Response and Security Teams）が定めた TLP（Traffic Light Protocol）があり、重要インフラ事業者向けに NISC が CEPTOAR-Council の枠組みで情報共有する際にも利用されている。

　TLP の公開範囲は、RED：公開禁止・関係者限り、AMBER：公開制限・関係者組織限り、GREEN：公開制限・コミュニティ限り、WHITE：公開制限なしの4種類がある。

　サイバー攻撃の攻撃者は攻撃コストの低い弱い組織を狙うため、短期間で同じ攻撃手段を用いて複数の組織へ攻撃を行う。被害抑止の観点から攻撃を検知した組織は攻撃手法や攻撃手段に関するインディケータ情報、対処方法等について、NCA（日本 CSIRT 協議会）や ISAC 等の業界横断的なセキュリティ関係者のコミュニティの中で積極的に情報共有することが重要である。

　情報の共有については、「早さ」と「網羅性」と「正確性」についていずれか2つしか満たせないというジレンマがある。

　情報を共有や開示するためにはタイミングも必要であるが、上記3つの要素をすべて満たすことは難しいため、どれを重視するかを考慮したタイミングでの開示や共有をされたい。

　日々のサイバー攻撃技術の高度化やスピードに対応するには、個別の組織ではリソースにも限界がある。サイバー攻撃の被害にあった組織が今一度被害者であることを関係者の間での共通認識として、サイバー攻撃者という共通の敵に対して一致団結して対処するために、常日頃から関係者間でコミュニケーションをとり信頼関係を構築することが重要である。

法務や総務における留意点

　有事の際に当局の対応や情報の開示についてセキュリティ担当だけで判

断をすることは難しいため、法務部門においても、事前にどういった場合であれば対応が必要であるかなど準備を行い、組織内での展開を行っておくことが期待される。

　組織のセキュリティ対応においては、被害者への対応や加害者になってしまった場合の公表といった一般に向けた発表も想定される。どのような訴訟のリスクがあるかなどもふまえた上での情報公開が必要となるため、どのタイミングでどのような発表が必要となるか、どのような情報を集めておくべきかについても各部門と連携して準備をしておくことが望ましい。

　情報共有としては、セキュリティの対応のレベルを上げるためにも限られたコミュニティの中で情報を共有するといった場合もある。この場合は当局への報告や一般への公表とは異なる形で情報を共有することとなる。どこにどのような情報を提供するかについて一律に決めるのではなく、それぞれの公開の場所や範囲についてどのようなリスクがあるかを事前に確認をしておくことが重要である。

　当局対応・情報開示においては弁護士や法務部門の知見やノウハウが重要であり、CSIRT の一員としてサイバー攻撃の対処にあたることができるようにしておくことが期待される。

（参考）　27th Annual FIRST Conference（2015）, Lightning Talk: "Four Easy Pieces", Tom Millar（US-CERT, NIST）
　　　https://www.first.org/resources/papers/conf2015/first_2015-rasmussen-rod_cutting-through-cyberthreat-intelligence-noise_20150615.pdf

第5章　　原因分析および再発防止

1　原因分析と再発防止の重要性

　サイバーインシデントに限らず、あらゆる企業トラブルの有事対応の終局局面において実効性ある再発防止策の策定は最重要かつ必須のステップである。「上場会社における不祥事対応のプリンシプル」[1] の原則③においても、企業価値の再生のために、「実効性の高い再発防止策の策定と迅速な実行」が掲げられている。

　この原則においては、「再発防止策は、根本的な原因に即した実効性の高い方策とし、迅速かつ着実に実行する。この際、組織の変更や社内規則の改訂等にとどまらず、再発防止策の本旨が日々の業務運営等に具体的に反映されていることが重要であり、その目的に沿って運用され、定着しているかを十分に検証する」ことが求められている。このように、再発防止策は根本的な原因の解明と対応していることが必須であり、原因分析をいかに深く掘り下げて行うかが非常に重要である。

　以上のような、原因分析と再発防止の対応の不備から、重大な損害を被った事例としては、サイバー攻撃ではないが、2007 年から 2017 年にかけて発覚した国内の大手ゴムメーカーによる免震ゴム偽装事件と、2016 年に発覚した国内自動車メーカーの軽自動車燃費データ不正問題が挙げられる。

　たとえば、大手ゴムメーカーの事案では 2007 年に断熱パネルの性能偽装、2015 年に免震ゴムの性能データ改ざん、同年に防振ゴムの性能データ改ざんが明らかとなり、その度に再発防止策を策定していた。し

---

1) 日本取引所自主規制法人「上場会社における不祥事対応のプリンシプル」（2016年）（https://www.jpx.co.jp/regulation/public/nlsgeu000001igbj-att/1-01fusyojiprinciple.pdf）。

かし、2017 年には、十分な回数の製品検査を実施していないという
シートリング検査に関する不正が、2009 年 3 月から 2017 年 1 月末にか
けて継続して行われていたことが明らかになり、一連の再発防止策が不
十分であったことを露呈した。自動車メーカーの事案においては、2000
年に大規模なリコール隠しが発覚し再発防止を期したにもかかわらず、
2004 年にさらなるリコール隠しが発覚し当初の調査が不十分であった
ことが明らかになった。これら一連のリコール問題を契機に徹底したコ
ンプライアンス体制の見直しと強化を掲げていたにもかかわらず、2015
年には軽自動車事業における長年にわたる燃費改ざんが発覚し、根深い
企業体質の問題として厳しい社会的批判に晒されることとなった。

　これらの事例においては、実効的な再発防止策が策定されなかったた
めに、不正が繰り返され、信頼回復にさらに長い時間がかかる結果を招
くこととなった。このように、不十分な再発防止策の策定は、不祥事が
生じた後の企業価値の回復に重大な障害をもたらすのである。

　そして、サイバー攻撃への対応においては適切な再発防止策の策定
は、特に重要となる。サイバー空間上の匿名性のため、サイバー攻撃が
されたことが明らかになった場合でも、当該攻撃者の身元を突き止め、
攻撃をやめさせることは困難である。加えてシステムの脆弱性に関する
情報はサイバー犯罪者の間で瞬く間に伝播する。サイバー攻撃を受け脆
弱性が明らかになったにもかかわらず、これに適切な手当を行わなけれ
ば、攻撃者が無数に存在するサイバー空間上に当該脆弱性がむき出しで
放置されることになり、再度、攻撃のターゲットとされる危険性が極め
て高い。ランサムウェアの被害に遭い安易に高額の身代金が払ったこと
が知られれば、再び攻撃のターゲットとして狙われることは想像に難く
ない。そして、何度もサイバー攻撃を受け、情報流出を繰り返すようで
は、信頼回復は極めて困難となり、企業価値の重大な損傷は避けがた
い。

　このように不祥事が再発することになると、役員の責任問題にもつな
がりうる。取締役をはじめとする役員および会計監査人は、善管注意義
務を負う（会社法 330 条、民法 644 条）が、その一内容として監視監督義
務、および適切な内部統制の体制を整備すべき義務を負う（会社法 362

条 4 項 6 号）。したがって、不十分な再発防止策の策定により不祥事が再発すれば、適切な内部統制体制を整備すべき義務を履践していなかったとして、善管注意義務違反と認められる可能性がある（**第 2 部第 1 章**参照）。

　サイバー攻撃による情報流出事案の原因分析および再発防止策の策定を行うにあたっては、サイバー技術に関する高度な技術的知見を持ったシステム部門とコンプライアンス対応の経験豊富な法務部門の密接な連携が必須であり、両部門の円滑な協力体制を整備しておくことが肝要である。

2　サイバー攻撃事案における原因分析

⑴　一般的な原因分析のフレームワークとサイバー攻撃事案の特殊性

　一般的に、原因分析のフレームワークとしては、不正のトライアングルという考え方がある。これは米国の犯罪学者ドナルド・R・クレッシーが体系化したもので、不正行為は、①動機、②機会、③正当化という「不正リスクの 3 要素」がすべて揃ったときに実行されるという考え方である。

　①の動機とは、不正を実際に行う際の心理的なきっかけのことをいう。たとえば、処遇への不満やプレッシャー（業務量等）などが挙げられる。②の機会とは、不正を行おうとすれば可能な環境が存在する状態のことである。たとえば、同じ業務を長期間担当する環境などが挙げられる。③の正当化とは、不正を行おうとする者が自分の良心を働かせないためにする理由づけである。たとえば、「サービス残業を強いられているから不正をするのは役得である」といった考え方である。

　この不正のトライアングルという考え方に従えば、これら 3 つの要素に着目して原因分析を行うことにより、これらの原因を排除するためにはどのような対策を講じればよいか、という観点から再発防止策を考えることとなり、再発防止策の策定における一定の方針を得ることができる。

　しかし、サイバー攻撃による情報流出の場合には、不正のトライアングル等の標準的な不正原因分析モデルをそのままの形で適用することは

難しい。確かに、攻撃者には情報流出させることで何らかの利益が得られるであろうし（①動機）、システムに脆弱性が存在する企業があれば攻撃が可能であり（②機会）、これを正当化する個人的な事情（③正当化）があるかもしれない。しかし、②を除いて、これらは企業の外部に存在する、素性のしれない攻撃者側の事情であり、攻撃を受けた企業側において分析・排除できるものではない。したがって、一般的な不正のトライアングルに従うのみでは、根本的な原因分析をすることは困難である。攻撃を受けた企業がすべきであるのは、企業自身における事情、すなわち、自社のシステムの脆弱性の検証、およびセキュリティポリシーの運用等手続面の検証である。

　そこで以下では、3つの事例の調査報告書を参考に、サイバー攻撃を受けた企業の原因分析のあり方を検討する。

(2) 標的型攻撃による情報流出における原因分析（事例１：日本年金機構）

　2015年5月、日本年金機構に対し、URLが添付された不審なメールが複数回届き、このURLを職員がクリックしてしまい、日本年金機構のシステムがマルウェアに感染、不正通信が開始された。この結果、年金加入者の氏名、基礎年金番号、生年月日、住所等の約125万件の情報が外部に流出した。この攻撃方法は標的型攻撃に分類されるものである。

　この事例における調査報告書の全体評価では、以下の点が構造的な問題として指摘されている[2]。

・　現場における業務の実態が幹部を含む本部に伝わらない、幹部を含む本部に業務の実態を把握する努力が不足しているといった組織としての一体感の不足

[2]　日本年金機構　不正アクセスによる情報流出事案に関する調査委員会「不正アクセスによる情報流出事案に関する調査結果報告」（2015年）（https://www.nenkin.go.jp/info/index.files/kuUK4cuR6MEN2.pdf）。

- インシデント発生時の即時適切に対応するために指揮命令系統をあらかじめ明確化しておくこと、ルール不在の緊急事態に際しての幹部が適切な判断をするということが、できなかったこと
- 実態をふまえてルール設定を行うという努力不足
- ルールが遵守されていることを確認する仕組みの不足

　以上の問題点からわかるように、標的型攻撃の場合はシステム自体の脆弱性に留まらず、内部のルールの不存在、ルールの不適切な運用や不明確な指揮命令系統等が原因となることが多い。ここでいうルールについて、日本年金機構の事例に基づいていくつか具体例をあげると、以下のような手順・基準である。

- 不審なメールの受信者の確認手順
- 再攻撃の可能性の判断者、判断基準に関するルール
- 不審なメールに添付されたファイルを開封した場合の対処方法や連絡先
- 情報通信遮断の判断者、判断基準
- 不審なメール受信者に対する確認手順
- フィルタリングの判断者、判断基準

　標的型攻撃は、どれほどシステムの改良を行っても、それを利用・運用する人間の危機管理意識が低く、攻撃者からの不審なメール等を開いてしまえば、不正な通信を防ぐことは困難であるという特徴がある。標的型攻撃による情報漏えいの原因分析の際は、上記の調査報告書で指摘されているように、指揮命令系統や、万が一不審なメールを開封してしまった場合の対処方法をあらかじめ定めていたかという、内部基準のあり方、運用のあり方に着目することが重要である。

⑶　不正アクセス事案における原因分析（事例２：7pay 事件）
　2019 年 7 月 2 日、セブン＆アイ・ホールディングスが提供していた（現在では廃止されている）キャッシュレス決済アプリ「7pay」利用者か

ら、「身に覚えのない取引があった」と問い合わせがあり、7 月 3 日に社内調査を行ったところ、不正チャージおよび不正利用の事実が発覚し、同年 7 月 31 日の時点で、808 人、38,615,473 円の被害が出ている。

　この事例において、調査報告書は公表されていないが、その原因についての同社の見解は公表されている。その見解によれば、この事例における原因は大きく次の 2 つとされている[3]。

　①　7pay に関わるシステム上、7pay 独自の認証システム等および不正検知・防止対策が必ずしも万全なものでなかったこと
　②　7pay の開発体制において、セキュリティ水準に関する厳格なポリシーが徹底されておらず、また、複雑なシステムの開発に当たってセキュリティ面について統括的に管理するプロジェクト・マネジメント機能や、セキュリティを含むシステムリスクを指摘すべきリスク管理機能が十分に発揮されていなかったこと

　まず①については問題点が 2 つ挙げられる。1 つめは、7pay 自身が、ID を不正に取得する手段を提供していたという問題である。7pay では、クレジットカードなどからチャージ（入金）するためには、独自の認証パスワードを設定する必要があった。不正ログインによって何者かに ID を乗っ取られた場合でも、認証パスワードを知られない限りは新たに入金されず、被害を最小限に抑えることができるとされていた。しかし、アプリ上で「パスワードを忘れた」と虚偽の問い合わせを送信し、オペレーターとのチャット画面でのやりとりを経れば認証パスワードを設定することが可能であった。2 つめは、二段階認証[4] に対応しておらず、かつ、パスワード変更時に生年月日を必要としているにもかかわらず、それを省略して登録可能としていた問題が挙げられる。

　3）　セブン＆アイ・ホールディングス「「7pay（セブンペイ）」事案に関する再発防止策並びに役員報酬の自主返上および子会社における代表取締役の異動に関するお知らせ」（2019 年）（https://www.7andi.com/library/dbps_data/_material_/localhost/ja/release_pdf/2019_1010_ir01.pdf）。
　4）　二段階認証とは、ユーザ ID とパスワードによる認証後、SMS 経由で認証コードの入力を求めるなど、二段階の認証を行う方式のことをいう。

　次に、②については、7pay の開発体制において、キャッシュレス推
進協議会が策定した不正利用防止のための各種ガイドライン[5] が遵守さ
れていなかったことが挙げられる。

　このように、前述の標的型攻撃の事例と異なり、不正アクセスの事例
においては、平時におけるシステムやルールの運用の問題以上に、まさ
にシステムそれ自体の脆弱性が重要な問題となることが多い。システム
の脆弱性という観点から原因分析を実施するためには、システム開発時
にどのような体制がとられ、どのようなリスク管理がなされていたの
か、また、いかなるポリシーを設定していたのか、といった事情を詳細
に検討する必要があるし、完成したシステムについての技術的な理解が
必須である。したがって、不正アクセスの事例の原因分析においても、
システム開発部門と法務部門の緊密な連携が必要であり、日頃から両部
門がコミュニケーションをとることが重要である。

(4)　委託先管理の脆弱性に関する原因分析（事例 3：ベネッセ個人情報流出事件）

　2014 年 6 月 27 日、ベネッセコーポレーション（「BC」）は、顧客から
の問い合わせにより BC の顧客の情報が社外に漏えいしている可能性を
認識した。社内調査を実施したところ、7 月 7 日、BC からの情報漏え
いが確認された。その後、BC のシステム開発・運用を行っているグ
ループ会社の業務委託先の元従業員が当該グループ会社の管理する BC
の顧客情報を不正に持ち出していたことが判明し、当該従業員は逮捕さ
れた。調査報告書によると、個人情報が漏えいした人数は、約 4,858 万
人とされている。

　この事例における調査報告書では、システム面の脆弱性に係る指摘に

---

5)　「コード決済における不正流出したクレジットカード番号等の不正利用防止
　対策に関するガイドライン」（Ver.1.0、2019 年 4 月 16 日制定）。
　　「コード決済に関する統一技術仕様ガイドライン【利用者提示型】CPM
　（Consumer-Presented Mode）」（Ver.1.1、2019 年 3 月 29 日制定）。
　　「コード決済に関する統一技術仕様ガイドライン【店舗提示型】MPM
　（Merchant-Presented Mode）」（Ver.1.0、2019 年 3 月 29 日制定）。

加え、業務委託先の従業員による情報漏えいという事案の特殊性をふまえて、組織体制・コーポレートカルチャーの面からの原因分析が行われており、特に参考となる。調査報告書では以下の点が指摘されている[6]。

1　体制面
　① 内部者による情報漏洩等を現実に発生する可能性がある具体的なリスクと想定した上での、二重、三重の対策を講じるといった徹底的な体制までは構築できていなかった。
　② 情報セキュリティに関するグループ全体の統括責任者が必ずしも明確に定められていなかったとともに、情報セキュリティについてグループ全体で統括的に管理を行う部署が存在しなかった。
　③ ビジネス環境の変化に適応するために頻繁に行われる組織再編の結果、従前行われていた業務が再編後の組織に承継されなかったり、各組織間で責任・権限の所在が不明確になる場合があった。
　④ 個人情報管理の責任部門が不明確であった。
　⑤ 高度な専門性を持つ専門家の支援を受けながら厳密な監査が行われていなかった。
2　意識及びコーポレートカルチャー
　ベネッセグループの役職員の多くは、社内の人間が悪意を持って大量の個人情報を持ち出すことはあり得ないという意識を持っていた可能性が高く、ベネッセグループ内部において業務に従事する者の犯行をも想定し、徹底した万全の体制を構築できず、不正行為を容認することとなった可能性を否定できない。

　上記のように、調査報告書で原因として強調されているのは、委託先従業員などの内部者による情報漏えいリスクの認識の甘さと、情報セキュリティ・情報管理に関する責任の所在の不明確さである。この事例のように業務委託先管理の脆弱性が問題となる場合には、システム自体

---

6)　ベネッセホールディングス「個人情報漏えい事故調査委員会による調査結果のお知らせ」（2014年）（https://blog.benesse.ne.jp/bh/ja/news/m/2014/09/25/docs/20140925%E3%83%AA%E3%83%AA%E3%83%BC%E3%82%B9.pdf）。

の脆弱性が問題となるのはもちろんだが、いかに内部者による情報漏えいのリスクを具体的に想定していたかということや、情報管理に関する全体の統制がとれていたかという観点も原因分析の際は不可欠となる。

⑸　ま　と　め

　以上、近年の 3 つのサイバー攻撃の事例を基に、原因分析のあり方を概観した。これら 3 つの事例の原因分析において共通していることは、システム部門単独でも、法務・コンプライアンス部門単独でも、事案の全体像に迫る実効的な原因分析を行うことは困難であるという点である。システムそれ自体の技術的な特性や開発の経緯等に関する理解をふまえて、情報漏えいのリスクを認識した上でのシステム設計となっているか、サイバー攻撃に耐えうるセキュリティを備えていたか、サイバー攻撃に遭った場合に被害を最小限にとどめるための行動指針（ルール）があらかじめ定められていたかといった観点からの原因分析を行うためには、法務部門とシステム部門との協働が不可欠である。

　万が一サイバー攻撃の被害に遭った場合にも、原因分析を効果的に行い、その後の企業価値の回復・成長につなげるためには、平時から法務・コンプライアンス部門とシステム部門が対話し、協力体制を築いておき、さらに、有事における対応方針や指揮命令系統を明確にしておくことが重要である。

3　サイバー攻撃の再発防止

⑴　再発防止策の重要性

　以下では、上記 2 で検討した原因分析をふまえて、再発防止策の策定方法や典型的な内容について検討する。

　再発防止策の策定の重要性は前述したとおりであるが、再発防止策といっても事案ごとの攻撃・被害態様によって採るべき再発防止策は千差万別であり、一律に論ずることはできない。もっとも、個人情報保護法20条の安全管理措置の内容について定める個人情報保護法ガイドライン（以下、単に「ガイドライン」という）で示された以下の 4 つの観点、すなわち、①技術的安全管理措置、②物理的安全管理措置、③人的安全

管理措置、④組織的安全管理措置（わかりやすさの観点から順番は変更している）は、サイバー攻撃に備える体制を検討する分析枠組みとして一定の汎用性があり、再発防止策の策定においても有用といえる[7]。そこで、以下ではこの4つの観点から再発防止策について検討する。

(2)　技術的安全管理措置

他の不祥事と比べ、サイバー攻撃による情報漏えい事案で特徴的なのは、攻撃対象のシステムの脆弱性を攻撃者が突き、情報漏えいさせるという点である。したがって、システム面での対策を講ずることは最初に検討すべき事柄である。ガイドラインによれば、以下の4つの措置をとることが求められている。

a　アクセス制御

担当者および取り扱う個人情報データベース等の範囲を限定するために、適切なアクセス制御を行わなければならない。

b　アクセス者の識別と認証

個人データを取り扱う情報システムを使用する従業者が正当なアクセス権を有する者であることを、識別した結果に基づき認証しなければならない。

c　外部からの不正アクセス等の防止

個人データを取り扱う情報システムを外部からの不正アクセスまたは不正ソフトウェアから保護する仕組みを導入し、適切に運用しなければならない。

d　情報システムの使用に伴う漏洩等の防止

情報システムの使用に伴う個人データの漏えい等を防止するための措置を講じ、適切に運用しなければならない。

---

7)　個人情報保護委員会「個人情報の保護に関する法律についてのガイドライン（通則編）」（平成28年11月、平成31年1月一部改正）87頁（https://www.ppc.go.jp/files/pdf/190123_guidelines01.pdf）。

a　アクセス制御

アクセス制御とは、組織の情報資産の機密性を確保するために、情報資産に対する閲覧、修正、処理の実行、削除などの正当な権限を持つ者にのみ情報資産の利用を許可することである。アクセス制御の方法としては、ロールベースアクセス制御[8]、MLS[9] 等の方式がある。アクセス制御を行うことにより、データベースにアクセスできる者を限定し、情報の機密性を確保することができる。

ただし、単にアクセス制御を実践しても、アクセス権の付与の基準が緩かったり、アクセス権を付与したまま放置し、必要のない者にアクセス権を付与したままだったりすれば、情報の機密性は保たれない。この点が問題となった事例として、前述のベネッセ個人情報漏えい事件がある。この事件では再発防止策として、個人情報の内容・属性等に従ってグルーピングし、グループごとにアクセス権限を設定するといった措置を講じること、業務ごとに必要な一定期間有効となるパスワードでアクセス権限を付与すること、および定期的にアクセス権限の棚卸しを実施することが策定された。これに関連して、先述したロールベースアクセス制御を採った場合も、人事異動に対応して適切にアクセス権が設定・変更されるようにすることも検討すべきである。

b　アクセス者の識別と認証

識別と認証（Identification & Authentication）は前述のアクセス制御のプロセスの一つであり、利用者を識別し、その情報を事前に登録されたデータベース等と照合することで認証する作業である。これを実施する方法としては、固定式パスワードによる本人認証、ワンタイムパスワード方式による本人認証、バイオメトリクスによる本人認証、IC カード

---

[8]　組織内における一定の権限や責任を伴う業務上の役割（ロール）に応じてアクセス権限を細かく分割し、アクセス制御を行う方式のこと。この方式により、一人のユーザに権限が集中することを防止することができる。

[9]　Multi-Level Security の略。保護する対象である情報（オブジェクト）と、それを捜査するユーザ（サブジェクト）をそれぞれ機密レベルと情報の機密レベルを比較し、それぞれ上位／同位／下位の情報に行える操作を制限することによってアクセス制御を行う方式。

による本人認証等がある。

　この点が問題となった事例として、前述の 7pay 不正アクセス事件がある。前述のとおり、この事件では、認証の段階で、二段階認証をしていなかったこと等が原因とされている。このことから、再発防止策としては、二段階認証を採用する、認証プロセスの暗号化を行う等が考えられる。また、IC カード等の物理的媒体による認証については、配線の多層化や、使用範囲外の動作環境におかれた場合には CPU をリセットしたり、チップが動作しなくなるようにしたりするなどの方法も考えられる。

　　c　外部からの不正アクセス等の防止

　ガイドラインにおいて、外部からの不正アクセス等の防止の方法として、ファイアウォールの設置やウイルス対策ソフトウェア等の導入、ソフトウェア等の最新化が例として挙げられている。

　攻撃者はポートスキャン[10] によって侵入のしやすいホストを日常的に調査している。もしファイアウォールによって攻撃者による不要なポートへのアクセスを遮断していなければ、攻撃者からセキュリティレベルの低いホストと判断され、徹底的な調査を行い、いつか攻撃を受けてしまう。また、攻撃を受けた際も、外部から内部へ、その逆に内部から外部への不正な通信を検知・遮断することができない。このように、ファイアウォールの設置は外部からの不正アクセスの防止に極めて重要である。また、ウイルス対策ソフトウェアを最新化しておかなければ最新の攻撃手法やウイルスに対応できず、攻撃成功の可能性が高まってしまう。

　たとえば、2017 年 5 月頃から全世界で流行したランサムウェア「WannaCry」は、SMBv1 という通信プロトコルの脆弱性を利用したものであった。この脆弱性は同年 3 月の時点でマイクロソフトがセキュリ

---

　10)　ターゲットとなるホスト上で通信可能な状態となっているポートを探査し、ターゲットホストが返すバナー情報から、アプリケーションの状態やバージョンを確認する手法のことである。ポートスキャン自体は攻撃ではないが、攻撃の前提となる調査行為として、セキュリティを脅かす行為である。

ティパッチを公開していたにもかかわらずここまで感染拡大した原因
は、この最新のセキュリティパッチを適用せず、脆弱性を放置していた
からと考えられている。

　このように、ファイアウォールの設置やウイルス対策ソフトウェア等
の導入、ソフトウェア等の最新化は再発防止の策定の上で重要である。

d　情報システムの使用に伴う漏えい等の防止

　ガイドラインにおいて、情報システムの使用に伴う漏えい等の防止の
方法として、情報システムの設計時に安全性を確保し、継続的に見直す
こと、通信経路の暗号化、移送データのパスワード等による保護が挙げ
られている。

　攻撃者は、ターゲット間の通信を盗聴したり、ターゲット間の通信に
介入して通信相手になりすましてメッセージを書き換えたりする（Man-
in-the middle Attack 中間者攻撃）。また、サイバー攻撃に限らず、従業員が
個人情報を誤送信して情報を漏えいしてしまう場合もある。このような
場合に備えて、通信に先立ち、デジタル証明書によってクライアントが
サーバの正当性を確認する、社外への添付ファイル送信時にはファイル
の自動暗号化と上長の承認が必要となるシステムを導入することなどが
考えられる。

(3)　**物理的安全管理措置**

　サイバー攻撃による情報漏えいの再発防止策は、技術的側面だけでな
く、物理的側面も重要である。ガイドラインでは、物理的安全管理措置
として、以下の 4 つを掲げている。

a　個人データを取り扱う区域の管理

　個人情報データベース等を取り扱うサーバやメインコンピュータ等の
重要な情報システムを管理する区域（以下「管理区域」という）および そ
の他の個人データを取り扱う事務を実施する区域（以下「取扱区域」と
いう）について、それぞれ適切な管理を行わなければならない。

b　機器及び電子媒体等の盗難等の防止

　個人データを取り扱う機器、電子媒体および書類等の盗難または紛失
等を防止するために、適切な管理を行わなければならない。

c　電子媒体等を持ち運ぶ場合の漏えい等の防止

　個人データが記録された電子媒体または書類等を持ち運ぶ場合、容易
に個人データが判明しないよう、安全な方策を講じなければならない。
なお、「持ち運ぶ」とは、個人データを管理区域または取扱区域から外
へ移動させることまたは当該区域の外から当該区域へ移動させることを
いい、事業所内の移動等であっても、個人データの紛失・盗難等に留意
する必要がある。

d　個人データの削除及び機器、電子媒体等の廃棄

　個人データを削除しまたは個人データが記録された機器、電子媒体等
を廃棄する場合は、復元不可能な手段で行わなければならない。また、
個人データを削除した場合、または、個人データが記録された機器、電
子媒体等を廃棄した場合には、削除または廃棄した記録を保存すること
や、それらの作業を委託する場合には、委託先が確実に削除または廃棄
したことについて証明書等により確認することも重要である。

(4)　人的安全管理措置

　ベネッセ個人情報流出事件の報告書が指摘していたように、従業員ら
の情報漏えいのリスクへの意識改革をすることも、再発防止策において
は非常に重要である。特に、標的型攻撃のように、ターゲットの従業員
自身に攻撃の糸口を与えさせる攻撃を回避するためには、日頃から情報
漏えいリスクを認識させる教育・周知は不可欠である。

　ガイドラインでも、人的安全管理措置として、従業員の教育が挙げら
れている。従業員の教育の具体例として、個人データの取扱いに関する
留意事項について、従業者に定期的な研修等を行う、個人データについ
ての秘密保持に関する事項を就業規則等に盛り込むことなどが挙げられ
ている。この研修等について、年に1回の社員研修に織り込む企業も多

201

いが、これだけでは教育の効果は十分とはいえない。定期的に行われる
朝礼や会議で注意喚起をしたり、理解度確認付 e - ラーニングを導入
し、従業員がいつでも受講できるようにするなどの工夫も考えられる。
たとえば、前述の年金機構情報流出事件では、再発防止策として、職員
研修において標的型メール攻撃に関する記載の充実、および標的型メー
ル攻撃に対する対処訓練（模擬メールテストなど）の実施が策定されて
いる。

(5)　組織的安全管理措置

いかに堅牢なシステムを構築しても、利用に係る規律や、情報漏えい
時の対応策をあらかじめ定めておかなければ、情報漏えいは免れない
し、被害の拡大につながる。そこで、ガイドラインでは、以下の５点を
組織的安全管理措置として掲げている。

a　組織体制の整備
安全管理措置を講ずるための組織体制を整備しなければならない。

b　個人データの取扱いに係る規律に従った運用
あらかじめ整備された個人データの取扱いに係る規律に従って個人
データを取り扱わなければならない。なお、整備された個人データの取
扱いに係る規律に従った運用の状況を確認するため、システムログまた
は利用実績を記録することも重要である。

c　個人データの取扱状況を確認する手段の整備
個人データの取扱状況を確認するための手段を整備しなければならな
い。

d　漏えい等の事案に対応する体制の整備
漏えい等の事案の発生または兆候を把握した場合に適切かつ迅速に対
応するための体制を整備しなければならない。なお、漏えい等の事案が
発生した場合、二次被害の防止、類似事案の発生防止等の観点から、事

案に応じて、事実関係および再発防止策等を早急に公表することが重要である。

　e　取扱状況の把握及び安全管理措置の見直し
　個人データの取扱状況を把握し、安全管理措置の評価、見直しおよび改善に取り組まなければならない。

(6)　組織体制の整備
　ガイドラインでは、具体例として、個人データの取扱いに関する責任や役割の明確化、扱うデータ範囲の明確化、インシデント発生時の報告連絡体制の整備等が掲げられている。個人データの取扱いに関する責任や役割の明確化、扱うデータ範囲の明確化は、技術的側面であるアクセス制御とも関わるが、誰がどこまでのデータを扱ってよいかを明確に定めることで、情報の機密性を確保することにつながる。また、インシデント発生時の報告連絡体制を整備しておくことで、迅速な対応が可能となり、サイバー攻撃の被害拡大を食い止めることにつながる。
　具体例として、年金機構情報流出事件では、被害拡大の原因として、基本的な対応が担当者止まりとなっており、CIO（システム部門担当理事）や情報セキュリティ担当部署の部長による具体的な指示が出されなかったことや、情報セキュリティ担当部署と契約担当部署が異なり、責任の所在が不明確で連携が不十分であったことがあげられていた。そこで、再発防止策として、情報管理対策本部を新設し、理事長の下での情報セキュリティ対策の司令塔として一元的に管理することしている。

(7)　個人データの取扱いに係る規律に従った運用
　ガイドラインでは、具体例として、個人情報データベース等の利用・出力状況、個人データが記載または記録された書類・媒体等の持ち運び等の状況、個人情報データベース等の削除・廃棄の状況、個人情報データベース等を情報システムで取り扱う場合、担当者の情報システムの利用状況等の記録をとり、データの取扱いの検証を可能とすることが掲げられている。

このように、行動の記録を残しておくことで、インシデント発生時に問題のあるシステム・行動の特定につながり、また、モニタリングをすることでアクセス権限を持つ内部者に対する抑止力もはたらく。モニタリングに関する再発防止策の具体例としては、2009 年に三菱 UFJ 証券で発生した従業員による顧客情報流出事件における再発防止策として策定された、利用者の識別が可能な ID 管理の徹底が挙げられる[11]。ID の共有がなされると各種ログから利用者を特定することが困難となり、モニタリングによる抑止力の半減を防止することが目的とされており、個人データの取扱いに係る規律に従った運用を実効的に行う上で参考になる。

(8)　個人データの取扱状況を確認する手段の整備

ガイドラインでは、具体例として、個人情報データベース等の種類・名称、個人データの項目、責任者・取扱部署、利用目的、アクセス権を有する者等を明確化し、個人データの取扱い状況を把握可能とすることを掲げている。つまり、どのような個人情報がどこに存在しているかを把握するということであり、台帳等の形式でまとめることが想定される。

上記(7)とも関連するが、どの情報がどこにあるのか明確にしておくことは、視認性の確保につながる。経済産業省の「秘密情報の保護ハンドブック」でも述べられているが、情報漏洩行為が目につきやすい状況や事後的に検知されやすい状況を作り出すことにより、従業員に対して、情報漏洩行為をしても発見されてしまう可能性が高いと認識させることで、情報漏洩を抑止することができる[12]。

(9)　漏えい等の事案に対応する体制の整備

ガイドラインでは、具体例として、インシデント発生時の事実関係の

11)　三菱 UFJ 証券株式会社「調査報告書（抜粋）」（2009 年）（https://www.sc.mufg.jp/company/news/apology/investigation.html）。
12)　経済産業省「秘密情報の保護ハンドブック」（2016 年）19 頁（https://www.meti.go.jp/policy/economy/chizai/chiteki/pdf/handbook/full.pdf）。

調査および原因の究明、影響を受ける可能性のある本人への連絡、個人
情報保護委員会等への報告、再発防止策の検討および決定、事実関係お
よび再発防止策等の公表を行うための体制整備を掲げている。前述の年
金機構情報流出事件では、標的型攻撃を受けた際の諸規定・要領・手順
書が整備されていなかったために攻撃に対して現場で対応するにとどま
らざるを得ず、その後の対応が後手に回り、被害が拡大した可能性があ
ることが指摘されている。そこで、同機構では再発防止策として、情報
セキュリティポリシーに多層防御、最高セキュリティアドバイザーの設
置または情報セキュリティ専門機関との契約、情報セキュリティインシ
デントに備えた体制整備を明記すること、システム運用委託業務の手順
書の明確化が策定されている。

⑽　把握および安全管理措置の見直し

　ガイドラインでは、具体例として、個人データの取扱状況について、
定期的に自ら行う点検または他部署等による監査を実施する、外部の主
体による監査活動と合わせて、監査を実施することが掲げられている。

　今までみてきた再発防止策を忠実に実行していたとしても、長期的に
は必ず緩みが生じ、攻撃者の侵入を許す隙ができてしまう。このため、
再発防止策実施状況に対するモニタリングは必須である。この方法とし
ては、「自己点検」、「情報セキュリティ対策ベンチマーク」、独立の第三
者に依頼する「情報セキュリティ監査」「ISMS 適合性評価制度」などが
ある。どのモニタリングが適切かは事案により様々であり、一律には論
じられないが、重大なインシデントが起きた場合には社会からの信頼を
回復するという観点からは、独立の第三者によるモニタリングも有力な
選択肢となる。

◆コラム　原因分析と再発防止

システム担当やセキュリティ担当の留意点

　原因から再発防止策を打ち出すのは重要であるが、組織内での再発防止策において禁止する事項を増やすことやルールやチェックリストが増えるだけではシステムの使い勝手が悪くなることや、業務プロセス上無理が生じることもある。また、極端な防止策を無理に導入した場合はルール外のツールを監視の外で使われるようなシャドーITを生み出して抜け道ができてしまうリスクも高まる。その結果として再発防止策が形骸化しシャドーITにより気がつかないうちに情報の漏えいが起きたり攻撃の起点にされてしまうことがある。

　禁止するために新たなセキュリティのツールを導入する方向だけではなく、ITを活用することで本人が意識せずに守られている、ルールを守っている状態を作り出せるようにしておきたい。メールの添付ファイルを開くために何重にもチェックをすることや担当個人に注意を促すよりは、添付ファイルを安全に開けるようにする、メールへの添付でやりとりせずファイル共有サービスを利用してやり取りする、などの方法もある。

　一時的には再発防止策が有効であっても、周辺の状況や規制や法律、ルールが変化することで再発防止策を見直す必要がある。根本原因の対処として有効であるかも定期的に見直す必要がある。サプライチェーンの広がりから連携するシステムが増えることでセキュリティを考慮するポイントが増えることや、利用しているツールを最新にしないと十分に機能しないことなどもある。一度チェックして対策を行っただけで対策完了ではなく、継続的に再発防止策が有効であるかも注意したい。

法務や総務における留意点

　周辺の環境の変化が現在の再発防止策にも影響を及ぼすことがある。新たな法律や規制ができた、業界内のガイドラインができたなどの事情により、セキュリティの防止策も変更が必要となる。技術的な面以外の法律や規制、ルールの面においては法務部門や総務部門の支援が必要となる。社

内のルールが有効に働いているか、どのようにシステム面も含めて見直すべきかについてはシステム担当やセキュリティ担当と合わせて検討することも必要となる。

　再発防止策も含めたセキュリティの対策については継続して見直しをして有効に働くようにしておく必要がある。システムやセキュリティ担当と定期的に連携をして現状にあった対策となるように支援をしたい。

第6章　　　被害者に対する損害賠償・補償

1　被害者への補償の意義

　サイバー攻撃を受けた企業は、被害者であると同時に、第三者から「追及される側」としての立場に立たされることも多い。典型的な例としては、個人情報の流出が生じた場合に、当該個人から損害賠償請求を受ける場面である。こういった事案では、しばしば被害者が多数に上り、企業が訴訟で多額の損害賠償責任を追及される可能性もある[1]ため、法的な責任が確定する前に、自主的な補償を行うなどの対応を行う企業が多い。

　被害者との早期の示談・和解は企業の経済的損失の軽減に資するだけでなく、レピュテーション保護の視点からも極めて重要なダメージコントロールの手法である。したがって、有事対応においては適切な被害補償の相場を念頭に、示談と訴訟の両方の側面から早期の問題解決を目指すこととなる。

2　個人情報等の漏えいに起因する被害補償

(1)　法律上の責任

　企業による事業の過程で収集された個人情報が、外部からのサイバー攻撃または内部者による持ち出し等[2]によって漏えいした場合には、漏えいを受けた各個人から企業が責任を追及されうる。このような請求の

---

1)　セキュリティインシデントのうち、個人情報の漏えいにより生じる経済的損失をモデル化し、その被害総額を算出する試みとして、独立行政法人情報処理推進機構（IPA）による「「被害額算出モデル」報告書」（2003年3月）がある（https://www.ipa.go.jp/security/fy14/reports/current/2002-calc-model.pdf）。
2)　内部者による持ち出し等に起因する情報漏えいについては、これを「サイバー攻撃」に含めるべきかについて争いがあるが、本項では特に区別せず、以降「サイバー攻撃」と記載した場合には内部者に起因する漏えいも含むものとする。

根拠としては、当該個人情報を収集する根拠となった契約に定められた義務を履行していないとして、債務不履行責任の追及[3]と、企業の個人情報の管理体制に脆弱性があった場合には、過失があったとして民法709 条の不法行為責任の追及または使用者責任（715 条）の追及が考えられる[4][5]。実際に個人情報の漏えいの事案として問題になる事件は、そのほとんどが後者の類型を取り、顧客のプライバシー権の侵害に基づく不法行為としての損害賠償請求が提起されることが多い。

(2) 裁判例にみる注意すべきポイント

情報漏えいの被害者からの損害賠償請求が提起された場合に、企業の責任が最終的に認められるためには、民法 709 条または 715 条の要件、すなわち、①故意または過失、②権利侵害、③損害の発生、④因果関係、が満たされていることを要する。ここで、②権利侵害については、かつては漏えいした情報の性質に着目し、プライバシー権侵害への該当性を厳しく解していた[6]が、近時は他人に対してみだりに知られたくないものであること（私事性）か否かを基準として柔軟に解されるようになっており、サイバー攻撃により漏えいする個人情報についてはプライバシー権侵害として認定される蓋然性が高い。また、④因果関係についても、具体的な被害状況と漏えいの厳密な因果関係の立証までなくとも、漏えい事故があることのみを理由に、当然に不安や危険があるものとして、因果関係が認められることが多い。したがって、実務上立証上の争点となるのは、①企業の責任の有無を決する要素としての「企業の過失の有無」、および、②企業の責任の程度を左右するものとして、「損

---

3)　岡村久道『個人情報保護法〔第 3 版〕』（商事法務、2017）675 頁。
4)　もっとも、（共同）不法行為のケースでも使用者責任のケースでも、後述のとおり、実際の争点となるべきポイントは同じである。
5)　なお、個人情報保護法上は、漏えい行為者の民事責任についての規定は設けられていない。これは、わが国の個人情報保護法制が、個人情報の不適正な取扱いによる個人の権利利益の侵害を未然に防止するための法律であって、侵害者の責任を事後的に追及するためのものではないとされているためである。この点につき岡村・前掲注 3) 663 頁。
6)　「宴のあと」事件（東京地判昭和 39 年 9 月 28 日）など。

害の発生（およびその額）」となる事例が多いことから、以下ではこの2点に重点を置いて論じる。

　以下では、典型的な裁判例を紹介しながら、これらの裁判において上記の論点がどのように判断されたのか、また、担当者としてはどのような点に注意すればよいのかについて解説する[7]。

・宇治市住基ネット事件（大阪高判 平成13年12月25日）
　本件は、宇治市が、自ら管理する住民基本台帳のデータを使用した乳幼児健診システムの開発を企図して、開発業務を民間業者に委託したところ、再々委託先のアルバイトの従業員が、当該データを不正にコピーして名簿業者に販売し、同業者が更に当該データを転売するなどして、宇治市の住民のデータ約22万件が漏えいした事案である。

　漏えいした情報は、氏名、性別、生年月日、住所、転入日、世帯主名、世帯主との続柄などであった。

　判決は、宇治市に使用者責任を認め、1人当たり15,000円（うち慰謝料10,000円）の損害賠償を命じた。

　本件は、自治体による初めての大規模な個人情報流出であり、また、司法判断として、個人情報の基本4情報（氏名、住所、性別、生年月日）を漏えいした場合の慰謝料の支払義務を判示した初の判決となったものであり、その後のインターネットを介した個人情報漏えい事件の対応の際に参考とされるリーディングケースとなった。

　なお、事件当時、宇治市はすでに個人情報保護条例を施行していたが（1999年4月施行）、事件発覚後すぐに条例改正に着手し、現在では罰則等について民間委託先等も適用対象とすることなどを明文化した。

・ヤフーBB事件（大阪高判 平成19年6月21日）
　本件は、ヤフー社およびその子会社であるBBテクノロジー社が「Yahoo！BB」と題するサービスを提供するにあたって、BBテクノロジー社の保有するサーバにおいて顧客情報を管理していたところ、BBテクノロジー社の業務委託先からBBテクノロジー社に派遣されていた元派遣従業員が、当該サーバにアクセスするために必要なパスワードの変更が定期的

---

7)　なお、以下に説明する具体例は必ずしもサイバー攻撃に起因する漏えいの事件ではないが、個人情報の漏えいという点では共通しているため、取り上げることとする。

になされていないことを奇貨として、BB テクノロジー社のデータベースにアクセスして顧客情報を取得したことにより、「Yahoo！BB」に登録していた顧客情報約 451 万件が漏えいした事案である。

　漏えいした情報は、氏名、住所、電話番号、メールアドレスなどであった。

　判決は、ヤフー社および BB 社が共同して過失により顧客の権利を侵害したとして、両社に対し、1 人当たり 6,000 円（うち慰謝料として 5,000 円）の損害賠償を命じた。

　本件は、約 450 万人分の個人情報が流失するという当時最大級の漏えい事故であったほか、過失による漏えいではなく、企業の元退職者による故意の不正取得によって被害が生じたという点において重要な意義を持つ。

・TBC 事件（東京高判 平成 19 年 8 月 28 日）

　本件は、エステティックサロンを経営する TBC グループが、ネオナジー社との間でサーバのレンタル契約を締結してホームページを開設したうえ、同社に当該ホームページの製作保守業務を委託していたところ、同社が、TBC がアンケート、懸賞、無料エステ体験の募集等を通して取得していた個人情報を誤って一般利用者からアクセス可能な状態に置いたことにより、かかる顧客の情報約 5 万件が漏えいした事案である。

　漏えいした情報は、氏名、住所、電話番号、年齢、職業などであった。

　判決は、1 人当たり 35,000 円（うち慰謝料 30,000 円）の損害賠償を命じた。

　本件は、漏えいした個人情報の性質が着目され、保護の必要性が高いとして高額の慰謝料が認定された点で、参考となるものである。

・ベネッセ個人情報流出事件[8]（東京高判 令和元年 6 月 27 日）

　本件は、ベネッセが、顧客から提供を受けて保有する個人情報をその子会社であるシンフォームに委託し、シンフォームが更に外部業者に再委託していたところ、当該再委託先の従業員が MTP 対応スマートフォンを作業用の PC に接続し MTP 通信を行い、ベネッセの保有する個人情報を不正に取得した上、これを名簿業者に販売するなどしたことにより、約 2,900 万件のデータが漏えいした事件である。近時の個人情報漏えい事件における最大規模の流出であり、企業の被害総額も膨大となった。

　漏えいした情報は、氏名、性別、生年月日、郵便番号、住所、電話番号、メールアドレスであった。

[8]　なお、同事件に関しては、本判決の他にも個人情報が流出したユーザらを原告とする複数の民事訴訟が提起されている（直近では上記のほか東京高判令和2 年 3 月 5 日、大阪高判令和元年 11 月 2 日）。

> 　同事件に関連して、個人情報が流出したユーザらを原告として複数の民事訴訟が提起された。判決は、ベネッセおよびシンフォームが共同して過失により顧客の権利を侵害したとして、両社に対し、1 人当たり 2,000 円の損害賠償を命じた。

a　故意または過失／相応の注意

　加害者に「故意又は過失」のあることが、不法行為が成立するための要件の一つである。

　企業が故意によりサイバー攻撃を受けることは考えにくいため、多くの裁判事例では、サイバー攻撃を受けた企業において、当該攻撃により情報の漏えいがあったことについて、企業に過失があったか否かという点が問題となる。

　なお、企業が自らの過失により情報を漏えいさせた場合には民法 709 条による責任を負うことはもちろんであるが、被用者の過失についても、使用者責任（民法 715 条）に基づいて、当該被用者と連帯して損害賠償を負う可能性がある。ここで、使用者責任における使用者と被用者との間の関係の有無は、雇用契約の有無にかかわらず、実質的な指揮・監督関係があったか否かによって決せられることとされている。したがって、企業が雇用契約を締結して雇用している従業員のみならず、委託先の関係者による漏えいがあった場合であっても、企業は同条による損害賠償責任を負うことがある。企業は情報の管理を第三者に委託していることが多く、また、実際の個人情報漏えい事件のほとんどは企業の従業員または委託先からの漏えい事案であることからすると、実務上問題となるのは、使用者責任に基づく監督者による「相応の注意」としての体制上の過失（管理監督上の過失）の有無になる。

　この点について、前述の宇治市住基ネット事件判決は、宇治市と委託先との間の業務委託契約の中に、秘密保持に関する規定および再委託の禁止を定めた規定があったにもかかわらず、再委託先の選任を承認した上、当該再委託先の管理が十分になされていなかったことなどに着目し、宇治市に再委託先の選任・監督について相当の注意を払ったとはいえないとして使用者責任を認めている[9]。また、ベネッセ事件において

も、事件当時には外部記憶媒体をパソコン等に接続する方法による情報漏えいのリスクが指摘されていたこと[10]を理由に、当該リスクを防止するための具体的な措置を何ら行っていなかったことを指摘した上で、委託先の過失を認定している。

　企業としては、有事の際に企業が過失を認定されることを防止するため、平時から業界内における代表的なガイドラインや規格については随時把握するとともに、当該規格を遵守できるよう具体的な対応策を契約の中に規定することが望ましい。また、委託先に対して個人情報を委託する際には、業務委託契約において、単に秘密保持義務や再委託の禁止、再委託先への監査権を定めるのみならず、かかる条項が実際に運用されることを確保することが重要となる。

　b　損害の発生

　損害の発生があることも、不法行為が成立するための要件の一つである。

　損害額の認定については、漏えいした個人情報の内容、漏えいの態様、漏えい後の企業の対応等を総合的に勘案して算出されることが多い。上に掲げた裁判例にも現れているとおり、一般に、漏えいされた情報の機微性が高いほど損害額の認定が高額になる関係にある。

　ここで、損害額の認定において参考になる判決として前述のTBC事件が挙げられる。本判決は流出した情報について「エステティックサービスを受けるために、自らの氏名、住所、電話番号、年齢、職業といっ

---

9)　「本件データは個々の住民のプライバシーに属する情報である以上、控訴人としては、その秘密の保持に万全を尽くすべき義務を負うべきところ、前記のとおり、A社との間の業務委託契約書には前記秘密の保持等に関する約定及び再委託の禁止に関する約定があったのに、同社がB社に乳幼児検診システムの開発業務を再委託することを安易に承認し、しかもB社との間で別途業務委託契約等を締結せず、B社との間で秘密の保持等に関する具体的な取り決めも行わなかったものである。」
10)　JISQ15001およびJISQ15001:2006をベースにした個人情報保護マネジメントシステム実施のためのガイドライン等の各種ガイドラインに当該方法のリスクが記載されていたことが認定されている。

た個人識別情報とともに、エステティック特有の身体的もしくは美的感性に基づく価値評価をくだすべき身体状況に係るものである個人情報」であって、かかる「個人情報を提供することは、まさに被控訴人各人が誰にも知られたくない種類の価値観に関係した個人情報を申告するものにほかならない」と認定した。その上で、「当該情報を管理すべき秘匿要請の強弱・厚薄の程度につき万人に共通する基準を一律に決しがたいとしても、逆にそうであるからこそ、一層慎重な配慮のもとに顧客の個人情報を厳密な管理下で扱わなければならないと解すべきである」とし、「個人識別情報のほかにエステティック固有の事情に関する情報は、全体として、顧客が個人ごとに有する人格的な法的利益に密接なプライバシーに係るものといえ、控訴人のサービス業務に関係しない何人に対しても秘匿すべき必要が高く、また、顧客の合理的な期待としても強い法的保護に値するものというべきである」旨判示している。

　本判決は上記情報の性質の他にも、「本件情報流出事故の態様、実際に2次流出あるいは2次被害があること、原告らの本件訴訟の提起の目的が被告の行為の違法性を確認するためにいわゆる名目的な損害賠償を求めるものではなく、精神的な苦痛を慰藉するために損害賠償を求めるものと認められること、本件情報流出事故の発生後、被告は、謝罪のメールを送信し、全国紙に謝罪の社告を掲載するとともに、データ流出被害対策室およびTBC顧客情報事故対策室を設置して、2次被害あるいは2次流出の防止のための対策を検討し、発信者情報開示請求訴訟の提起や保全処分事件の申立てをするといった措置をとったことなど、本件に現れた一切の事情を考慮」した原審の判断を維持して、1人当たり3万円の慰謝料の支払いを命じている。このように、1人当たり3万円という、他の個人情報漏えい事件と比しても高額な慰謝料の支払いが認められた理由は、漏えいした個人情報の機微性が高かったことに起因するものといえる[11]。

　したがって、担当者としては、リスクベース・アプローチに基づいて、機微性が高く、漏えいの際に高いリスクをもたらす個人情報の管理をするにあたっては、上記(1)における過失を認定されないために特に従業員や委託先の管理に細心の注意を払うなど、一層厳格な管理体制を構

築することが望ましい。

(3)　レピュテーションリスクと企業の取るべき自主的対応

　前項で述べたような企業の最終的な法的責任は、訴訟が提起され、判決が確定するまでは確定的には発生しない。これは、事態が発生してから早くとも数年かかることとなる。

　しかし、企業にとっては、法的責任がないことを証明するよりも、目の前の顧客のロイヤリティを失わないことのほうが大切な場合も多い。このようなレピュテーションリスクを避けるために、多くの企業では、個人情報の漏えいが発覚した際には、発覚から数日から1か月程度の間に、初期的な調査および事実確認を行った上で、自主的に個人に対して「お詫び」「見舞金」などと称して、少額の自主的な補償を行うことが一般的となっている。

　担当者が上記の自主的補償を実施するにあたっては、他社における同様の例においてどのような対応がなされていたかを把握しておくことが望ましい。そこで、以下では、図表 3-6-1 において、近時の個人情報漏えいにおける自主的補償の額について例示している。

［図表 3-6-1］過去の「お見舞金」の例[12]

時期	漏えい事業者	漏えい情報	規模	お詫びの金額
2004 年 1 月	ヤフー	ヤフー BB 会員情報	451 万 7,039 人	500 円の金券[13]

11)　判決はまた「本件において流出した情報がエステティックサービスに係るものであるところから、個々人の美的感性の在り方や、そうしたものに関する悩み若しくは希望といった個人的、主観的な価値に結びつく、あるいは結びつくように見られる種類の情報である点で、流出データ回収の完全性に対する不安ないしは精神的苦痛に対する慰謝料請求や、大学在籍に係る個人識別情報の開示に関する慰謝料請求につき判定されるべき場合よりは、通常、より高い保護を与えられてしかるべき種類の情報である」とも述べている。
12)　菅原尚志＝原田要之助「企業・組織における個人情報漏えい事故の補償について——お詫び金に着目した考察」情報処理学会第 60 回 EIP 研究会研究報告（2013 年 5 月 16 日）および太田洋ほか編著『個人情報保護法制と実務対応』（商事法務、2017）282 頁以下。

2004 年 3 月	サントリー	健康食品のモニター応募者の個人情報	7 万 5,000 人	500 円の郵便為替
2005 年 10 月	小田急電鉄	特急券予約サービスの会員情報	6,203 人	500 円相当の金券
2009 年 5 月	三菱 UFJ 証券[14]	顧客情報	4 万 9,159 人	1 万円のギフト券
2009 年 8 月	アリコジャパン	顧客のクレジットカード番号と有効期限の情報等	1 万 8,184 人	1 万円または 3,000 円の商品券[15]
2009 年 8 月	アミューズ	通信販売サイト利用者の個人情報	14 万 8,680 人	500 円の QUO カード
2012 年 10 月	ジャム・ティービー	顧客のメールアドレス	169 人	1,000 円相当の Web ポイント
2014 年 7 月	ベネッセ	顧客情報	2,895 万件	500 円相当の電子マネー、図書カードまたは寄付
2014 年 9 月	日本航空	JAL マイレージバンク会員の会員番号や氏名、生年月日、自宅住所・電話番号、勤務先住所・電話番号、電子メールアドレス等の個人情報	最大 75 万件	JAL マイレージバンク日本地区の会員には 500 円の QUO カード同海外地区の会員には、米国の場合は 5 ドル分のスターバックスカード等、それぞれの居住地国に応じた

13)　判決に基づく賠償額は、慰謝料 5,000 円＋弁護士費用 1,000 円（既受領の商品券分は相殺）。

14)　約 149 万人分の顧客情報が持ち出され、約 5 万人分が名簿業者に売却。一般的な個人情報（氏名・住所・電話番号等）に加え、職業、年収区分、勤務先・部署・役職・業種等の収入関連情報も流出した事例。

15)　クレジットカード情報が流出した場合に 1 万円。流出していない場合に 3,000 円。

				金券等を送付
2015年5月	サンリオ	株主向けサイトに登録した株主の個人情報	約6,000人	1,000円のQUOカードおよびテーマパークの入園券
2015年5月	ロート製薬	専用サービスに登録した株主の個人情報	357人	500円のQUOカード
2016年11月	イプサ	顧客のクレジットカード情報等の個人情報	約42万件	1,000円のQUOカード

　このような「見舞金」の支払いは、通常、後に予定されている損害賠償を見据えて行われるものである。上述のとおり、漏えいされた情報の機微性が高いほど裁判における損害額の認定が高額になる関係にあることから、当然、見舞金の多寡も、流失した情報の性質により影響を受けることとなる。一般に、氏名、住所、メールアドレス、電話番号といった比較的一般的なもの[16] であれば、500円から1,000円程度のものが多いが、銀行口座番号のように財務情報を明らかにするもの、クレジットカード利用履歴のように購買行動を明らかにするものなど、利用価値が高い情報の場合には、1万円から3万円程度と高額に上ることがある。

　ここで、このような「見舞金」の支払いは、企業の単なる倫理行動として行われるものではなく、後の裁判所による判決にも影響を及ぼす点に注意する必要がある。すなわち、後の裁判において、企業の責任が認められ、損害賠償額が検討される際に、企業が自主的な補償を行っていた事実が自主的な損害の一部賠償として評価され、かかる補償の有無および額が、損害賠償額を決定する上で考慮要素とされる[17]。このように、お詫びにかかるコストは損害賠償で一部考慮されることをふまえると、初期調査の段階において、将来一定の損害賠償責任を負う蓋然性が高いと考えられる場合、先行して早期に見舞金を支払い、法的リスクおよびレピュテーション上のダメージを抑制することは有効な対応策とな

16)　秘匿性が小さいことを意味するものではない。

る。

◆コラム　被害者に対する損害賠償・補償

システム担当やセキュリティ担当の留意点
　セキュリティ担当者やシステム担当者は、クラウドサービスを利用してシステムの構築やサービスの提供について、クラウドサービス事業者の責任範囲と利用する側が持つべき責任についても確認をしておくべきである。
　クラウドサービス事業者の責任範囲はクラウドサービスを利用して作られたシステムやサービス全体まではない。契約面などで不明な部分は法務部門と連携してどこからが自分たちがやらなければいけない部分となるかをあらかじめ確認をしておく。
　クラウドサービス上に構築したシステムやサービスであっても、セキュリティの設定や対策は通常のシステムと同様に必要となる。どこからは自分たちで準備しておくべきかも知っておく必要がある。
　最近ではSaaS形式で提供されるサービスを、会社や組織での利用の認識がないうちに従業員が使い始めてしまうケースも起きている。テレワークが進む中でBYOD（Bring Your Own Device）により個人のPCやスマートフォンなどデバイスを会社利用として認めていると、個人として利用しているサービスがビジネスとしての利用との境目がなくなりいつの間にかビジネスで認められていないサービスを利用している、ということも起こる。

---

17)　この点、ベネッセ事件の高裁判決（東京高判令和元年6月27日）は、ベネッセが顧客に対して一件あたり500円のQUOカードを交付していた事実を「被控訴人は……500円相当の金券を配布……しており、……自己の個人情報が適切に取り扱われるであろうとの期待が侵害されたことについては、事後的に慰謝の措置が講じられていることが認められる。」と評価した上で「個人情報が適切に扱われるであろうとの期待の侵害に対し、被控訴人において事後的に慰謝の措置が講じられていること（中略）を総合すると、（中略）慰謝料の額は2000円と認めるのが相当である」と判示し、自主的な金券の配布が損害額を低減させる考慮要素となることを示した。

　新しいSaaSのサービスは人気が出るとそれだけ攻撃者の注目を集めて攻撃をされる可能性もある。一度利用が認められたものでも脆弱性や攻撃の注意喚起によっては利用を止めるといった判断ができるようにしておくべきである。

　また、他のケースとして自組織のサーバが踏み台となって他の組織で被害が出てしまうケースがある。たとえば、メールサーバがオープンリレーになっており、他組織のメールを別の他組織へ中継されスパムメール発信元にされてしまい、その結果メールをクリックした被害者がマルウェアに感染させられてDDoS攻撃のためのBOTとして踏み台にされるケースある。故意ではないが過失により他組織や個人に対して迷惑をかけることになるので、対応については顧問弁護士や法務部門に相談の上慎重に行うべきである。

　自組織のシステムやサーバが攻撃を受けたことにより被害者が出てしまった場合には、システムやサーバがどのような状況で運用がされていたのか、どのような状態であったかを説明しなければならない可能性がある。そのような場合に対しては、システムの構築時の状況や運用時の記録が必要になることも想定される。システムに脆弱性があることを知りつつ運用をしていた場合には追求される可能性もある。

　昨今ではセキュリティ・バイ・デザインとして設計段階からセキュリティを考慮することが推奨されている。開発の検討段階からどのようなセキュリティの対策を検討し、実装したか、セキュリティに関連した試験の結果はどうであったかなど開発時の資料を保管しておくことも必要である。セキュリティの対策はその時のコストや重要度によって優先度を決めて行うこともある。どのように優先度を付けたのか、どのような判断を行いリスクを残存することとしたかなどの情報も合わせて保管し、継続した運用の段階でも役立てたい。システムの運用についてもシステムのアップデートや監視の状況なども合わせて保存しておきたい。

法務や総務における留意点
　クラウド、と一口にまとめず、システムの構築やサービスの基盤として利用しているのか、クラウド上に構築されたサービスを利用しているのか

で観点が異なる。

　法務部門においては、利用しているそれぞれのサービスの規約を一度確認しておくことが重要である。特に各種の SaaS によるサービスは乱立しており、技術面やセキュリティ面の判断と契約面の判断と連携して利用して良いものかを判断できるようにしておくことが期待される。

　一度利用して良いと判断されたサービスにおいても状況に応じて利用を停止できるようなルール化をしておき、各部門からの情報提供と連携して適切に判断ができるようにしておくことも期待される。

　自組織のサーバが原因で他の組織やユーザに被害が生じてしまった場合については、故意ではなくとも被害が生じてしまうため、対応については顧問弁護士などに相談の上、慎重に行うことが必要となる。事後から証跡やログを収集することは難しいため、事業部門でのビジネスの立ち上げやシステム部門での導入の検討などの段階から、システム部門と連携して必要な情報を集めるようにしておくことが期待される。

　サービスによってはユーザ側の事情により被害が生じてしまった場合も、自社で損失を補償しなければならないケースもある。たとえば金融機関の場合にはインターネット上で振込やクレジットカードを利用する顧客側の脆弱なセキュリティ対策が理由で不正送金等が発生した場合、その損失額を金融機関が補償することもある。

　この場合、顧客側に重大な過失がないことが前提になるが、クレジットカードの不正利用よる顧客被害は盗難保険やオンライン不正利用保険の仕組みを通じて金融機関側によって被害額は補償される。また、インターネットバンキングの不正送金被害も、預金者保護の観点と 2008 年に一般社団法人全国銀行協会によって公表された申し合わせ「預金等の不正な払戻しへの対応について」に基づき金融機関によって補償される。

　ただし、昨今金融機関の顧客を狙ったフィッシングや不正送金の被害は深刻化しており、特に法人向け取引については被害額も個人と比べても大きくなるケースも予想され、金融機関側で負担しきれない場合に補償の有無や範囲について裁判になるケースも想定される。

　特に新しい金融事業者の形態である暗号資産事業者やキャッシュレス事業者等においては、自組織の顧問弁護士や法務担当者と相談して不正利用

等による顧客被害に関する補償の規定について十分かどうかを今一度検証してみる必要がある。

第7章　　法的な被害回復および責任追及

1　サイバー攻撃による被害回復および責任追及の手段

　サイバー攻撃の被害を受けてしまった企業は甚大な損害を被ることになるため、その被害回復および責任追及の手段についても検討する必要がある。具体的に考えられる法的手段としては、大別して①発生した被害の回復等のために攻撃者に対して行う損害賠償請求、②攻撃者の責任追及の観点から行う刑事告訴や人事処分等の対応、③システムベンダなど、攻撃者以外の関係者に対して攻撃を防げなかった帰責性を理由として行う補償請求、そして、④サイバー保険等を通じた被害回復、に整理できる。

2　攻撃者に対する損害賠償請求

　サイバー攻撃によって発生する被害については多様なものが考えられるが、法的な手段によってその回復をしようとする場合には、基本的には被害を金銭換算した上での損害賠償請求によることとなる。
　このような請求を検討するにあたり相手方として一番に想起されるのは、被害の直接的な原因である当該攻撃を行った攻撃者である（当該攻撃者が従業員等の内部者である場合には、当該従業員等との間で損害の回復の問題に加えて、労務関係上の問題も発生することとなる）。

(1)　攻撃者に対する賠償請求
a　不法行為に基づく損害賠償請求
ア　概　　要
サイバー攻撃による被害を受けた場合について、①権利または法律上保護される利益の侵害、②故意または過失、③損害および因果関係が認められる場合には、不法行為に基づき、攻撃者に対して被害回復のため

の損害賠償請求をなしうる（民法 709 条）。

　サイバー攻撃は故意をもってなされるものであり、攻撃者の②故意または過失が問題になることは通常は考え難い。したがって、主に問題になるのは、どのような点をとらえて権利または法律上保護される利益の侵害があったと認定できるか（①）、また、攻撃によってどの程度の損害が発生したと認定できるか（③）といった点になると考えられる。

　これらの要件に関連して問題となりうる点について、攻撃の類型ごとに検討する。

　　イ　金銭的な利得を目的とする攻撃の場合

　不正アクセスによる不正送金やクレジットカードの不正使用、ビジネスメール詐欺による金銭詐取、ランサムウェアによる身代金支払等については、サイバー攻撃そのものが金銭的な利得を目的にされるものである。

　このような攻撃によって金銭的被害が発生した場合については、現に発生した被害について当然に法律上保護される利益が侵害されたものであるといえるし（①）、また、攻撃と因果関係のある損害であることも明らかである（③）。

　　ウ　保有する情報を目的とする攻撃の場合

　現代社会においては情報の有する価値が増大していることから、金銭的な利得ではなく、企業等の保有する個人情報（典型的には氏名、生年月日、電話番号、メールアドレス、パスワードやクレジットカード情報等）を含め、情報そのものを標的としてのサイバー攻撃も頻繁になされているところである[1]。

　このような攻撃により情報流出被害が発生した場合については、企業

---

1)　日本ネットワークセキュリティ協会の集計によると、インターネットニュースなどで報道されたインシデントの記事、組織からリリースされたインシデントの公表記事等に基づくもので、2018 年は 443 件 561 万 3,797 人分もの個人情報漏えいが確認された（同協会「2018 年情報セキュリティインシデントに関する調査結果〜個人情報漏えい編〜（速報版）」）。

が保有する情報の機密性が害されていることから、法律上保護される利益が侵害されたものであるといえる（①）。

　因果関係の認められる損害については、明確に算定することは困難である場合も多いが、調査やシステム復旧、信頼回復のための対応に要した費用、サービスを停止せざるを得ないこととなったのであれば逸失利益などは対象になる可能性がある（③）[2]。

　　エ　その他の攻撃の場合

　DoS攻撃や、ホームページの改ざん、提供しているサービスのデータ改ざん等の攻撃は、愉快犯的に行われることもあれば、何らかの利得を目的として行われることもあるが、いずれにせよ被害者に直接的な経済的損害までは生じないケースもみられる。このような場合であっても、円滑な業務の遂行や企業等そのものまたはその提供するサービスに対する信頼等の利益が侵害されたものと構成可能な場合も多いであろう（①）。

　損害については、前述の情報を目的とする攻撃がなされた場合と同様、調査やシステム復旧、信頼回復のための対応に要した費用、サービスを停止せざるを得ないこととなったのであれば逸失利益などは対象になりうる（③）。

　　オ　裁　判　例

　直接の経済的損害が発生していない場合には損害の認定が困難であることも多いが、損害の賠償が認められた例として、オンラインゲームの管理運営プログラムに不正アクセスしてデータを改ざんし、自らが操作するキャラクターのゲーム内通貨の保有量を増やした上、ゲーム内通貨を現実の金銭で販売する業者に販売（いわゆるリアルマネートレード）し

　2）　セキュリティシステムを開発したベンダに対する請求がなされた事例ではあるものの、東京地判平成26年1月23日判時2221号71頁において、サイバー攻撃による個人情報流出に伴う損害として、顧客への謝罪関係費用、顧客からの問い合わせ等の対応費用、調査費用、クレジットカード決済機能が使用できなかったことによる売り上げ損失等が認定されたことは損害額算定にあたって参考になる。

た事案（東京地判平成 19 年 10 月 23 日判時 2008 号 109 頁）がある。

　当該事例においては、加害者の行為が本件オンラインゲーム内において現実の通貨と類似の機能を持つゲーム内通貨の流通量を大幅に増大させたものであることから、当該行為は、オンラインゲームの管理権およびゲーム内通貨を含むゲームシステム管理体制などに対する信用を毀損するものであるとして、権利または法律上保護される利益の侵害が認定された上、本件オンラインゲームの会員数や信用毀損により収入に悪影響があったであろうこと、本件オンラインゲームのユーザ以外に対しても一定の影響があったと考えられること等諸事情を考慮し、信用毀損による損害額として 300 万円（控訴審において 550 万円に増額）[3] の損害が発生したものと認定された。

b　不正競争防止法上の請求

　サイバー攻撃によって加害者が取得した情報が営業秘密（不正競争防止法 2 条 6 項）や限定提供データ[4]（同条 7 項）に該当する場合には、被害者は、同法 3 条に基づく差止請求や同法 4 条に基づく損害賠償請求（同法 5 条に基づく損害額の推定等がなされる）等をなしうる。営業秘密、限定提供データそれぞれについて不正競争に該当しうる場合については、それぞれ図表 3-7-1、3-7-2[5] のとおり整理される。

　「不正の手段……により取得」（同法 2 条 1 項 4 号、11 号）については、窃取、詐欺、強迫といった行為が例示されているものの、取引通念上不正とみなされる程度の不当な行為が含まれると比較的広く解されており[6]、サイバー攻撃がなされた場合にこの点について問題になることは少ない。典型例としては、データ保有者のサーバに保存されているデー

---

3)　原告は被告の行為によって成立確実な商談が中止されたとして逸失利益の主張を行ったものの、これについては損害として認められなかった。また、被告の行為による課金収入の減少の主張も行ったが、これについては、損害額算定の考慮要素とはされたものの、直接に損害として認定はされなかった。
4)　平成 30 年改正により、事業者が取引等を通じて第三者に提供するデータを保護する制度として新たに導入された。
5)　経済産業省知的財産政策室『逐条解説不正競争防止法〔第 2 版〕』（商事法務、2019）より引用。

タに不正にアクセスして自己のパソコンに送付して取得する行為やデータにアクセスするためのパスワードを無断で入手して当該データを自己のサーバに格納する行為が挙げられる[7]。

　不正競争防止法に基づく損害賠償請求がなされた事案としては、国内半導体メーカーが海外メーカーに対し、当該国内半導体メーカー従業員から機密情報を不正に取得[8]したとして約1,100億円の損害賠償請求を行った事件がある。同事件については、海外メーカーが当該国内半導体メーカーに約330億円の和解金を支払う旨の和解が成立した。

[図表3-7-1] 営業秘密侵害行為類型（民事）

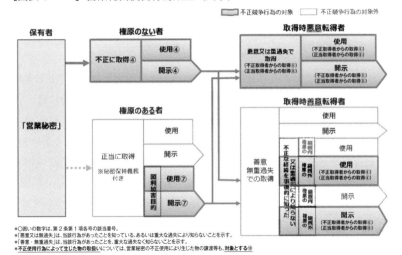

*○囲いの数字は、第2条第1項各号の該当番号。
*「悪意又は重過失」は、当該行為があったことを知っている、あるいは重大な過失により知らないことを示す。
*「善意・無重過失」は、当該行為があったことを、重大な過失なく知らないことを示す。
*不正使用行為によって生じた物の取扱いについては、営業秘密の不正使用により生じた物の譲渡等も、**対象とする**[10]。

---

6)　渋谷達紀『不正競争防止法』（発明推進協会、2014）164頁。営業秘密についての記述であるが、限定提供データの不正取得についても同様に解して差し支えないと考えられる。

7)　経済産業省知的財産政策室・前掲注5）92頁、106頁。

8)　同事件においては、和解が成立したことから、民事訴訟で裁判所による事実認定は示されていないものの、持ち出した従業員についての刑事訴訟においては、「被告人が開示情報を流出させた競業他社が、同社のNAND型フラッシュメモリの開発、量産に当たって信頼性の確保に苦慮しており、被告人に対し、前記フラッシュメモリの信頼性検査の方法等に関する被害会社らの情報を開示するよう強く求めていた」との事実が認定された（東京地判平成27年3月9日判時2276号143頁）。

[図表 3-7-2] 限定提供データに係る不正行為

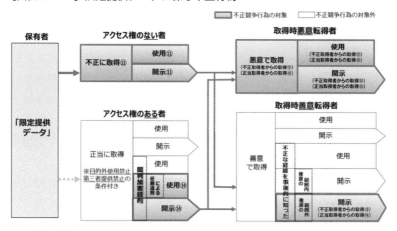

※○囲いの数字は、第 2 条第 1 項各号の該当番号。
※「悪意又は無過失」は、当該行為があったことを知っている、あるいは重大な過失により知らないことを示す。
※不正使用行為によって生じた物の譲渡等の行為は、対象としない。

(2)　内部者に対する賠償請求

　企業等が保有するデータ等について、比較的容易にアクセスすることができる従業員等の内部者の行為によって外部からのサイバー攻撃と同様の被害が生じるケースもある。典型的には、従業員等による持ち出しや管理ミス等により顧客情報や営業秘密の漏えいがしばしば発生している。

　このような内部者の行為による場合についても、外部からサイバー攻撃がなされた場合と同様に、顧客情報漏えい等の被害が生ずるものであり、損害賠償請求等の民事上の請求が可能であることは同様である。

　ただし、従業員の過失に基づく企業等の従業員に対する損害賠償責任の追及については、いわゆる責任制限の法理[9] によって賠償額の制限がなされることが一般的であるため、損害額全額の賠償が認められることは難しいことに留意が必要である。

---

9)　自動車販売会社において、入金が確認前に内規に反して自動車を引渡して代金未回収となった事案について、当該引渡しを行った従業員の重過失を認めつつ、損害賠償の範囲を 2 分の 1 に制限した東京地判平成 15 年 12 月 12 日等がある。

3　攻撃者に対する刑事責任等の責任追及

(1)　刑事責任の追及

a　刑事告訴等の手続の概要

サイバー攻撃を受けたことを認識した際には、ここまで述べてきた民事上の対応に加えて、攻撃者の特定や損害拡大の防止、信用の回復等のためにも、刑事上の対応をとることが検討されるべきである。刑事捜査手続を経ることは、攻撃者に対する責任追及の観点だけでなく、民間だけの力では難しい攻撃実態や手法の解明の観点からも企業にとり有用な情報が得られる場合がある。

刑事訴訟法上、被害者による犯人の処罰を求める意思表示の手段としては同法 230 条の規定する告訴が予定されており、要件を満たす告訴がなされた場合にはそれを端緒として捜査が開始されることとなる。同法 241 条 1 項においては、告訴は書面または口頭ですることができるものとされているが、サイバー攻撃による犯罪については事実関係が複雑になることが通常であることから、円滑に手続を進めるという観点からは、犯罪に該当すると考える事実を整理した上で証拠等を添付して告訴状を作成することが望ましい。告訴状の提出は、各都道府県警に設けられている専門のサイバー犯罪対応窓口（警察庁ホームページ参照）に対して行うこととなる。

告訴にあたっては、いかなる犯罪によりどのような被害を受けたのかが特定できる程度の申告をする必要があり、これが認められない場合には、有効な告訴がなされていないものとして、告訴の受理が拒絶されることとなる。具体的には、サイバー攻撃の日時、態様、被害の状況等を完全には困難であったとしても、可能な限り詳細に特定する必要がある。客観的な証拠が不足している場合には陳述書などにより補充することが効果的な場合もあろう。攻撃者についてはサイバー攻撃の特質上不明であることが多いと思われ、その場合には被告訴人を不詳とすることとなる。

なお、要件に欠けるところがない告訴がなされた場合であっても、相応の証拠が揃っていないようなときに提出された告訴状などをその場では受理しないという運用もなされることがあり[10]、受理がされない以

上、捜査が開始しないという状況におかれてしまうこととなる。そのような運用・取扱いの是非はさておき、現に実務上そのような保守的な取扱いがなされてしまうことがある以上は、かかる状況を避けるために、サイバー攻撃があったことやそれによる被害状況を示すための証拠収集等の事前準備について入念に行う必要がある。

　以上のような刑事上の対応を取るためには、当然のことではあるが、当該サイバー攻撃が犯罪に該当することが前提となる。そこで、以下、サイバー攻撃がなされた際に該当する可能性があると考えられる各種犯罪類型[11] について概説する。

　b　主要な犯罪類型

サイバー攻撃がなされた場合に該当しうると考えられる主要な類型の犯罪に関する構成要件は以下のとおりである。

　ア　電磁的記録[12] 不正作出及び供用罪（刑法 161 条の 2）

　第三者の事務処理を誤らせる目的で、その事務処理に際して使用される権利、義務または事実証明に関する電磁的記録を不正に作出する行為[13] が該当する（1 項）。

10)　経営刑事法研究会編『書式告訴・告発の実務——企業活動をめぐる犯罪対応の理論と書式〔第 5 版〕』（民事法研究会、2017）23 頁。

11)　サイバー攻撃については、国境をまたいでなされることも多く、そのような場合には国家レベルでの協力が必要になることから、サイバー犯罪に関する条約が定められ、平成 24 年 7 月 3 日に日本も批准し、同年 11 月 1 日から国内で効力が生じている。同条約おいては、一定のサイバー攻撃について犯罪として処罰することやその捜査のために捜査機関の権限を強化すること、コンピュータの保全や押収に関する刑事手続についての立法を行うことや犯人引き渡しにおける国際協力を推進すること等が規定されている。

12)　電磁的記録については、電子データや磁気データを意味すると考えて差し支えない（浅田和茂＝井田良編『新基本法コンメンタール刑法〔第 2 版〕』（日本評論社、2017）341 頁）。

13)　具体的には、不正アクセスをした後に会員情報等を無断で変更する行為等が該当することが考えられる。パソコン通信のホストコンピュータ上に登録された他人の住所等を無断で変更するなどした事件について同条に該当するとされた（東京地判平成元年 2 月 22 日判時 1308 号 161 号）。

当該電磁的記録を事務処理において使用できる状態に置く行為についても処罰される（3項）。

イ　マルウェア関係犯罪

・　不正指令電磁的記録作成・提供罪（刑法168条の2第1項）

①正当な理由なく、②第三者のコンピュータにおいて実行されうる状態に置く目的で、③不正指令電磁的記録等（コンピュータにその意図に沿うべき動作をさせず、またはその意図に反する動作をさせるべき不正な指令を与えるデータ、いわゆるウイルス、マルウェア等）を作成または提供する行為が該当する。

・　不正指令電磁的記録供用罪（刑法168条の2第2項）

不正指令電磁的記録等を第三者のコンピュータにおいて実行されうる状態に置く行為が該当する。未遂罪についても処罰される[14]。

・　不正指令電磁的記録取得・保管罪（刑法168条の3）

①正当な理由なく、②第三者のコンピュータにおいて実行されうる状態に置く目的で、不正指令電磁的記録等を取得しまたは保管する行為が該当する。

ウ　電子計算機損壊等業務妨害罪（刑法234条の2）

①第三者の業務に使用するコンピュータもしくはその用に供する電磁的記録を損壊もしくは①′第三者の業務に使用するコンピュータに虚偽の情報もしくは不正な指令を与え、または①″その他の方法により、②コンピュータに使用目的に沿う動作をさせず、または②′使用目的に反する動作をさせて、③第三者の業務を妨害する行為[15]が該当する。

---

14)　送信したウイルスが相手方のメールボックスに留まっているような場合が想定される。

15)　サイトやプログラムの書き換えの他、いわゆるDoS攻撃なども本条に該当すると考えられる。テレビ会社のホームページ内の天気予報画像を消去してわいせつな画像等に置き換えた行為について同条に該当するとされた（大阪地判平成9年10月3日判タ980号285頁）。

　エ　電子計算機使用詐欺罪（刑法 246 条の 2）

　①第三者のコンピュータに虚偽の情報や不正な指令を与えて、②財産権の得喪もしくは変更に係る不実の電磁的記録を作り、または②′財産権の得喪もしくは変更に係る虚偽の電磁的記録を実行されうる状態にして、③財産上不法の利益を得、または他人に得させる行為[16] が該当する。未遂罪についても処罰される。

　オ　電磁的記録毀棄罪（刑法 258 条、259 条）

　公用の電磁的記録（刑法 258 条）または権利義務に関する電磁的記録（刑法 259 条）を毀棄する行為が該当する。

　カ　不正アクセス行為の禁止等に関する法律違反等

　不正アクセス行為の禁止等に関する法律においては、

・　不正アクセス行為（同法 3 条。不正アクセス行為については同法 2 条 4 項 1 号ないし 3 号においては定義されているところ、その内容については図表 3-7-3[17] のとおり整理される）[18]

・　同法 2 条 4 項 1 号に規定する不正ログイン目的で、他人のパスワードや生体認証情報等の識別符号を取得する行為（同法 4 条）

・　正当な理由のなく、権限のない者に対して他人の識別符号を提供する行為（同法 5 条）[19]

---

16)　金融機関のオンライン端末を不正操作して他人の口座から自分の口座に送金する行為等が該当する。最判平成 18 年 2 月 14 日判タ 1207 号 141 頁においては、窃取したクレジットカードを用いて電子マネーを購入した行為について、名義人による購入の申込みがないにもかかわらず、コンピュータに名義人本人が電子マネーの購入を申し込んだとする虚偽の情報を与えた点をとらえて同条に該当するものとされた。

17)　総務省「不正アクセス行為の禁止等に関する法律の解説」より引用（https://www.npa.go.jp/cyber/legislation/pdf/1_kaisetsu.pdf）。

18)　不正アクセス行為に該当するのはネットワークに接続した状態のコンピュータに対しネットワークを通じて行うアクセスのみであり（同法 2 条 1 項）、いわゆるスタンドアローンの状態にあるコンピュータに対する攻撃はこれに該当しない。

19)　当該類型については被提供者が不正アクセス目的を有していることを知っているか否かで罰則に差異が生じる（同法 12 条 2 号、13 条参照）。

・　不正ログイン目的で不正取得された他人の識別符号を保管する行
　　為（同法 6 条）
・　アクセス管理者になりすます等して、アクセス管理者の承諾なく
　　アクセス管理者であると誤認させて識別記号を入力するよう求める
　　行為（同法 7 条各号。いわゆるフィッシング行為を想定しており、詳細
　　は図表 3-7-4[20]）

が禁止され、違反した場合には罰則が科せられる（同法 11 条、12 条各
号）。

　また、同法以外で不正アクセス行為が処罰対象となっているものとし
ては、不正アクセス行為による営業秘密の取得の禁止（不正競争防止法
21 条 1 項 1 号）や、不正アクセス行為による個人番号の取得の禁止（行
政手続における特定の個人を識別するための番号の利用等に関する法律 51
条）が挙げられる。

[図表 3-7-3] 不正アクセス行為（第 2 条第 4 項）の類型

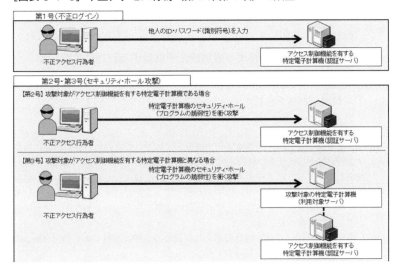

---

20)　総務省・前掲注 17) より引用。

［図表 3-7-4］禁止・処罰するフィッシング行為の類型

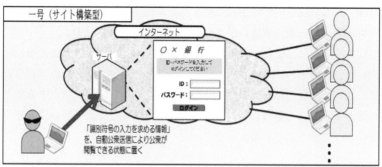

(2)　内部犯行者に対する人事処分

a　情報漏えい事案における懲戒処分

　損害賠償請求の問題に加えて、従業員の行為による被害が発生した場合に特有の問題として、それを理由とする懲戒処分（特に最も重い懲戒解雇）が懲戒権の濫用に当たり、労働契約法 15 条により無効とされないか等、労使関係に関連する問題がある。このような行為が懲戒権の濫用にあたるか否かは、当該従業員の行為の性質および態様その他の事情を考慮して個別の事案ごとに判断されることとなる[21]。

　このような従業員の行為について最も問題となるのは従業員による情報漏えい等不適切な情報取扱いの場面であると思われるため、これにつ

いて、故意に情報を漏えいさせた場合、過失によって情報が漏えいした場合、情報の漏えいには至らなかったものの就業規則に反する持ち帰り等の不適切な情報の取扱いがなされた場合に分けて検討する。

なお、懲戒処分を行うにあたっては情報の漏えいや不適切な情報の取扱いが会社の定める懲戒事由に該当することが前提となるため、就業規則において情報の漏えいやそもそも情報の社外持ち出しを禁止する規定を置くか、これらを行わない旨の誓約書等を徴取しておく等の措置を事前に行っておくことが必要となる。

b　故意に情報漏えいがなされたケース

情報の重要度や管理の態様、実害の程度に加えて、漏えいの動機や目的が重要な考慮要素となり、従業員による漏えいがライバル企業への情報の売却など自らの経済的な利益や会社に損害を与える目的をもってなされるような場合は、背信性が高いことから、懲戒解雇等の重大な処分を行ったとしても濫用にあたらないケースが多いと考えられる。

このようなケースについてなされた処分の有効性が争われた事案としては、以下のものがある。故意による情報漏えいが認定できる事案であっても、従業員の意図や実害の多寡によっては懲戒解雇が無効となる場合があることに留意が必要である。

・　開発を検討していた商品についてのデータを転職先のライバル会社に漏えいした事案について、転職先から実質的に内定を得た後に自ら希望して会議の出席した上、同会議の資料の持ち出し、データの漏えいを行ったことから背信性が極めて高いとして懲戒解雇を有効と判断した事案（東京地判平成14年12月20日労判845号44頁（日本リーバ事件））

・　顧客情報を電子メールにより移動する際に情報セキュリティ管理責任者の許可を必要とする規則に違反して顧客データを第三者に送信した

---

21)　「性質」とは労働者の行為そのものの内容、「態様」とは行為がなされた状況や悪質さの程度、「その他の事情」としては行為の結果や情状、使用者側の対応等が考慮されると解されている（西谷敏ほか編『新基本法コンメンタール労働基準法・労働契約法』（日本評論社、2012）391頁）。

行為について、その意図はデータを不正に利用する意図はなく営業を促進させ、被告の売上を伸ばすという面があったことや実害が発生していないことから懲戒解雇を無効と判断した事案（東京地判平成 24 年 8 月 28 日労判 1060 号 63 頁（ブランドダイアログ事件））

c　過失により情報が漏えいしたケース

次に、メールの誤送信や情報の入った媒体の置き忘れ、SNS 投稿への情報写り込み、情報が入った私物パソコンのウイルス感染による流出など、従業員の過失によって情報が漏えいするケースもある。

このようなケースについても、情報の重要度、管理の態様、過失の態様等実害の程度を考慮して濫用とならない範囲の懲戒処分であれば有効となるが、あくまで過失による流出に過ぎない以上、懲戒解雇等の重大な処分までは通常は難しい[22]。

d　漏えいにまで至らなかったケース

実務上は、従業員が情報の持ち出し等が発覚したが漏えいまでには至らなかった（または漏えいが証拠上認定できない）ケースも多いと思われ、そのような場合の処分の可否も問題となる。

このようなケースであったとしても懲戒事由に該当するのであれば一定の懲戒処分は可能である。ただし、懲戒権の濫用にあたらないとされるためには、情報の重要度、管理の態様、持ち出しの意図（単なるミスなのか、有償での漏えい等を予定していたのか）等から、現に被害が発生していないことを考慮したとしても当該処分が相当のものであるといえる必要があることは留意されるべきである。

このような場合について処分の有効性が争われた例としては、以下の

---

22)　報道されているところによると、テレビ局においてインタビュー等のファイルが入手できる情報を第三者に誤送信した件について、けん責ないし停職 1 か月の懲戒処分がなされた例（日経新聞記事平成 30 年 11 月 21 日）、新聞社において、強盗殺人事件に関する県警幹部への取材メモを別の報道機関に誤送信した件について、記者らに戒告処分がなされた例（同平成 25 年 9 月 3 日）等があり、事案を考慮した上で幅広い処分がなされているようである。

事例が参考となる。

・　自主退職をするにあたり取引先の情報等が保存された当該ハードディスクを持ち帰ったことに対してなされた懲戒解雇について、就業規則においては、情報漏えいの場合はその事案が重篤な場合に限り懲戒解雇処分を行う旨の規定がなされているところ、会社において情報の管理が適切になされていなかったことや情報の第三者への流出が認められないこと等を理由にこれにあたらないとして懲戒解雇無効をとした事案（大阪地判平成 25 年 6 月 21 日労判 1081 号 19 頁）

・　児童相談所において児童からの相談内容を含む文書を複写して自宅に持ち出して保管し、職場からの事情聴取の際に、これを返却するよう指示されたにもかかわらず、同日の夜にシュレッダーで廃棄したことに対してなされた停職 3 日の懲戒処分について、持ち出しや廃棄の動機や目的、保管状況、廃棄の態様、流出が生じていないこと、児童福祉行政に対する信頼が回復不能なほどに大きく損なわれたとはいえないこと、反省の態度を示していること、懲戒処分歴がなく勤務態度も特に問題がなかったこと、他の事例との比較でも重きに失する処分であること等を考慮して、当該処分を無効とした事案（京都地判令和元年 8 月 8 日労判 1217 号 67 頁）

・　有期雇用契約における雇止めについての判断ではあるが、従業員による社内規定に違反するデータのコピーがなされたとして当該従業員につきなされた雇止めについて、普段から職員の USB 接続や情報取得について注意喚起や取り締まり等のリスク回避を行っていなかったにもかかわらず、たまたま情報取得が発覚した原告のみを雇止めにして、他の見せしめにすることは不平等であり、相当性を欠くとして雇止めを無効とした事案（東京地判平成 28 年 3 月 23 日（ウエストロージャパン 2016WLJPCA03238007））

◆コラム　従業員の SNS 利用にどう対応するか

　近年のスマートフォンの普及により、特に若年層の間において SNS 利用率が極めて高まっており、著名人の来店情報漏えいやアップロードした写真への機密情報映り込みなど、情報セキュリティとの関係で問題になるような SNS の不適切な利用による不祥事の例も増加している。このような不祥事は、コンプライアンス意識の低くコントロールの難しいアルバイト従業員によって引き起こされることも多い（いわゆる「バイトテロ」）。何らかの対応を取る必要性は感じてはいても、まずは何をすればいいのか頭を悩ませる企業も多いと思われる。

　この点については、私的な SNS の利用は個人の自由であるため強制力・拘束力をもって利用を禁止することは難しい。まずは SNS ガイドラインや問題となった事案の共有等で注意喚起を行うことが基本的な対応になる。もっとも、ひな形を参照したような形式的な内容では十分な注意喚起はなされず、効果は薄い。自社の保有する情報の性質を念頭に置いた具体性のあるもの（たとえば飲食店であれば、対象となる情報を単に「個人情報」とだけするよりも、「いつ誰が来店をしたか、何を注文したか、どのような話をしていたか等のお客様に関する一切の情報」とする等）にした上で、SNS の不適切な利用により漏えい等の事態が生じた場合には懲戒や損害賠償請求の対象になりうることを明記し、従業員に「どのような行動をとるとどのような不利益が生じるのか」ということを明確にイメージできるようなものにすることが望ましい。

　また、せっかくガイドライン（SNS に関する社内規程については、第 2 部第 4 章も参照）を作成してもその内容が従業員に周知されていなければ効果がない。採用時に確認を求めるほか、その後も定期的に研修等の機会を設ける、休憩室等の従業員の目につくところに掲示をして日常的に目に触れるようにしておく等、組織の規模や漏えいリスクを評価した上で適切な方法により周知の徹底を図る必要がある。採用時や研修において内容を確認した際には、内容を理解した上でガイドラインを遵守することに同意する旨の誓約を求めることも検討されるべき手段である。

4　システムベンダ等に対する補償請求

(1)　問題の所在

攻撃者以外の第三者であっても、その者の過失が被害の発生に寄与した場合には、当該第三者に対して補償請求をすることも可能となる。サイバー攻撃との関係で問題となる第三者としてはセキュリティシステムの開発・運用を行ったベンダなどが考えられる[23] ところ、このようなベンダとの間にはシステム開発・運用等に関する契約関係が存在することから、不法行為ではなく、これらの契約の不履行または契約不適合や善管注意義務違反を理由とした当該契約の債務不履行に基づく請求を行うことも選択肢となる。

このような請求を行う場合には、サイバー攻撃を行ったものに対する請求を行った場合と異なり、被害者の落ち度（アップデート適用の懈怠や不適切な情報管理等の平時における対策の不十分、インシデントの報告に対する放置等のインシデント発生後の対応の不十分による損害拡大等）があれば、過失相殺として斟酌され、補償額が制限されることとなる。

かかる補償責任は会社が相手方と締結した契約によって規律されることになるため、以下では、IT システムに関わる取引類型を「契約」という観点から分類し、各々の契約ごとに、問題となる典型的な条項を取り上げながら、企業がサイバー攻撃を受けた際に、取引先等からどのような責任追及がなされうるのかについて論じる。具体的には、①ソフトウェア開発契約、②ソフトウェア保守・運用契約、③クラウドサービス利用契約、および④ソフトウェア・ライセンス契約[24] についてそれぞ

---

23)　その他に第三者に対する責任追及がなされたケースとしては、インターネットバンキングに対する不正操作による預金者の不正送金被害に関し、預金者から銀行に対し債務不履行に基づく損害賠償請求がなされた東京高判平成 29 年 3 月 2 日金商 1525 号 26 頁等がある。なお、同事例においては銀行の過失として、①インターネットバンキングでの振込作業等をすべて中止すべき義務、②不正送金被害が発生した事実を利用者に告知し、今後ウイルスによる不正送金被害が発生することがありうるので至急対策を講じる必要があることないしその対策方法を周知徹底する義務、③預金者に対して個別に電子証明書方式の導入を求めるべき義務が主張されたものの、いずれについても認められなかった。

24)　ここでのソフトウェアには、OS、ミドルウェアを含む。また、OSS も含む。

れ解説する[25]。

(2)　ソフトウェア開発契約

　ソフトウェア開発契約とは、企業がソフトウェアベンダに対して、ソフトウェア開発にかかる業務を委託する際に締結される契約である。自社がサイバー攻撃を受けシステム障害等の損害が生じた場合において、自社がベンダに開発を委託したソフトウェアの脆弱性が損害拡大の原因と認定されれば、当該ベンダに対する責任追及がなされる可能性がある。そこで、以下では、大規模なソフトウェア開発において用いられるウォーターフォール型[26] かつ多段階契約[27] を前提として法的リスクの検討を行う。

a　ソフトウェア開発契約の法的性質

　ソフトウェア開発契約の契約類型としては、請負契約によるものと準委任契約によるものが存在する[28]。請負契約とは、当事者の一方がある仕事を完成することを約し、相手方がその仕事の結果に対してその報酬を支払うことを約することによって成立する契約であり（民法 632 条）、準委任契約とは、当事者の一方が法律行為ではない事務をすることを相

---

25)　なお、ハードウェアの欠陥によりセキュリティ上の問題が発生する場合も存在するが、多くの場合、ハードウェアの売買契約等に賠償制限がかかっており、ソフトウェア・ライセンス契約で述べるところと同様となる。

26)　ウォーターフォール型とは、ソフトウェアの開発工程を「要件定義」「外部設計」「内部設計」「プログラミング」「運用テスト」等に分割し、各々の開発工程を順に実行していく手法である。ウォーターフォール型の開発については、**第2 部第 2 章**も参照されたい。

27)　多段階契約とは、一つのソフトウェアの開発にあたり、すべての工程を単一の契約で包含するのではなく、一つの基本契約を締結した上で、各工程に合わせて個別契約を締結する方法のこと。ソフトウェア開発においては、前工程の開発の途中で後工程において必要となる開発内容が判明することが多く、工数の予測が困難であることから、比較的大規模なソフトウェアではこのような方式が採用されることが多い。

28)　もっとも、システム開発契約を請負契約や準委任契約といった典型契約として性質決定する必要性は必ずしもなく、両者の複合的な性格を有する非典型契約として整理することも可能である。

手方に委託し、相手方がこれを承諾することにより成立する契約である（民法 656 条、643 条）。

　この点、請負契約によるか準委任契約によるかは当事者の合意次第であるが、一般に、要件定義段階においては、ユーザ側の想定する要件が具体的に確定しておらず、ベンダにとって成果物の内容が具体的に特定できないため、仕事の完成を目的とし、あらかじめ成果物の内容が具体的に特定できることを前提とする契約類型である請負には馴染みにくく、準委任が適切とされている反面、設計段階においては、成果物の内容が具体的に特定しやすいことから、請負契約に馴染むとされている[29]。いずれの契約として整理するかによって、請求の基礎となる条項が異なるため、以下では順に検討する。

　b　請負契約と契約不適合責任

　請負契約においては、請負人が契約の内容に適合しない仕事の目的物を注文者に引き渡したときは、注文者は、引き渡しから一定期間の間は損害賠償請求等をすることができるとされている（契約不適合責任。民法 559 条、562 条）[30]。ベンダにより開発されたシステムがサイバー攻撃の対象となり、システム障害等の損害が発生した場合、企業としては、当該サイバー攻撃によりシステム障害を起こすセキュリティ水準のソフトウェアは、「契約の目的に適合しない」として、ベンダに対し契約不

---

29)　経済産業省が 2007 年に公表した情報システムの信頼性向上のための取引慣行・契約に関する研究会「～情報システム・モデル取引・契約書～（受託開発（一部企画を含む）、保守運用）〈改正民法を踏まえた、第一版の見通し整理反映版〉」13 頁。なお、システム開発契約に関する同種の雛型・ガイドラインとして、一般社団法人電子情報技術産業協会（JEITA）による「JEITA ソフトウェア開発モデル契約及び解説（2020 年版）」および一般社団法人情報サービス産業協会（JISA）による「JISA ソフトウェア開発委託基本モデル契約書 2020 ～ METI モデル契約公表後 10 年間の環境変化等を踏まえたモデル条項と解説～」（いずれも 2020年に施行された債権法改正に対応）がある。

30)　この点、改正前民法においては「契約不適合責任」ではなく「瑕疵担保」概念により規程され、請負人の瑕疵担保責任については独自の規定があった（旧民法 635 条）が、改正により当該条文は削除され、売買契約に関する契約不適合責任の規定を準用する形式となった。

適合責任を追及することが考えられる[31]。かかる請求が認められるか否かは、当事者の間で、ソフトウェアのセキュリティ水準についていかなる合意がなされていたかによるため、ユーザとしては、要求する水準を明確に規定しておくことが望ましい。そのための方法として、JEITA モデル契約においては、要件定義書および外部設計検討会における決定事項を参照している。

〈システム開発契約（請負契約）における契約不適合責任の記載例〉
（要件定義作成支援業務の実施）
第○条　ベンダーは、個別契約を締結の上、本件業務としてユーザーが作成した情報システム構想書、システム化計画書等に基づいて、ユーザーによる要件定義書の作成作業を支援するサービス（以下「要件定義作成支援業務」という。）を提供する。
2．ベンダーは、情報処理技術に関する専門的な知識及び経験に基づき、ユーザーの作業が円滑かつ適切に行われるよう、善良な管理者の注意をもって調査、分析、整理、提案及び助言などの支援業務を行うものとする。

（契約不適合責任）
第○条　前条の確定後、外部設計書について要件定義書及び第○条所定の外部設計検討会での決定事項との不一致又は論理的誤り（以下「契約不適合」という。）が発見された場合、ユーザーはベンダーに対して当該契約不適合の修正を請求することができ、ベンダーは、当該契約不適合を修正するものとする。但し、ベンダーがかかる修正責任を負うのは、ベンダーが契約不適合を重大な過失によって知らなかった場合であっても、前条の確定後○ヶ月以内に甲から契約不適合がある旨の通知がなされた場合に限るものとする。

31)　以下では基本的に現行民法における記載を前提とするため、旧民法を前提として規律されていた契約については、「契約不適合」を適宜「瑕疵」に読み替えられたい。この点、瑕疵概念と契約不適合概念は一致しない部分も存在するが、旧民法の解釈においても、瑕疵担保責任における「瑕疵」は、当事者の合意、契約の趣旨に照らし、通常または特別に予定されていた品質・性能を欠く場合をいうとされていたところ、ソフトウェア開発契約においては、要件定義等において当事者の合意内容が詳細に規定されていることも多いため、両者の相違点は相対的には小さいといえ、実務的な影響は小さいものと考えられる（JEITAモデル契約 2 頁）。

2.　前項にかかわらず、外部設計書の修正に過分の費用を要する場合、ベンダーは前項所定の修正責任を負わないものとする。

3.　第1項の規定は、契約不適合が甲の提供した資料等又は甲の与えた指示等ベンダーの責に帰さない事由によって生じたときは適用しない。但し、ベンダーがその資料等又は指示が不適当であることを知りながら告げなかったときはこの限りでない。

4.　外部設計書作成に関する契約不適合に関するベンダーの責任は、本条及び第△条（損害賠償）にて明示的に規定された責任内容がすべてであるものとする。

（損害賠償）
第△条　第○条に定める契約不適合責任については、当該契約不適合の修正が相当な範囲内で繰り返し実施されたにもかかわらず、当該契約不適合がベンダーの責に帰すべき事由により修正されないことにより損害を被った場合に限り、ユーザーはベンダーに対して損害賠償を請求できるものとし、当該損害賠償請求は、当該損害賠償の請求原因となる当該個別契約に定める納入物の検収完了日から○ヶ月間が経過した後は行うことができないものとする。

（一般社団法人電子情報技術産業協会（JEITA）による「JEITA ソフトウェア開発モデル契約及び解説（2020 年版）」を一部改変）

　もっとも、契約上、契約不適合責任については内容および期間に制限が付されていることが多く、特に期間については上記の JEITA モデル契約にもあるように、ソフトウェアの検収完了日から数か月が経過した後は、契約不適合責任を追及できない、とする事例が多い。ソフトウェア開発契約を請負契約として締結していた場合、かかる期間の経過後は、ベンダがソフトウェア開発契約に基づいて損害賠償等の責任追及を受けるリスクは減殺される[32]。

---

[32]　開発されたソフトウェアについては、保守・運用契約を締結していることが一般的であろうから、契約不適合責任の期間経過後においても、当該契約に基づいて請求を行うことはできるといえる（(3)において詳述）。

c　準委任契約と善管注意義務

　準委任契約においては、請負契約と異なり、原則として契約不適合責任の適用はない。その代わり、受託者は、委任の本旨に従って、善良な管理者の注意をもって委任の事務を処理する義務を負う（善管注意義務[33]：民法656条、644条）こととされている。ベンダにより開発されたシステムがサイバー攻撃の対象となり、システム障害等の損害が発生した場合に、契約条項への明示的な違反がないときであっても、企業としては、当該サイバー攻撃によりシステム障害を起こすセキュリティ水準のソフトウェアを開発したことが善管注意義務に反するとして、ベンダに対し損害賠償責任を追及することが考えられる。かかる善管注意義務違反の有無がいかなる場合に認められるかという点については、ソフトウェア保守・運用契約においても同様の構造となっており、複数の裁判例もあることから、次項で詳述する。

(3)　システム保守・運用契約

　システム保守・運用契約とは、企業がソフトウェアベンダに対して、既存のソフトウェアの保守や運用にかかる業務を委託する際に締結される契約である[34]。サイバー攻撃を受け、システム障害等の損害を受けた原因が、ベンダに保守を委託していたソフトウェアの脆弱性に起因していた場合、一次的には、当該ベンダへの責任追及が検討される。

a　法律上の責任

　システム保守・運用フェーズでは想定される作業が極めて多種多様となることから必ずしも一般化できるものではないが、システム保守・運用契約は「法律行為ではない事務処理を委託するもの」として、準委任

---

33)　善管注意義務とは、「受任者の職業・地位・知識等において一般的に要求される平均人の注意義務であり、各具体的場合の取引の通念に従い相当と認むべき人がなすべき注意義務をいう」とされている（幾代通＝広中俊雄『新版注釈民法（16）』（有斐閣、1989）225頁〔中川高男〕）。

34)　保守・運用の委託先は開発業者であることが多いであろうが、保守・運用のみを別の事業者に委託することもある。

契約として整理されることが多いといえる[35]。以下では準委任契約として締結される場合を前提とする。

　システム保守・運用契約の締結にあたっては、保守を委託するシステムが満たすべきセキュリティ水準について、業務仕様書やサービスレベルアグリーメント（SLA）の締結といった方法を通じて、契約書中に記載することも少なくない。そして、ベンダの保守するシステムがサイバー攻撃を受け、システム障害等の損害を生じた場合、当該損害が、システムのセキュリティ水準が契約時に合意された上記水準を下回っていることに起因したものであれば、企業としては、ベンダからシステム保守を受託したベンダに対して、当該条項を根拠に、債務不履行責任が追及されることとなるであろう。しかし、そのような要求水準が契約書中に記載されておらず、当事者の意思が推認できない場合[36]もある。そういったケースでは、当該サイバー攻撃に対して脆弱性を有するセキュリティ水準でシステムを保守・運用していたことが、準委任契約における受託者としてのベンダの善管注意義務に反するとして、当該善管注意義務違反に基づく債務不履行責任が追及されることとなる。

b　裁判例

　受託者としてのベンダの善管注意義務違反について争われた裁判例として、EC サイトの受注システムが外部からのサイバー攻撃を受け、顧客情報の流出が生じた事案において、当該受注システムの発注者が、システム設計および保守を受託した受注者に対して債務不履行責任に基づく損害賠償請求を行い、これが認められたものがある。

---

35)　この点、前掲経産省モデル契約においては、請負契約と準委任契約のいずれの場合についてもモデル契約書が示されている。
36)　契約書中にセキュリティ水準の記載がされていない場合であっても、契約書全体や当事者の交渉経過などの証拠により、満たすべきセキュリティ水準についての当事者の合理的意思が推認できる場合には、かかる意思に基づいて判断されることになる。

損害賠償請求事件（東京地判平成 26 年 1 月 23 日）

（事案の概要）
本件は、原告が、被告との間で、原告のウェブサイトにおける商品の受注
システムの設計、保守等の委託契約を締結したところ、被告が製作したア
プリケーションが脆弱であったことにより上記ウェブサイトで商品の注文
をした顧客のクレジットカード情報が流失し、原告による顧客対応等が必
要となったために損害を被ったと主張して、被告に対し、上記委託契約の
債務不履行に基づき損害賠償を求める事案である。

（判旨）
「被告は、……本件システム発注契約を締結して本件システムの発注を受け
たのであるから、その当時の技術水準に沿ったセキュリティ対策を施した
プログラムを提供することが黙示的に合意されていたと認められる。」

「そこで検討するに、……経済産業省は……「個人情報保護法に基づく個人
データの安全管理措置の徹底に係る注意喚起」と題する文書において、
……SQL インジェクション対策の措置を重点的に実施することを求める旨
の注意喚起をしていたこと、IPA（注：独立行政法人情報処理推進機構）は
……「大企業・中堅企業の情報システムのセキュリティ対策〜脅威と対策」
と題する文書において、ウェブアプリケーションに対する代表的な攻撃手
法として SQL インジェクション攻撃を挙げ、……SQL インジェクション対
策をすることが必要である旨を明示していたことが認められ、これらの事
実に照らすと、被告は、……SQL インジェクション対策として、バインド
機構の使用又はエスケープ処理を施したプログラムを提供すべき債務を
負っていたということができる。」

「そうすると、本件ウェブアプリケーションにおいて、バインド機構の使用
及びエスケープ処理のいずれも行われていなかった部分があることは前記
二のとおりであるから、被告は上記債務を履行しなかったのであり、債務
不履行一の責任を負うと認められる」

　本件は、ベンダに対し、システム発注契約締結の事実から、その当時
の技術水準に沿ったセキュリティ水準を提供することが当事者の黙示の
合意であったと認定しており、さらに、「その当時の技術水準に沿った」
水準の判断として、SQL インジェクション攻撃については経済産業省

により公表された資料や IPA によって注意喚起がなされていた事実か
ら、SQL インジェクション対策を行うことは当時の技術水準に照らし
て必要であった旨認定している。

　本判決はサイバー攻撃の手法としての SQL インジェクション攻撃が、
当時 Web アプリケーションに対する代表的な攻撃手法であり、当時の
セキュリティ水準からすると対策がなされていることが当然であるとさ
れていた背景を捉えた判決である。このことをふまえれば、少なくとも
その当時の官公庁や代表的な業界団体における資料で指摘されているサ
イバーリスクについては、善管注意義務の内容に含まれる可能性がある
ことを念頭に置いておく必要があるといえる。

　本件においては、損害としてはシステム受託契約に関連して支払った
代金の一部、顧客への謝罪関係費用、顧客からの問い合わせ等の対応費
用、調査費用、ラックデータセンター使用料、事故対策会議出席交通
費、求人サイト応募フォーム変更費用、売上損失として約 3,200 万円が
認定された。

　ただし、原告においてシステム改修についての提案を受けていながら
対策を講じずに放置していたことを理由に、過失相殺により 3 割の減額
がなされた。

(4)　ソフトウェア・ライセンス契約

　ソフトウェア・ライセンス契約とは、ユーザがソフトウェアのライセ
ンサーからソフトウェアの使用許諾を受ける際に締結される契約である。

　ソフトウェア・ライセンス契約においては、ユーザが対価を支払う義
務を負い、ライセンサーがソフトウェアの利用を可能にする義務を負う
という点で、一般に有償契約であるといえるであろうから、契約不適合
責任の規定の適用を受ける。したがって、サイバー攻撃を受け、システ
ム障害等の損害を受けた原因が、ライセンサーからライセンスを受けて
いたソフトウェアの脆弱性に起因していた場合、一次的には、当該ライ
センサーへの契約不適合責任に基づいた責任追及が検討される。

　もっとも、ソフトウェア・ライセンス契約においては、一般にシュリ
ンクラップ契約（パッケージの開封により使用許諾の契約内容に合意したと

みなされる契約）やクリックオン契約（ソフトウェアをインストールする際に使用許諾の契約内容に同意する旨のボタンをクリックすることが求められる契約）が用いられていることが多いところ、利用許諾に際して設定されるこれらの契約においては、ライセンサーはソフトウェアを現状有姿で提供し、ソフトウェアに関する瑕疵については一切の責任を負わない旨の規定が置かれていることが多い。したがって、かかる場合においては、別途保守・運用契約を締結していない限り、ライセンサーへの責任追及は困難であると考えられる。

⑸　クラウドサービス利用契約

　クラウドサービス利用契約とは、企業がベンダからクラウド・コンピューティングを利用してサービスの提供を受ける際に締結される契約である。

　一般的にクラウドサービスにおいては、ベンダが同一内容のサービスを多数のユーザに提供することが想定されているため、当該ベンダとユーザとの間の契約は、ベンダの定めるクラウドサービス利用規約の適用を受けることが多い。同一の利用規約で幅広いユーザへの提供が見込まれているクラウドサービス利用規約においては、当該システムがサイバー攻撃を受ける等の理由によりサービスを提供できなくなった場合についての記載があらかじめなされることが通常である。したがって、システム障害等の損害を受けた原因が、クラウドサービスに対するサイバー攻撃に起因していた場合、一次的には、サービス利用規約に規定されるベンダの債務不履行責任を追及することにより、当該ベンダへの責任追及が行われる。以下では、かかる請求を検討する上で問題となりうる主な条項を取り上げ検討する。

　a　サービスレベルアグリーメント（SLA）

　サービスレベルアグリーメント（SLA）とは、一般に、提供されるサービスの範囲・内容・前提事項をふまえた上で「サービス品質に対する利用者側の要求水準と提供者側の運営ルールについて明文化したもの」をいう[37]。SLA は、セキュリティサービス、保守サービス、ネット

ワークサービスなど様々なサービス範囲について、一定水準以上のサービスレベルを達成する旨設定され、利用規約の中に含められるまたは別の規約として単体で規定される方法により、サービス利用契約の一内容を構成する。

　SLA においては、サービスの月の稼働時間のうち、一定時間以上のサービス停止があった場合には、当該停止時間の長さに応じて、サービス利用料金の一部返金が行われる旨が規定されていることがある[38]。これは、サービスを一部提供できなかったことを一部債務不履行と捉えて、損害賠償を行う旨を契約により事前に合意しているものと評価できる。

　b　責任限定条項

　責任限定条項とは、利用規約においてベンダの債務不履行責任が認められる要件を限定し、または、認められる場合の賠償額を制限する規定をいう。内容は様々であるが、多くの場合ベンダに有利な規定となっており、ベンダのあらゆる責任をも免除するものや、ベンダの責任を故意の場合のみに限定し、重過失を免責するものもある。また、ベンダが負う損害賠償責任を、ユーザが一定期間（数か月から１年程度であることが多い）に支払う利用金額を上限とするものが一般的である。

責任限定条項の記載例

第●条（免責及び損害賠償の制限）
1. 甲（ベンダー）及び乙（ユーザー）は、本契約の履行に関し、相手方の責めに帰すべき事由により損害を被った場合、相手方に対して損害等の賠償を請求することができる。
2. 乙（ユーザー）による前項の損害賠償の累計総額は、債務不履行、法律上の瑕疵担保責任、不当利得、不法行為その他請求原因の如何にかかわら

37）　経済産業省「SaaS 向け SLA ガイドライン」（2008 年）20 頁。
38）　例として、事業者向けにコンピュータリソースを提供する AWS EC2（Amazon Web Services）では、月間使用時間割合が 99.0% 以上 99.99% 未満の場合には10%、99.0% 未満である場合には 30% の返金がなされる旨が規定されている。

ず、本契約に基づいて乙（ユーザー）が甲（ベンダー）に対して過去 6 ヶ月間に支払った金額を限度とする。

［3.　前項は、損害賠償義務者の故意又は重大な過失に基づく場合には適用しないものとする。］

（経済産業省商務情報政策局情報処理振興課「情報システムの信頼性向上のための取引慣行・契約に関する研究会」〜情報システム・モデル取引・契約書〜（受託開発（一部企画を含む）、保守運用）〈民法改正を踏まえた、第一版の見直し整理版〉を一部改変）

　　この点、かかる責任限定条項については、日本の判例法理により一定の制限が加えられていることに注意が必要である。この点について前掲東京地判平 26 年 1 月 23 日は、ベンダの重過失の場合にまで、その損害賠償義務が制限されることは当事者の公平を著しく害するものとして、重過失の場合にベンダの責任が免責される条項が適用されないことを判示した。

損害賠償請求事件（東京地判平 26 年 1 月 23 日）

（事案の概要）
省略（(3) b 参照）

（判旨）
「29 条 2 項は、ソフトウェア開発に関連して生じる損害額は多額に上るおそれがあることから……損害賠償金額を……制限したものと解され、被告はそれを前提として個別契約の金額を低額に設定することができ、原告が支払うべき料金を低額にするという機能があり、……一定の合理性があるといえる。しかしながら、上記のような…… 29 条 2 項の趣旨等に鑑みても、被告……が、権利・法益侵害の結果について故意を有する場合や重過失がある場合（その結果についての予見が可能かつ容易であり、その結果の回避も可能かつ容易であるといった故意に準ずる場合）にまで同条項によって被告の損害賠償義務の範囲が制限されるとすることは、著しく衡平を害するものであって、当事者の通常の意思に合致しないというべきである（売買契約又は請負契約において担保責任の免除特約を定めても、売主又は請負人が悪意の場合には担保責任を免れることができない旨を定めた民法

572条、640条参照。)。したがって、……29条2項は、被告に故意又は重
過失がある場合には適用されないと解するのが相当である。」

> 「被告は……プログラムに関する専門的知見を活用した事業を展開し、その
> 事業の一環として本件ウェブアプリケーションを提供しており、原告もそ
> の専門的知見を信頼して本件システム発注契約を締結したと推認でき、被
> 告に求められる注意義務の程度は比較的高度なものと認められるところ、
> 前記のとおり、SQLインジェクション対策がされていなければ、第三者が
> SQLインジェクション攻撃を行うことで本件データベースから個人情報が
> 流出する事態が生じ得ることは被告において予見が可能であり、かつ、経
> 済産業省及びIPAが、ウェブアプリケーションに対する代表的な攻撃手法
> としてSQLインジェクション攻撃を挙げ、バインド機構の使用又はSQL
> 文を構成する全ての変数に対するエスケープ処理を行うこと等のSQLイン
> ジェクション対策をするように注意喚起していたことからすれば、その事
> 態が生じ得ることを予見することは容易であった。また、バインド機構の
> 使用又はエスケープ処理を行うことで、本件流出という結果が回避できた
> ところ、本件ウェブアプリケーションの全体にバインド機構の使用又はエ
> スケープ処理を行うことに多大な労力や費用がかかることをうかがわせる
> 証拠はなく、本件流出という結果を回避することは容易であったといえる。
> そうすると、被告には重過失が認められるというべきである。」

　本件においては、ベンダに重過失が認められた点も特筆に値する。本
件において裁判所は、本件で用いられた攻撃方法がSQLインジェク
ションという、当時経済産業省やIPAが公開する文章においても「代表
的な攻撃手法」とされていたものであって、防御が当時の技術水準から
しても容易だったにもかかわらず、かかる対策を怠った点を認定し、ベ
ンダの重過失を認定した。(3)においても述べたとおり、当時の官公庁や
代表的な業界団体における資料で指摘されているサイバーリスクに対応
していない場合には、たとえ責任限定条項を付していても、ベンダに重
過失が認められるとして、当該条項による責任限定が無効とされる可能
性があることに注意が必要である。
　他方、本判決は、損害賠償額に上限を設ける条項については、契約の
金額を低額に設定することに寄与しているから一定の合理性があるとし
て、その有効性を認めている。

c　準拠法および裁判管轄

　クラウドサービスのベンダには、外資系の企業が多いため、そのクラウドサービスの利用規約が日本語で記載されていても、正文が英語であることは多く、準拠法および裁判管轄についても、ベンダの本店所在地の法または裁判所になっていることが多い[39]。この点、一般に、国際裁判管轄の合意も有効とされている（民事訴訟法 3 条の 7 第 1 項）ため、原則としてかかる裁判管轄の合意も有効と解される。また、日本の裁判所に管轄が認められたとしても、日本法上、法律行為の準拠法については当事者が選択した地の法による（法の適用に関する通則法 7 条）ため、原則としてかかる準拠法の定めは有効とされる。外国法に準拠した裁判を海外の裁判所で行うことになれば、当該訴訟のコストは大幅に増加することになるため、留意が必要である。

5　サイバー保険等の活用

(1)　サイバー保険の活用

　ここまで被害回復等について論じてきたが、攻撃者を特定することが困難であることや時に被害額が極めて高額になることからすれば、そもそも民事的な手段による被害回復は相当ハードルが高いことを念頭に置く必要がある。近年においては、各損害保険会社において、サイバーリスクに起因して発生する多様な損害に対応するためのパッケージングがなされた保険（以下、「サイバー保険」という）が取り扱われており、自社や顧客に発生した損害を填補する手段としてこのようなサイバー保険の活用も検討されるべきである。

　サイバー保険の内容については、個々の保険会社ごとにプランに応じて定められるものであり、必ずしも完全に内容が統一されているわけではない。たとえば、サイバー保険で想定されているサイバー攻撃は①不正アクセス行為、②DOS 攻撃、D－DOS 攻撃等のシステムに対する攻

---

39)　たとえば、AWS EC2 においては、当事者に応じてワシントン州法／ワシントン州キング郡州裁判所またはルクセンブルク大公国法／ルクセンブルク市地方裁判所とされている。

撃、③マルウェアの送付、インストール、実行等の行為であり、ビジネスメール詐欺の被害については一般には対象とならないものの、オプションでカバー可能であるようなケースもある。サイバーリスクの見極めの難しさからサイバー保険の保険料が高額になりがちなこともふまえ、自社にどのようなリスクがあるのかを慎重に評価した上で適切な商品を選択する必要がある。

　対象となる損害については、サイバー攻撃によって顧客等に発生した情報漏えいや人格権侵害への補償による損害、調査費用、弁護士費用等の費用損害は対象となるものが多い。サイバー保険によって被害回復がなされた実例としては、オンラインストアで顧客情報の一部が流出した際に、原因究明や復旧にかかった費用について満額の支払いを受けた例[40] 等がある。

　このような補償それ自体の内容だけではなく、情報セキュリティ診断や情報セキュリティ教育等の付帯サービスについても、各保険会社で様々なバリエーションをもって提供されているほか、特に専門家とのネットワークが不足している中小企業等にとってはインシデント発生時に専門家を紹介してもらうといった活用も期待できる[41] こともサイバー保険を利用する利点である。

⑵　被害回復給付金支給制度

　同制度は、犯罪による財産的被害を受けた者に対して、犯人から没収された犯罪被害財産等により被害回復給付金を支給することにより、その財産的被害の回復を図ることを目的とする、犯罪被害財産等による被害回復給付金の支給に関する法律に基づく制度である。

　財産犯等の組織的な犯罪の処罰及び犯罪収益の規制等に関する法律13 条 2 項各号に規定する犯罪行為により、その被害を受けた者から得た財産等を被告人から没収・追徴する刑事裁判が確定し、没収・追徴し

---

40)　「ビジネス保険の「現状」に関するアンケート Q03」ビジネスロージャーナル 144 号 33 頁。
41)　山越誠司＝瀧山康宏「インシデント発生前の予防を──サイバー保険導入・活用のポイント」ビジネス法務 2018 年 6 月号 82 頁。

た財産を金銭化して給付資金として保管した場合に、支給手続が開始する。

　かかる制度を利用してサイバー攻撃による被害の回復がなされた事例として、他人名義の免許証等を利用して同人になりすました上、その者のクレジットカードを利用して80万5,000円相当のビットコインを購入等した事件について、20万1,959円の給付がされたものがある[42]。

6　まとめ

　上記のように検討してきたとおり、サイバー攻撃を受けた場合においては、攻撃者が特定できているのであれば、不法行為に基づく損害賠償請求をはじめとする民事上の対応が有効に機能しうるものといえる。もっとも、サイバー攻撃の特質上、攻撃者の特定が困難な場合も多くみられ、また攻撃者に被害回復のための資力があるかは必ずしも明らかでないという点では限界があり、ベンダ等の攻撃者以外の第三者に対する請求の可能性も状況に応じて検討されるべきである。また、攻撃者の特定やさらなる損害の拡大を防ぐためには、並行して刑事上の対応も適切に行われるべきである。

　いずれの手段をとるにしても、法的手段を実効的に行使するためには、事後的に適切に初動対応を行い証拠を保全することが重要である。しかしながら、サイバー攻撃を受けた事案においては、どのように攻撃がなされたのか、場合によってはサイバー攻撃によって何らかの被害が発生したのかということすらわかりづらい場合が多々みられ、また、証拠も揮発性が高いという特殊性がある。

　いざサイバー攻撃を受けても、そのことを認識できないまま損害が拡大していくことや、認識できたとしても対応の遅れによって証拠が失われてしまい法的対応をとることができなくなってしまうという事態を防ぐため、平時から事前に社内態勢を整備しておき、（**第2部**参照）、インシデントの発生を遅滞なく認識してなるべく早期に初動対応を行い証拠を保全することができるよう備えをしておくことがより重要となる。

42）　平成30年11月21日付特別支給手続開始決定公告。

◆コラム　サイバー保険のメリットと落とし穴

　サイバーインシデントがひとたび発生すれば、企業には多額の損失が発生しうる。たとえば、不正アクセス等のサイバーインシデントの兆候が発見された際には、外部機関の調査依頼費用等も含めて、各種の初期対応費用が発生する。また、サイバーインシデントが原因となって、顧客や取引先等に損害を与えた場合には、損害賠償責任を負うことになる。さらに、サイバーインシデントにともなって事業活動を停止した場合には、その期間に稼得すべき利益を逸失することになる。以上に加え、被害を受けた情報システムの復旧や、再発防止策の実施にも、一定の費用を要することになる。このような損失発生のリスクをヘッジするための対応策として、サイバーセキュリティ保険（サイバー保険）が注目を集めている。経済産業省等が公表するサイバーセキュリティ経営ガイドラインにおいても、リスク移転策の一つとして、サイバー保険の活用が掲げられている。もっとも、サイバーリスクが比較的新しいリスクであり、市場が十分に拡大していないこともあって、サイバー保険の商品数は必ずしも充実していない。また、サイバーリスクの算定には特に困難が伴い、保険料が高額になりがちであるものの、特に大企業にとっては支払限度額が低額にとどまるとの指摘もある。各社のサイバー保険の内容をよく検討し、自社のリスク状況に適合するサイバー保険を選定する必要がある。

　なお、日本損害保険協会では、サイバー保険に関する特設ウェブサイト（https://www.sonpo.or.jp/cyber-hoken/）を設けて、サイバー保険の補償内容や事故から補償までの流れ、サイバー保険に関するQ&Aなどを掲載しており、参考となる。

<u>第4部</u>

サイバーセキュリティに関する規制動向・重要論点

第4部では、サイバーセキュリティ法務対応にあたって特に留意が必要なサイバーセキュリティに関する規制動向や重要論点を解説する。

海外では、サイバーセキュリティに関する体制整備やサイバーインシデント対応が法的義務やそれに準じる開示義務に引き上げられつつある。法規制の違反により巨額の制裁金を科される例も生じており、企業価値毀損にも直結しうる。そこで、第1章では、EU、米国、中国などのサイバーセキュリティ関連法制の動向やその日本企業への影響を解説する。加えて、サイバーインシデントの結果、個人情報が流出した場合には、個人情報保護規制に違反する結果ともなりえ、個人情報保護規制においても一定のセキュリティ対策が要請されている。そこで、第2章では、EU一般データ保護規則（GDPR）・米国カルフォルニア州消費者プライバシー法などのデータ保護規制の動向と日本企業への影響を、サイバーセキュリティに関連する範囲で、解説する。

サイバー攻撃は、テロ・犯罪組織が関与する形で敢行され、サイバー攻撃による犯罪収益は資金洗浄がなされることが多い旨が報告されている。そのため、日本企業は、テロ・組織犯罪の資金源対策やマネー・ローンダリング防止の観点からも、サイバーセキュリティ対策に取り組む必要がある。第3章では、海外制裁対象者・国内反社会的勢力とサイバー攻撃との関係を解説した上で、その対応を提示する。また、第4章では、マネー・ローンダリングとサイバーセキュリティの関係を解説した上で、その対応を提示する。さらに、第5章では、サイバー攻撃の手口のうち特にビジネスメール詐欺が組織的犯罪集団の資金源となっていると指摘されることから、その手口や対応策を具体的に解説する。

現在、様々な業種の企業においてサイバーセキュリティ対策に取り組む必要が生じている。その中でも、本邦では、金融機関に対する当局の監督やそれに応じた取組みが特に進みつつあり、他の業種にも参考となる。そこで、第6章では、金融当局の監督の状況やこれに対応した金融機関の取組みのあり方を解説する。金融機関の中でも、特に暗号資産（仮想通貨）交換業者に対しサイバー攻撃が行われ大量の資産が流出する事故が複数生じており、規制や監督が強化されている。そこで、第7章では、暗号資産に関連したサイバーリスク・規制やその対応を解説する。

第 1 章　　サイバーセキュリティ関連規制の動向と影響

　欧米や中国では、個人情報の保護とは別個に、企業に対し、サイバーセキュリティ対策やその情報開示自体を義務づける法規制が導入されつつある。企業はもはや「サイバー攻撃の被害者」という受動的な立場にはなく、サイバーセキュリティ対策のための能動的な役割が期待されているという点でパラダイムシフトが生じている。万が一これらの法令に違反した場合には、法的制裁やレピュテーションリスクにつながりかねず、実際に、巨額の制裁金を科される事案も生じている。

1　EU サイバーセキュリティ指令によるパラダイムシフト

　2016 年に EU において Directive on Security of Network and Information Systems（ Directive（EU）2016/1148））（以下（サイバーセキュリティ指令））が採択され、EU 加盟国で国内法化されている。

　本指令は、以下のとおり、一定の種類の企業に対し、サイバーセキュリティ体制構築義務とサイバーインシデント発生時の通知義務を負わせるものである。個人情報保護と別に、サイバーセキュリティ対策を法的義務に引き上げたものとして、注目されている。

⑴　不可欠サービス運営企業（OES：operators of essential services）に対する規制

a　OES の定義

OES とは、指令 5 条⑵の基準[1] を満たす附則 Ⅱ 記載の業種[2] の企業を

---

1)　(a)　重要な社会・経済活動の維持に不可欠なサービスを提供する企業で、(b)そのサービスの提供がネットワーク・情報システムに依存、(c)　サイバー事件がそのサービスの提供を重大な阻害効果を有する。

いう（指令 4 条(4)）。

b　OES の義務

OES は、体制構築義務として、サイバーリスクに対処し、サイバー被害を予防し影響を最小化するための適切な技術上・組織上の措置を取る義務を負うと共に（指令 14 条(1)）、通知義務として重大な影響をもたらすすべてのサイバー被害について遅滞なく規制当局に通知する義務を負う（指令 14 条(2)）。「重大な影響」を有するか否かを決定するにあたっては、(a)影響を受ける利用者の種類、(b)被害の期間、(c)被害の地理的な広がりが考慮される（指令 14 条(4)）。

(2)　デジタルサービス提供企業（DSP：digital service providers）に対する規制

a　DSP の定義

DSP とは、附則Ⅲ記載の種類[3]のデジタルサービスを提供するすべての法人をいう（指令 4 条(6)、4 条(7)）。

b　DSP の義務——OES との比較

DSP も OES と同様、体制構築義務と通知義務を負う（指令 16 条(1)(3)）。ただし、OES と比較すると義務が一定程度軽減されている。

サイバー被害発生時の通知義務のトリガーとなる「重大な影響」の判断について、上記(a)〜(c)の要素に加えて(d)サービスの機能障害の程度、(e)経済・社会活動への影響の程度も考慮される（指令 16 条(4)）。また、DSP が中小企業[4]である場合、適用が除外される。さらに、OES は、セキュリティ方針の効果的な実施に関する証拠を提出したり、規制当局

---

2)　エネルギー、運輸、銀行、金融市場インフラ、医療、飲料水供給・配送、デジタルインフラ。
3)　オンライン市場、オンラインサーチエンジン、クラウドコンピューティングサービスの 3 つをいい、他の業種（ストリーミング、オンラインコンピューターゲーム、ソフトウェア配信、ソーシャルネットワーク提供）などは含まれない。
4)　従業員 50 人未満で年間売上 1,000 万 € 未満（指令 16 条（17））。

からの改善命令に従ったりする義務を負う一方（指令 15 条(2)(3)）、DSP にはこれらの義務を負わない。ただし、DSP も上記義務違反を是正することは義務づけられる（17 条(2)）。

c　非 EU 企業に対する域外適用

　日本企業を含む非 EU 企業も、DSP としてデジタルサービスを EU 域内で提供している場合には、EU 代表者を選任する必要があり、EU 代表者が本拠を置く EU 加盟国の国内法が適用される（指令 18 条(2)）。このような域外適用の関する規定は、データ保護に関する EU 一般データ保護規則（GDPR）のそれとも類似している。

2　EU サイバーセキュリティ法による対策強化

　2017 年 5 月の世界同時サイバーテロ攻撃を受け、サイバーセキュリティ対策を一層強化するべく、EU では、サイバーセキュリティ法（EU Cybersecurity Act）が 2019 年 6 月に発効した。同法は、サイバーセキュリティ認証制度の設立とサイバーセキュリティ庁の設置という 2 つの柱から構成されている。

(1)　EU サイバーセキュリティ認証制度の設立

　重要なインフラ施設や新しい消費者機器において IoT 製品・サービスの信頼性を確保するための EU cybersecurity certification framework を設立するものである。

　認証は、強制的なものではなく任意のものであるが、認証は EU 各国によって認知され国境を越えた取引が容易になる。同認証は、重要なインフラ施設や新しい消費者機器において IoT 製品・サービスの信頼性を確保するためのものである。同認証は任意のものであるが、日本企業も、認証の取得を取引先である欧州企業から取引条件として求められる可能性がある。その意味で、サイバーセキュリティ対策の強化は、取引先や顧客の維持の観点からもより重要となりうる。

(2)　サイバーセキュリティ庁の設置

European Agency for Network and Information Security（ENISA）を発展さ
せて、European Union Agency for Cybersecurity を設置するものである。政
策の発展・実施、情報の集積・普及、能力開発、CSIRTs の連携促進、
サイバーセキュリティ認証制度などの市場関連業務を担わせようとする
ものである

3　米国サイバーセキュリティ関連開示ルールの強化と執行

(1)　証券取引委員会「サイバーセキュリティ開示ガイダンス」
##　　　（2011年）

　米国証券取引委員会は、2011年に、米国上場企業を対象に、サイ
バーリスク開示のあり方に関するガイダンスを発表した。同ガイダンス
は、以下のとおり、サイバーリスクを企業価値に直結するものととら
え、上場企業に対し、証券取引法に基づく情報開示の一環として、その
開示の必要性を明確化した。

　a　企業価値に直結するサイバーリスク
　ガイダンスは、サイバー攻撃のコストとして、復旧コスト、サイバー
セキュリティ対策コストの増加、売上減少、訴訟コスト、風評損害を例
示し、サイバー被害の発生が企業価値や株価に重大な影響を与えうるこ
とを指摘している。

　b　サイバーリスクやサイバーインシデントに関する情報開示の必要性
　上記のようなサイバー攻撃のコストをふまえ、ガイダンスは、上場企
業に対し、サイバーリスクが企業価値に重要な影響を与える場合は、企
業が直面する潜在的なサイバーリスクや実際に発生したサイバーインシ
デントの内容を開示すべき旨推奨する。

　c　既存の開示項目におけるサイバーリスクの言及の可能性
　ガイダンスは、①経営者による財務状態および経営成績の検討と分析
（MD&A）、②事業の状況（Description of Business）、③法的手続（Legal

259

Proceedings）など各開示項目において、サイバーリスクおよびサイバーインシデントについて言及すべき余地があることを説明している。

d　サイバーリスクが財務情報に与える影響

ガイダンスは、サイバーリスクを、財務情報にも反映すべき旨指摘する。すなわち、平時はサイバーセキュリティ対策コスト、サイバーインシデント発生時は復旧コストや損害賠償金を発生させるほか、将来的なキャッシュフローにも影響を与えることを分析している。

(2)　証券取引委員会「サイバーセキュリティ解釈ガイダンス」（2018年）

米国証券取引委員会は、サイバー攻撃やこれに伴うデータ漏えいの多発を受け、2018年2月、2011年発表ガイダンスを補完する解釈ガイダンスを発表した。同ガイダンスは、以下のとおり、サイバーセキュリティ開示に関する方針・手続の整備の必要性を強調すると共に、サイバーセキュリティに関するインサイダー取引規制の適用可能性を示している。

a　サイバーセキュリティ開示に関する方針・手続の整備

企業は、証券取引法上の開示義務を果たすために、サイバーリスク・サイバーインシデントの正確かつ適時の開示を可能とするための適切かつ効果的な開示方針・手続を整備する必要があることを明確化した。

b　サイバーセキュリティに関するインサイダー取引規制の適用

企業およびその内部者は、証券取引法上、サイバーリスク・サイバーインシデントの関係でも、インサイダー取引が禁止され、重要事実の不公平な形での開示を控えることが要請されることも明確化した。

(3)　米ヤフー（現Altaba）に対する法執行

2018年4月、米国証券取引委員会は、米ヤフー（執行当時Altaba）に対し、サイバー攻撃・データ漏えいについての情報開示を怠ったことが証

券取引法に違反するとして、3,500 万米ドルの罰金を科した。

　2014 年のサイバー攻撃の際に、ヤフー情報セキュリティチームは企業の「クラウンジュエル」として内部的に評価している重要データ（ユーザーネーム、Email アドレス、電話番号、生年月日、パスワード、セキュリティに関する質問・回答）が、数億のユーザーアカウントに関してロシアのハッカーから盗まれたことを認識していた。

　このようなデータ漏えいに関する情報は、ヤフーの経営トップや法務部に報告されていたにも関わらず、ヤフーはデータ漏えいに関する状況を適切に調査することを怠り、データ漏えいを投資家に開示する必要があるか否か適切に検討することも行った。データ漏えいの事実は、2 年後に Verizon Communications、Inc. がヤフーの事業を買収することを完了する手続に至るまで、投資家に対して、公表しなかった。このような情報開示の懈怠が証券取引法違反と認定されたものである。

4　米国サイバーセキュリティ情報共有法によるインセンティブ

　米国では、サイバーセキュリティ対策において企業から協力を得る必要性が認識され、2015 年に、サイバーセキュリティ情報共有法[5][6] が採択された。

　同法は、EU サイバーセキュリティ指令のように企業に法的義務を課すものではないが、その代わりに、対策のためのインセンティブを与えるものである。すなわち、情報共有に関するセーフハーバーとして、①民事上の責任免除、②規制上の責任の制限、③反トラスト法上の責任免除を認める一方、情報共有が特権・保護の放棄とはみなされないことを確認し、サイバーセキュリティ情報の共有を促している。

5　ニューヨーク金融サービス局（NYDFS）による金融機関に対する規制強化

　NYDFS は、2017 年 3 月、サイバーセキュリティ規制[7] を施行した。

---

5)　https://www.sec.gov/divisions/corpfin/guidance/cfguidance-topic2.htm
6)　Cybersecurity Information Sharing Act of 2015

同規制は、ニューヨーク州の金融機関[8]（日本の金融機関もニューヨーク州で免許・登録を受けていればこれに含まれる）に対して、サイバーセキュリティ体制の構築を法的に義務づけるものである。同規制は、業種は限定されているとはいえ、EU 指令と同様、企業にサイバーセキュリティ対策に関する法的義務を課すものと評価できる。同規制は、体制構築における要求事項を以下の 16 の項目に分けて詳細に規定しており、参考となる。

[図表 4-1-1] サイバーセキュリティ規制の要求事項

要素	内容
サイバーセキュリティ・プログラム（500.02 条）	情報システムの機密性・統一性・利用可能性を保護するためのプログラムをリスクアセスメントをふまえ整備する必要
サイバーセキュリティ基本方針（500.03 条）	上級役員または取締役会が基本方針を承認する必要
チーフ情報セキュリティオフィサー(500.04 条)	プログラム及び基本方針を監督・実施するものとして選任する必要
ペネトレーションテスト・脆弱性診断（500.05 条）	リスクアセスメントをふまえ、年１回のペネトレーションテスト、年１回の脆弱性診断を実施する必要
監査証跡（500.06 条）	サーバーセキュリティ事象を探知・対応するための監査証跡を残しておく必要
アクセス特権（500.07 条）	リスクアススメントをふまえ、未公開情報を提供する情報システムへのアクセス特権を制限する必要
アプリケーション・セキュリティ(500.08 条)	サイバーセキュリティプログラムには、会社内部または外部で開発されたアプリケーションの使用に関する手続を含む必要

7) 23 NYCRR 500（CYBERSECURITY REQUIREMENTS FOR FINANCIAL SERVICES COMPANIES）
8) Section 500.01（c）は、対象企業を、ニューヨーク州銀行法・保険法・金融サービス法に基づき免許・登録等を受けている、または受ける義務のあるすべての金融機関を含む旨定義している。

リスクアセスメント （500.09条）	事業活動の状況、収集・保管されている未公開情報、利用されている情報システムなど視点から定期的にリスクアセスメントを実施する必要
人員・専門知識 （500.10条）	専門知識を有する人員を配備する必要
第三者サービスプロバイダー方針（500.11条）	第三者サービスプロバイダーに情報システム・未公開情報にアクセスさせる場合は、方針・手続を策定する必要
多要素認証 （500.12条）	多要素認証・リスク認証を含む制御の必要
データ保持の制限 （500.13条）	未公開情報を安全に廃棄するための方針・手続を策定する必要
研修・モニタリング （500.14条）	リスクの高さに応じた研修・モニタリングを実施する必要
未公開情報の匿名化 （500.15条）	外部のネットワークを通じて移動するまたは内部で保存される未公開情報を保護するために匿名化等の措置が必要
インシデント対応計画 （500.16条）	サイバーセキュリティ事象に対応・回復するための計画を策定する必要
監督当局への通知 （500.17条）	サイバーセキュリティ事象発生後72時間以内に通知する必要

6　中国サイバーセキュリティ法による法的義務化

　中国でも、2016年にサイバーセキュリティ法[9] が採択され、2017年に施行された。同法は、ネットワーク運営者、重要情報インフラ提供者、ネットワーク製品およびサービス提供者等に対して、サイバーセキュリティ対策を義務づけている[10]。同法も、サイバーセキュリティ対策を法的義務に引き上げたものとして注目を集めている。

---

9)　中華人民共和国網絡安全法。邦訳は、ジェトロウェブサイト（https://www.jetro.go.jp/ext_images/world/asia/cn/law/pdf/others_005.pdf）参照。
10)　中国サイバーセキュリティ法の詳細はジェトロ北京事務所「中国におけるサイバーセキュリティー法規制にかかわる対策マニュアル（更新版）」（https://www.jetro.go.jp/ext_images/_Reports/02/2018/155b6354c9acea0c/cn-report_1910_2.pdf）参照。

(1)　ネットワーク運営者に対する規制

a　ネットワーク運営者

ネットワーク運営者とは、ネットワークの所有者および管理者ならびにネットワークサービスの提供者をいう（法76条3号）。ウェブサイト等を開設する企業もこれに含まれうる。

b　ネットワーク運営者の義務

ア　ネットワークセキュリティに関する安全保護義務（法21条）

ネットワークセキュリティに関する等級保護制度の要求事項に従い、以下のとおり安全保護義務を履行し、ネットワークが妨害、破壊されたり、不正アクセスを受けたりすることがないよう保障する義務を負う。（等級保護制度とは、ネットワークの重要性に応じた等級に従い、異なるネットワークセキュリティの要求事項の詳細を定める制度である。）

> ①　内部安全管理制度及び操作規程を整備し、ネットワークの安全責任者を確定し、ネットワークの安全にかかる保護責任を確実に履行する。
> ②　コンピューターウイルス及びサイバー攻撃、ネットワーク侵入等のネットワークの安全を脅かす行為を防止する技術的な措置を講じる。
> ③　ネットワークの運行状態及びネットワークの安全にかかる事件のモニタリング及び記録にかかる技術措置を講じ、なおかつ規定に従い関連するネットワークのログを少なくとも6か月間は保存する。
> ④　データ分類並びに重要データのバックアップ及び暗号化等の措置を講じる。
> ⑤　その他、法律及び行政法規に定める義務の履行。

イ　購入するネットワーク製品・サービスの強制的標準への適合義務（法22条）

購入するネットワーク製品・サービスが国の強制的標準に適合していることを確保する義務を負う。

ウ　ネットワーク使用者の身分確認を行う義務（法23条）

ネットワークの使用者に対してサービスの提供を確認する際に、使用者に真実の身分情報を提供するよう要求する必要がある。

　　エ　サイバーインシデントへの緊急対応プランを整備する義務（法
　　　25条）
　サイバーインシデントのための緊急対応プランを整備し、遅滞なくシステムのセキュリティホール、コンピュータウイルス、サイバー攻撃、ネットワーク侵入等の安全にかかるリスクを処置する必要がある。

(2)　重要情報インフラの運営者に対する法規制
　a　重要情報インフラの運営者
　中国サイバーセキュリティ法は、公共通信および情報サービス、エネルギー、交通、水利、金融、公共サービス、電子行政サービス等の重要業界および分野や、一旦機能の破壊もしくは喪失またはデータ漏えいに遭遇すると、国の安全、国民の経済・生活および公共の利益に重大な危害を及ぼすおそれのある重要な情報インフラを特別に保護している（法31条）。その関係で、ネットワーク運営者のうち、特に重要情報インフラの運営者に対しては、追加の義務を課している。

　b　重要情報インフラの運営者の追加的義務
　　ア　追加の安全保護義務（法34条）
　重要情報インフラの運営者は、ネットワーク運営者に課される法21条規定の義務に加えて、以下の追加の安全保護義務を負う。

---

(1)　専門の安全管理機関及び安全管理責任者を設置し、かつ当該責任者及び重要職位の人員に対し安全性に関するバックグラウンド審査を行う。
(2)　業務に従事する者に対し、定期的にネットワークの安全にかかる教育、技術研修及び技能考査を行う。
(3)　重要なシステム及びデータベースについて災害に備えたバックアップをとる。
(4)　ネットワークの安全にかかる事件のための緊急対応マニュアルを制定し、なお且つ定期的に訓練を行う。
(5)　その他、法律及び行政法規所定の義務の履行。

　　イ　ネットワーク製品およびサービスの購入における安全秘密保持
　　　契約の締結義務（法 36 条）
　重要情報インフラの運営者は、ネットワーク製品およびサービスを調
達するにあたり、その提供者と安全秘密保持契約を締結し、安全および
秘密保持にかかる義務および責任を明確にする必要がある。

　　ウ　個人情報および重要データを中国国内に保管する義務（法 37 条）
　重要情報インフラの運営者が中国国内での運営において収集、発生さ
せた個人情報および重要データは、国内で保存しなければならない。

　　エ　ネットワークの安全リスクについて検査・評価を行う義務（法
　　　38 条）
　重要情報インフラの運営者は、自らまたはネットワークの安全サービ
ス機関に委託し当該重要情報インフラのネットワークの安全性および存
在するおそれのあるリスクについて、毎年少なくとも 1 回の検査測定評
価を行い、関係機関に報告する必要がある。

7　日本のサイバーセキュリティ基本法の動向

　日本では、上述した他国の規制の状況とは異なり、現在のところ、企
業にサイバーセキュリティ対策が法的に義務づけられるまでには至って
はいない。
　すなわち、日本でも、2014 年に、サイバーセキュリティ基本法が成
立している（2019 年改正）。同法 6 条は、重要社会基盤事業者に対して、
自主的かつ積極的にサイバーセキュリティの確保に努めるとともに、国
または地方公共団体の施策に協力するよう努めるように要請しているも
のの、あくまで自主的な取組みを促すものであり具体的な法的義務を課
すものではない。また、法 14・15 条も、重要社会基盤事業者等におけ
るサイバーセキュリティの確保の促進や民間事業者等の自発的な取組み
の促進を抽象的に規定しているにとどまる。
　しかし、サイバーセキュリティ対策が法的義務まで引き上げられつつ
ある他国の動向をふまえると、日本企業にも今後より一層能動的な取組

みが求められる可能性が高い。

◆コラム　サイバーセキュリティ規制関連の動向と影響

システム担当やセキュリティ担当の留意点

　ビジネスやセキュリティを取り巻く環境は日々変化し、新たな規制やルールもビジネスやセキュリティに影響をする。新たな規制やルールは国内だけではなくビジネスがインターネットを通じて海外にもおよぶ場合は海外の規制やルールも影響をする。

　グローバルに拠点展開している企業は各国のサイバーセキュリティに関する規制に従う必要があり特に重要インフラ事業者については、より厳しい基準が定められているケースが多い。

　国によって規制は様々だが報告のルールについても米国や欧州、シンガポール、中国、香港、インドネシア等においても、準拠すべき基準やインシデント発生時の通知時限、個人情報等の持ち出し規制が異なっているため、常に各国の最新の規制動向を注視し、顧問弁護士や法務担当者と相談しながら対策を打つことが重要になる。

　グローバルに展開する顧客や拠点のセキュリティ監視を行う MSS 事業者やプライベート SOC において日本国内で集中監視する場合に、データの持ち出し規制に対応するため規制のある国については監視拠点を別途設けたり、監視に必要なログやデータを現地に蓄積しアラートのみを監視拠点に送る等の工夫が必要になる。

　セキュリティの担当だけが情報を収集して対応を行うには限界があるため、会社や組織の法務・総務部門などと連携して、セキュリティの対策が周辺環境の状況にあったものであるか確認をしておきたい。

法務や総務における留意点

　セキュリティの対策はセキュリティの担当者だけが考えて進めるものではなく、現在のビジネスの状況や規制、ルールなどに照らし合わせて見直しを行う必要がある。そのためにも、組織の仕組みとして法務部門も含め

た定期的に見直しができるようにしておきたい。規制やルールの情報の収集や実際のセキュリティ対策との照らし合わせについては法務や総務部門の支援が必要であるため、システム担当やセキュリティ担当と連携ができるようにしておくことが期待される。

第2章　個人情報保護規制の動向とサイバーセキュリティへの影響

　サイバーセキュリティに関する法規制が導入される以前から、各国では、個人情報保護に関する法規制が導入されている。サイバーインシデントが発生し、個人情報が漏えいした場合には、個人情報保護規制の違反として法的制裁を受ける可能性もある。実際に、サイバーインシデントを原因としたデータ漏えいに関しても、多額の制裁金が科されている。

　本項は、サイバーセキュリティに関連する範囲で、各国の個人情報保護法制の動向概要と実務影響に関して解説する。

1　EU 一般データ保護規則（GDPR）とサイバーセキュリティ

(1)　概　　要

　EU では、2016 年にデータ保護規則（General Data Protection Regulation：Regulation（EU）2016/679）が採択され、2018 年 5 月に施行された[1]。GDPP は、データ保護指令（Data Protection Directive：95/46/EC）と比較して、個人情報の保護、当局の執行権限を強化すると共に、企業の責任を拡大するものである。

[図表 4-2-1] データ保護指令と GDPR の比較

データ保護指令	一般データ保護規則（GDPR）
・ 指令に基づき、各加盟国が国内法化 ・ 各加盟国のデータ保護法は、指令に基づき最低限の基準が設定され	・ 基準の統一化を図るため、各加盟国のデータ保護法を廃止し、データ保護規則を国内法化を経ることなく直接適用。

---

1)　日本語訳は、個人情報保護委員会ウェブサイト（https://www.ppc.go.jp/files/pdf/gdpr-provisions-ja.pdf）を参照。

ているとはいえ、内容が異なっている ・ 第 29 条作業部会（Article 29 Working Party）が、特定の論点に関して共通の解釈を示すことにより、EU 加盟国のデータ保護法の調和を図ってきた。	・ 第 29 条作業部会は欧州データ保護会議（European Data Protection Board）に移行 ・ 個人のプライバシー権の保護を強化 ・ 個人データの管理者・処理者である企業の責任・義務を強化 ・ 違反の場合の罰則を強化（罰金上限を前会計年度の全世界年間売上高の 4％ まで引き上げ）

(2)　保護・適用対象

　GDPR は、「個人データ」を保護するために、個人データの「管理者」「処理者」を規制している。各用語の定義は図表 4-2-2 のとおりである。

[図表 4-2-2] GDPR における用語の定義

用語	定義
個人データ （personal data）	識別された又は識別され得る自然人（「データ主体」（data subject））に関するあらゆる情報をいう。「識別され得る自然人」は、特に、氏名、識別番号、位置データ、オンライン識別子のような識別子、又は当該自然人に関する物理的、生理的、遺伝子的、精神的、経済的、文化的若しくは社会的アイデンティティに特有な一つ若しくは複数の要素を参照することによって、直接的に又は間接的に、識別され得る者をいう（4 条 1 号）
取扱い （processing）	自動的な手段であるか否かにかかわらず、個人データ又は個人データの集合に対して行われるあらゆる作業又は一連の作業（4 条 2 号）
管理者 （controller）	単独で又は他と共同して、個人データの取扱いの目的及び手段を決定する自然人、法人、公的機関、行政機関又はその他の団体（4 条 7 号）
処理者 （processor）	管理者のために個人データの取扱いを行う自然人、法人、公的機関、行政機関又はその他の団体（4 条 8 号）

(3)　日本企業に対する域外適用の可能性

　GDPR は、EU 域内に管理者・処理者が拠点を持たない場合であっても、EU 域内に商品・サービスを提供する場合に域外適用される（GDPR 3 条 2 項）。

　管理者または処理者が EU 域内の一またはそれ以上の加盟国に所在するデータ主体に商品またはサービスを提供することを想定していることが明らかか否かが、GDPR 適用における基準となる。一またはそれ以上の EU 加盟国で、一般的に使われる言語や通貨が使用され、さらにその言語で商品またはサービスが注文できること、および EU 域内に所在する顧客やユーザについて言及がある場合、管理者が EU 域内に対し商品やサービスの提供を想定していると判断される可能性がある[2]。

　なお、EU 域内に拠点のない管理者または処理者の場合には、EU 域内の代理人を選任する必要がある（GDPR 27 条）。

(4)　管理者・処理者に対する要求事項と制裁

　GDPR は管理者・処理者に対し、様々な法的義務を課しており、これに違反した場合、図表 4-2-3 のとおり、多額の制裁金が科される可能性がある。

[図表 4-2-3]　GDPR の要求事項と制裁

制裁金上限	違反の内容
1,000 万ユーロ以下の制裁金、又は、事業の場合、直前の会計年度における世界全体における売上総額の 2％以下の金額、若しくは、いずれか高額の方（GDPR 第 83 条 4 項）	以下の条項における管理者及び処理者の義務の違反 ・　第 8 条 子どもの同意に適用される要件 ・　第 11 条 識別を要しない取扱い ・　第 25 条 設計・既定におけるデータ保護 ・　第 26 条 共同管理者 ・　第 27 条 EU 域内に拠点のない管理者又は処理者の代理人の選任 ・　第 28 条 処理者への委託 ・　第 29 条 管理者又は処理者の権限の下における取扱い ・　第 30 条 取扱活動の記録 ・　第 31 条 監督機関との協力 ・　第 32 条 取扱いの安全性の確保 ・　第 33 条 監督機関に対する個人データ侵害の通知 ・　第 34 条 データ主体に対する個人データ侵害の連絡 ・　第 35 条 データ保護影響評価

---

2)　Guidelines 3/2018 on the territorial scope of the GDPR (Article 3) Version 2.1（https://edpb.europa.eu/sites/edpb/files/files/file1/edpb_guidelines_3_2018_territorial_scope_after_public_consultation_en_0.pdf）。

	・ 第36条 データ保護影響評価における監督機関との事前協議 ・ 第37条 データ保護オフィサーの指名 ・ 第38条 データ保護オフィサーの地位の確保 ・ 第39条 データ保護オフィサーの職務の遂行 ・ 第42条 認証 ・ 第43条 認証機関
2,000万ユーロ以下の制裁金に服するものとし、又は、事業の場合、直前の会計年度における世界全体における売上総額の4％以下の金額、若しくは、いずれか高額の方（GDPR第83条4項）	以下の条項違反行為 (a)　同意の条件を含め、第5条、第6条、第7条及び第9条による取扱いの基本原則； (b)　第12条から第22条によるデータ主体の権利； (c)　第44条から第49条による第三国内又は国際機関内の取得者に対する個人データの移転； (d)　第9章に基づいて採択された加盟国の国内法による義務； (e)　第58条第2項による監督機関からの命令、取扱いの一時的な制限若しくは恒久的な制限又はデータ移転の停止の不服従、又は、第58条第1項に違反するアクセスの不提供。

⑸　サイバーセキュリティ対策に関連する要求事項

a　技術的対策の実施の必要性

　サイバーセキュリティとの関係では、GDPR 32条が、以下のとおり、データ漏えいリスクに対する適切なセキュリティレベルを保証する適切な技術的・組織的な対策を実施する義務を課している。

　また、管理者が処理者に対しデータの取扱いを伴う業務に従事させる場合や処理者が別の処理者を業務に従事させる場合、Data Processing Agreement（DPA）というデータの取扱いに関する合意書を締結することが義務づけられている（GDPR 28条3・4項）。このDPAにも、処理者に32条に基づくセキュリティ対策を義務づける条項を挿入することが義務づけられる（GDPR 28条3項(c)）。そのため、日本企業は直接GDPRの適用を受けない場合でも、GDPRの適用を受ける企業とのDPAに基づき、セキュリティ対策が求められる可能性もあるため、注意が必要である。

GDPR 第32条　取扱いの安全性

1. 管理者及び処理者は、最新技術、実装費用、取扱いの性質、範囲、過程及び目的並びに自然人の権利及び自由に対する様々な蓋然性と深刻度のリスクを考慮に入れた上で、リスクに適切に対応する一定のレベルの安全性を確保するために、特に、以下のものを含め、適切な技術上及び組織上の措置をしかるべく実装する。

(a) 個人データの仮名化又は暗号化

(b) 取扱システム及び取扱サービスの現在の機密性、完全性、可用性及び回復性を確保する能力

(c) 物的又は技術的なインシデントが発生した際、適時な態様で、個人データの可用性及びそれに対するアクセスを復旧する能力

(d) 取扱いの安全性を確保するための技術上及び組織上の措置の有効性の定期的なテスト、評価及び評定のための手順

2. 安全性の適切なレベルを評価する際、取扱いによって示されるリスク、特に、送信され、記録保存され、又は、それ以外の取扱いがなされる個人データの、偶発的又は違法な、破壊、喪失、改変、無権限の開示、又は、アクセスから生ずるリスクを特に考慮に入れる。

b　データ漏えいにおける報告の必要性

　サイバー攻撃の結果、データが漏えいした場合に図表4-2-4のとおり、管理者・処理者は、GDPR 33・34条に基づき、監督機関およびデータ主体に対し報告する義務を負う。

[図表4-2-4] データ漏えい時の報告義務

条文	主体	通知先	内容
33条1項	管理者	監督機関	個人データの侵害が発生した場合、管理者は、不当な遅滞なしに、可能であれば、侵害に気が付いてから72時間以内に、第55条に従って個人データの侵害を管轄監督機関に通知しなければならない。ただし、個人データの侵害により自然人の権利又は自由に対するリスクが生じ得ない場合を除く。監督機関への通知が72時間以内になされない場合には、遅滞に関する理由と共に通知されなければならない。通知の内容は33条3項に規定。
33条2項	取扱者	管理者	取扱者は、個人データの侵害に気付いた後、不当な遅滞なしに管理者に通知しなければならない。

34 条	管理者	データ主体	個人データ侵害が自然人の権利および自由に対して高リスクを引き起こし得る場合、管理者は、不当な遅滞なしにデータ主体に個人データ侵害について通知しなければならない。

⑹　法執行の例

　各国の監督機関が GDPR の違反に関して制裁金を科す権限を有するところ、実際に現在に至るまでの各国で多くの法執行が行われており、サイバーインシデントによるデータ漏えいを契機としたものも多く含まれている。

　たとえば、英国の監督機関 ICO は、2019 年 7 月、英航空大手 British Airways（BA）社に対し、GDPR 違反として 1 億 8,339 万ポンド（約 250 億円）の制裁金を科した。

　BA 社では、2018 年 9 月に大規模情報流出のサイバーインシデントが発生した。このインシデントでは、BA 社のウェブサイトが虚偽のサイトに書き換えられ、顧客情報がサイバー攻撃者によって窃取され、約 50 万件の顧客情報が流出した。ICO は、このインシデントの原因が、BA 社によるセキュリティ対策の不足にあったと特定し、これがデータ漏えいリスクに対する適切なセキュリティレベルを保証する適切な技術的・組織的な対策を実施する義務を課す GDPR 32 条に違反すると認定した。

2　米国カリフォルニア州消費者プライバシー法（CCPA）とサイバーセキュリティ

　米国では、包括的な個人情報に関する連邦法は存在しておらず、金融[3]・医療[4] 分野などの各種業法において、個人情報の保護が義務づけられていた。

　もっとも、IT 企業の個人情報漏えいなどの不祥事を受け、2018 年、カリフォルニア州で、個人情報保護を強化する消費者プライバシー法

---

3)　Gramm-Leach-Bliley Financial Modernization Act of 1999（GLBA）
4)　Health Insurance Portability and Accountability Act of 1996（HIPAA）

（California's Consumer Privacy Act（CCPA））[5] が成立し、2020 年 1 月に施行された。

(1)　保護の対象

CCPA における保護の対象は、「消費者」の「個人情報」である。

「消費者」とは、加州に居住するすべての自然人が含まれる（CCPA1798.140 条(g)）。

また、「個人情報」とは、消費者に対して関係する可能性がある（capable of being associated with）情報が広く含まれるものと定義されている（CCPA1798.140 条(o)）。

(2)　域外適用の可能性

加州消費者プライバシー法の対象事業者の範囲は広く、GDPR と同様、日本企業への域外適用の余地もある（CCPA1798.140 条(c)）。

事業者は、年間売上高が 2,500 万ドル超の場合や年間合計 50,000 件以上の個人情報を保有する場合などに対象となる。

また、加州の消費者の個人情報を保有していれば、加州に拠点を有するか否かに関わらず、広く規制が域外適用される余地がある。

(3)　セキュリティ対策の要請と制裁

個人情報を保護するため情報の性質に適合した「合理的なセキュリティ手続とプラクティス（reasonable security procedures and practices）」を実施し維持する義務に事業者が違反した結果として個人情報が漏えいした場合、消費者に 1 件あたり 100 ドル以上 750 ドル以下の損害賠償請求を許容している（CCPA1798.150 条）。米国では集団的消費者訴訟（クラス・アクション）が認められていることを考慮すると、情報漏えいが発生した場合には、企業には巨額の損害賠償責任が認められるリスクが生じている。

---

5)　California Consumer Privacy Act of 2018. 和訳は個人情報保護委員会ウェブサイト（https://www.ppc.go.jp/files/pdf/ccpa-provisions-ja.pdf）。

　CCPA は合理的なセキュリティ手続とプラクティスの内容を具体的には規定はしていないが、本書で記載しているようなセキュリティ対策を行うことが損害賠償責任の回避の観点からも有益である。

3　中国における個人情報保護とサイバーセキュリティ

　中国では、個人情報保護のみを包括的に規制する法令は存在しておらず、個人情報保護に関する規定は、各種業法や各省の条例に点在しているにとどまる状況にある。

　とはいえ、**第 1 章 6** で解説した中国サイバーセキュリティ法においては、規制対象となるネットワーク運営者に対して、第 4 章（40〜50 条）において、以下のとおり個人情報保護に関する様々な義務も課している。

- 個人情報の収集・使用におけるルールの制定義務（41 条 1 項）
- 目的外使用の制限（41 条 2 項）
- 個人情報の漏えい及び改ざん等の禁止、本人同意を得ない第三者提供の禁止（42 条 1 項）
- 個人情報の安全を確保するための技術的措置等の実施義務（42 条 2 項）
- 個人情報漏えい等の場合の本人・当局に対する通知義務（42 条 2 項）
- 個人からの個人情報の削除・更正の要求に応じる義務（43 条）

　上記のとおり、中国サイバーセキュリティ法 42 条 2 項規定のとおり、個人情報の安全を確保する観点からも、技術的措置としてサイバーセキュリティ対策が求められている。

4　日本の個人情報保護法とサイバーセキュリティ

　日本においても、2015 年に個人情報保護委員会の設置を含む個人情報保護法に関する大改正が行われ、2017 年に全面施行された。その後、2015 年改正法で設けられた「いわゆる 3 年ごと見直し」に関する規定（附則 12 条）に基づき 2020 年に同法が再度改正され個人情報の漏えい等が生じた場合における委員会への報告および本人への通知が義務づけ

られた。以下では、特にサイバーセキュリティと関連する規定に焦点を
当てて解説する。

(1)　安全管理措置

　個人情報保護法 20 条は、「個人情報取扱事業者は、その取り扱う個人
データの漏えい、滅失または毀損の防止その他の個人データの安全管理
のために必要かつ適切な措置を講じなければならない。」と規定し、安
全管理措置に関して規定している。

　個人情報保護委員会の制定した「個人情報の保護に関する法律につい
てのガイドライン（通則編）」[6] の第 8 項は、上記個人情報保護法 20 条
に基づき講ずべき安全管理措置の具体的な内容が規定されており、技術
的安全管理措置が、組織的・人的・物理的な安全管理措置と共に、重要
な要素として挙げられている。

　上記の技術的安全管理措置の内容としては、以下のとおり、①アクセ
ス制御、②アクセス者の識別と認証、③外部からの不正アクセス等の防
止、④情報システムの使用に伴う漏えい等の防止の実施が必要とされて
いる（上記ガイドライン 96〜98 頁）。図表 4-2-5 のような措置は、本書で
解説しているサイバーセキュリティ対策の内容と関連するものであり、
サイバーセキュリティ対策は、個人情報保護法の遵守の観点からも有益
であると評価できる。

[図表 4-2-5]　技術的安全管理措置の内容

講じなければならない措置	手法の例示
(1)　アクセス制御	・個人情報データベース等を取り扱うことのできる情報システムを限定する。 ・情報システムによってアクセスすることのできる個人情報データベース等を限定する。 ・ユーザー ID に付与するアクセス権により、個人情報データベース等を取り扱う情報システムを使用できる従業者を限定する。 ・個人データを取り扱うことのできる機器および当該機器を取り扱う従業者を明確化し、個人デー

---

6)　https://www.ppc.go.jp/files/pdf/190123_guidelines01.pdf

	タへの不要なアクセスを防止する。
(2)　アクセス者の識別と認証	（情報システムを使用する従業者の識別・認証手法の例） ・ユーザー ID、パスワード、磁気・IC カード等
(3)　外部からの不正アクセス等の防止	・情報システムと外部ネットワークとの接続箇所にファイアウォール等を設置し、不正アクセスを遮断する。 ・情報システムおよび機器にセキュリティ対策ソフトウェア等（ウイルス対策ソフトウェア等）を導入し、不正ソフトウェアの有無を確認する。 ・機器やソフトウェア等に標準装備されている自動更新機能等の活用により、ソフトウェア等を最新状態とする。 ・ログ等の定期的な分析により、不正アクセス等を検知する。
(4)　情報システムの使用に伴う漏えい等の防止	・情報システムの設計時に安全性を確保し、継続的に見直す（情報システムのぜい弱性を突いた攻撃への対策を講ずることも含む。）。 ・個人データを含む通信の経路又は内容を暗号化する。 ・移送する個人データについて、パスワード等による保護を行う。

(2)　情報漏えいの場合の報告・通知義務

　近年のサイバー攻撃による個人情報の漏えい事案の多発を受けて、2020 年改正により、個人情報の漏えい等が生じた場合における個人情報保護委員会への報告および本人への通知を義務づけられた（施行は、公布の日から 2 年以内）。

　法 22 条の 2 第 1 項では、個人情報取扱事業者は、その取り扱う個人データの漏えい、滅失、毀損その他の個人データの安全の確保に係る事態であって個人の権利利益を害するおそれが大きいものとして個人情報保護委員会規則で定めるものが生じたときは、一定の場合を除き、個人情報保護委員会規則で定めるところにより、当該事態が生じた旨を個人情報保護委員会に報告する義務を負うと規定された。

　また、法 22 条の 2 第 1 項では、この場合に、本人に対しても、一定の場合を除き、個人情報保護委員会規則で定めるところにより、当該事態が生じた旨を通知する義務を負うとされた。

◆コラム　個人情報保護規制の動向とサイバーセキュリティへの影響

システム担当やセキュリティ担当の留意点

　新しい事業やビジネス、システムで個人情報の漏えいや資産が奪われるなどの被害が甚大になるものについては技術開発やビジネスのスピードを優先するだけではなく、全体としてのセキュリティ面でのリスクや影響について事業部門の他に法務や総務部門も含めた各方面での検討をして対策をするようにしておきたい。スタート時点ではそれほどのリスクがなかったとしても、事業を拡大する中でリスクが増して被害が当初の想定より大きくなる場合もある。「以前はこれで良かった」だけで進めるのではなく、ビジネスの周辺の環境の変化にあっているか定期的に見直しを行う。

　GDPR の施行に関して、EU 域内の個人に商品やサービスを提供している組織について様々な対応を実施しているが、一方で個人情報を守る立場のセキュリティエンジニアの調査活動においても一定の影響を及ぼしている。

　ドメインや IP アドレスの管理組織である ICANN は、ドメイン所有者情報のデータベース「WHOIS」の仕様について、問い合わせに対してドメイン登録者の氏名、電話番号、住所、メールアドレス等の取扱いを一部変更した。

　これにより、サイバー攻撃の攻撃元の調査・特定と防御に活用していた攻撃者に関する情報の取得やレピュテーション（危険性に関する評判）を基にリスクスコアを算出するようなセキュリティや犯罪防止製品の一部に影響を及ぼす結果となっている。

　また個人情報に関する各国の法規制は、インテリジェンスサービスの利用や、攻撃者に関する情報を収集し攻撃者の検知・特定・防御に活用しているセキュリティ担当者の活動にも影響を及ぼす可能性があり、攻撃者に関する個人情報の管理や拡大抑止のためのコミュニティへの共有等、弁護士や法務の担当者の見解を得ながら適切に対処していく必要がある。

法務や総務における留意点

　一度動き出した組織内の事業やビジネスについても周辺状況が変化しているか、リスクが変化しているか確認ができるような仕組みを設けておくことが必要となる。法務部門においては、事業の拡大やシステムが大規模に変化するタイミングなどでも確認を行い、新たに影響を受ける規制やルールがないか注意を喚起できるように連携をしておくことが期待される。

　世界の規制やルールの変更により、セキュリティの脅威に関連した情報の収集や扱い方にも変化が起きている。セキュリティ担当がどのような情報を収集しており、どのように扱っているかについても一度担当者と確認をしておき、担当者において必要な情報が活用できるよう法務部門においても支援をされたい。

第3章　反社会的勢力対応の観点からみたサイバーセキュリティ対策

サイバー犯罪は反社会的勢力やテロ組織による資金獲得活動としても行われることから、サイバーセキュリティ対策は反社会的勢力およびテロ組織への対応の一環としても重要となる。

1　サイバー攻撃に関与した個人および団体を対象とした制裁

米国および EU では、サイバー犯罪に関与した個人および団体を制裁対象とする制度が導入されている。これに対して、日本では、サイバー犯罪に関与した個人および団体について、外為法に基づく資産凍結等の対象とはされていない[1]。

(1)　米国 OFAC（米財務省外国資産管理室）規制

a　サイバー関連制裁プログラム

米国政府は、2015 年 4 月、サイバー攻撃に関与した個人・団体を SDN リスト（Specially Designated Nationals and blocked Persons）に指定する大統領令 13694 号（Blocking the Property of Certain Persons Engaging in Significant Malicious Cyber-Enabled Activities）を発行し、サイバー関連制裁プログラムを開始した。また、ロシアの米国大統領選への介入の疑いを受け、2016 年 12 月には、大統領令 13694 号を改訂し、選挙介入目的で情報操作を行った者に制裁対象を拡大する大統領令 13757 号を発行した。本プログラムに基づき、様々なサイバー攻撃に関与している個人・団体が制裁対象者に指定されている[2]。

---

1)　https://www.mof.go.jp/international_policy/gaitame_kawase/gaitame/economic_sanctions/list.html

2)　https://www.treasury.gov/resource-center/sanctions/Programs/pages/cyber.aspx

b　北朝鮮制裁プログラム

米国政府は、2016 年 3 月、北朝鮮の外で、北朝鮮のために、サイバーセキュリティを蝕む顕著な活動を行っている団体を含めて制裁対象者に指定できることを内容とする大統領令 13722 号を発行した。同大統領令に基づく制裁対象者との取引は、米国接点がなくとも制裁対象となる、いわゆる二次的制裁の対象にもなるため留意が必要となる[3]。

OFAC は、同大統領令に基づき、2019 年 9 月、北朝鮮政府の支援を受けてサイバー攻撃を行っているとみられている、Lazarus Group ならびにそのサブグループの Bluenoroff および Andariel を制裁対象者として指定して SDN リストに追加した[4]。これらのグループは、北朝鮮の情報機関である Reconnaissance General Bureau と関係があるとみられている。

c　米国敵対者制裁強化法（CAATSA）（2017 年 7 月）

CAATSA 224 条は、対ロシア制裁強化の一環として、ロシア政府のためにサイバーセキュリティを蝕む顕著な活動を行っている団体を制裁対象者に指定することを可能としている[5]。たとえば、ロシア連邦保安庁（FSB）は、2016 年 12 月に大統領令 13694 号に基づく制裁対象として指定された後、2018 年 3 月に CAATSA 224 条に基づく制裁対象としても指定されている[6]。

d　仮想通貨アドレスの SDN リスト指定

2018 年 3 月のベネズエラ政府発行の仮想通貨の取引を禁止する大統領令 13827 号の発行に並行して、OFAC は、仮想通貨に関する FAQ を新設し、個人・団体だけではなく、仮想通貨アドレスも SDN リストに指定することを明らかにした[7]。

3）　https://www.treasury.gov/resource-center/sanctions/Programs/Documents/nk_eo_20160316.pdf
4）　https://home.treasury.gov/news/press-releases/sm774
5）　https://www.treasury.gov/resource-center/sanctions/Programs/Documents/hr3364_pl115-44.pdf
6）　https://ru.usembassy.gov/treasury-sanctions-russian-federal-security-service-enablers/

　その後の 2018 年 11 月に、OFAC は、イランで仮想通貨の交換に従事する 2 個人と共に同人らに関係する仮想通貨アドレスを SDN リストに指定した[8]。

　P2P 仮想通貨交換業者、Ali Khorashadizadeh と Mohammad Ghorbaniyan は、200 人以上の被害者を標的とした SamSam ランサムウェアに関与するサイバー犯罪関係者のために、ビットコインをイラン通貨リアルに交換することを幇助したことを理由に SDN リストに指定された。同人らが関与する 2 つの仮想通貨アドレスも SDN リストに指定されたこと、OFAC が SDN リストに仮想通貨アドレスを指定したのは初めての事案であった。

　e　FinCEN の仮想通貨に関するアドバイザリーの発行（2019 年 5 月）
　米国金融犯罪取締局（FinCEN）は、2019 年 5 月、「Advisory on Illicit Activity Involving Convertible Virtual Currency」と題する仮想通貨に関する勧告を公表した[9]。当該勧告では、仮想通貨に関連する OFAC 規制コンプライアンス上の留意点として、SDN リストのスクリーニングにとどまらず、制裁対象の国・法域の関係者が口座を開設し、また仮想通貨取引を行うことを禁止するために、以下の措置を取るための方針・手続を実施することが推奨されている。

① 制裁対象国・地域と関連する IP アドレスを遮断する
② 制裁対象国・地域の関係者が保有する口座を無効化する
③ 専属のコンプライアンスオフィサーを配置する
④ 潜在的な利用者が制裁対象地域の関係者ではないことを確実にするためのスクリーニングを行う
⑤ すべての関係する職員に OFAC コンプライアンスの研修を実施する

---

7) https://www.treasury.gov/resource-center/sanctions/OFAC-Enforcement/Pages/20180319.aspx
8) https://home.treasury.gov/news/press-releases/sm556
9) https://www.fincen.gov/sites/default/files/advisory/2019-05-10/FinCEN%20Advisory%20CVC%20FINAL%20508.pdf

(2)　EU 制裁

　EU は、2019 年 5 月、サイバー攻撃の実行または攻撃に財政・技術・物資面で支援、その他の方法で関与した個人・団体を制裁対象とできるサイバー制裁プログラムを開始した[10]。制裁の方法としては EU への渡航禁止および関連する個人および団体の資産凍結が含まれる。

　EU 理事会は 2020 年 1 月 30 日、サイバー制裁プログラムに基づき、6 人の個人と 3 つの団体を制裁対象者として指定し、渡航禁止や資産凍結などの制裁措置を課した。

2　国内反社会的勢力の関与に関する実例

　2016 年 5 月に、不特定多数の出し子によって全国 17 都府県のコンビニエンスストア等に設置された現金自動預払機（ATM）約 1,700 台で、南アフリカ共和国のスタンダード銀行が発行した約 3,000 件の顧客情報が入った偽造カードが不正使用され、約 18 億 6,000 万円が引き出された事件では、指定暴力団 6 団体（六代目山口組・稲川会・五代目工藤會・七代目合田一家・道仁会・神戸山口組）の構成員が出し子や指示役として検挙された[11]。また、関東連合の元メンバーが事件の首謀者の一人として逮捕・起訴されている[12]。この事件は、スタンダード銀行のシステムに不正アクセスした海外の犯罪組織と不正引き出しに関与した日本の反社会的勢力が結託して行った可能性があると報道されている[13]。

---

10)　COUNCIL DECISION concerning restrictive measures against cyber-attacks threatening the Union or its Member States（https://www.consilium.europa.eu/en/press/press-releases/2019/05/17/cyber-attacks-council-is-now-able-to-impose-sanctions/）

11)　警察庁「平成 28 年における組織犯罪の情勢」。

12)　2018 年 3 月 22 日産経新聞「18 億円引き出し 捜査大詰め 闇の資金源 群がる半グレ・暴力団——手法拡散」。

13)　2016 年 10 月 3 日大阪読売新聞「ATM 不正 6 暴力団関与 海外ハッカーと結託」。

[図表 4-3-1]

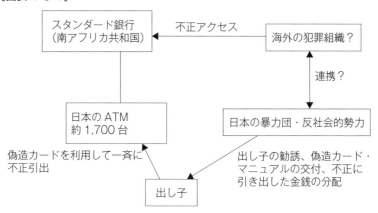

3　海外反社会的勢力の関与に関する実例

⑴　Evil Corp

2019 年 12 月 5 日、米国 DOJ はモスクワ在住のサイバー犯罪者集団 Evil Corp の首領である Maksim Yakubets 氏を起訴したことを公表した[14]。

Yakubets 氏らは、開発したマルウェアを被害者の PC に不正にインストールさせ、オンラインバンキングによる不正送金やランサムウェアを通じて巨額の資金を獲得した。

マルウェアが取得したログイン情報等を送信していたニューヨークのサーバが押収され、そこに保存されていたグループ内のチャットも押収されたことから犯罪の一端が明らかになった。Yakubets 氏らは、英国の共犯者を勧誘するに際して、マルウェアをインストールする報酬として 100,000 ドル、成功報酬として不正に得た利益の 50％ を提案していた。

Yakubets 氏らは、不正な送金を受領して海外に送金するために money mule（不正資金の運び屋）を利用した。money mule として利用された人物は、インターネット上の求職サイトに履歴書を載せていたところ、ロシアのソフトウェア会社の米国における代表者として「雇われ」て受領した金額を米国外に送金するように依頼された。

14）　https://home.treasury.gov/news/press-releases/sm845

　米国務省は Yakubets 氏らの逮捕・起訴につながる情報について Transnational Organized Crime Rewards Program に基づき最大 500 万ドルの報酬を提示した。

　OFAC は、上述したサイバー関連制裁プログラムに関する大統領令 13694 号に基づき Evil Corp および関係者の資産を凍結した。もっとも、Yakubets 氏らはロシア当局と関係が深く、ロシア国外に出国しない限り、実際に逮捕される可能性は低いとみられている。

⑵　Lazarus Group

　2020 年 3 月 2 日、OFAC は、2018 年に仮想通貨取引所からサイバー攻撃により盗まれた仮想通貨のマネー・ロンダリングに関与した 2 人の中国人（田寅寅氏および李家東氏）について、大統領令 13694 号（大統領令 13757 による修正を含む）および大統領令 13722 号に基づく資産凍結を公表した[15]。田氏および李氏は、Lazarus Group と呼ばれる北朝鮮の国家的支援を受けている集団に協力していたとみられている。2018 年 4 月、仮想通貨取引所の従業員がメールを通じて Lazarus Group により作成されたとみられるマルウェアをダウンロードしてしまったことにより、顧客の仮想通貨ウォレットにアクセスするための情報が盗まれてしまい、当時のレートにして 250 百万ドル相当の仮想通貨が取引所から盗まれた。田氏と李氏は、北朝鮮が管理するアカウントから約 91 百万ドルの仮想通貨を受領し、彼らの口座を通じて送金することで仮想通貨の出所を隠蔽した。田氏は最終的に 34 百万ドルの資金を中国の銀行口座に移転させるとともに、1.4 百万ドルのビットコインを iTunes ギフトカード（一部の仮想通貨取引所で新たなビットコインの購入に使用できる）に交換した。

⑶　ナイジェリア人詐欺グループ

　2020 年 6 月 16 日、米国 OFAC は、米国の被害者に対するビジネスメール詐欺およびロマンス詐欺に関与した 6 人のナイジェリア人につい

---

15)　https://home.treasury.gov/news/press-releases/sm924

て、大統領令 13694 号（大統領令 13757 による修正を含む）および大統領
令 13722 号に基づく資産凍結を公表した[16]。Richard Uzuh 氏は、少なく
とも 2015 年初頭から 2016 年 9 月にかけて、企業の CEO 等を装った送
金指示のメールを送ることで被害者を欺罔して、支配下の口座に送金さ
せていた。Uzuh 氏は 1 日に 100 通を超える企業にメールを送信するこ
とがあり、Uzuh 氏による被害金額は 6.3 百万米ドルを超える。Micheal
Olorunyomi 氏は、2015 年 9 月から 2017 年 6 月にかけて、出会い系サイ
トに虚偽のプロフィールを掲載し、被害者とオンライン上で交際した
後、支配下の口座に送金させたり、被害者の口座情報を利用して不正に
得た資金を移動させていた。Olorunyomi 氏による被害金額は 1 百万米
ドルを超える。残り 4 人は、自らビジネスメール詐欺およびロマンス詐
欺を働くとともに、Uzuh 氏を幇助したとされている。

4　具体的対応

　前述のように、サイバー犯罪は反社会的勢力（暴力団のみならず海外
の組織的犯罪集団を含む）やテロ組織による資金獲得活動としても行わ
れることから、サイバーセキュリティ対策は反社会的勢力およびテロ組
織への対応の一環としても重要となる。

　この点、企業が反社会的勢力と接点を持つことは、標的型攻撃やビジ
ネスメール詐欺のリスクを高める可能性があることから、サイバーセ
キュリティ対策の観点からは、常日頃から反社会的勢力との関係遮断に
努めることが望ましい。実際のサイバー攻撃は海外の組織的犯罪集団に
より行われるケースが多いようであるが、前記 **2** の実例のように、暴
力団やいわゆる半グレのような日本の反社会的勢力が関与する例も多い
と考えられることから、そのような国内の反社会的勢力との関係遮断を
徹底して行うことが、サイバーセキュリティに関するリスクの低減にも
資すると考えられる。

　具体的には、内部規定やマニュアルの整備、チェック用ツールの導
入、必要に応じて起用する調査会社の選定等により反社チェックの体制

---

16)　https://home.treasury.gov/news/press-releases/sm1034

を事前に十分に構築した上で、特にサイバーセキュリティに関する重要性の高い業務委託先等についてはチェックを厳格化する等の対応が考えられる。また、取引の性質によっては、OFAC 等の海外の規制（仮想通貨アドレス指定等を含む）についても検討の必要があると考えられる。

　なお、企業の内部に内通者が存在した場合にはサイバーセキュリティに関するリスクも大きなものになると考えられることから、従業員の採用にあたってもサイバーセキュリティに関する重要度も考慮して反社チェックを行うことが望ましいと考えられる。また、従業員に対しては、反社会的勢力と関係を持つことの危険性につき、教育・研修を継続的に行うことが必要と考えられる。

5　その他の留意点

　いわゆるランサムウェアによる被害を受けた場合、これに対して身代金を支払うと犯罪組織やテロ組織の資金源になってしまうことから、一般的には身代金を支払わない対応が推奨されている。たとえば IT セキュリティ企業および世界各国の司法当局によってサポートされている「No More Ransom」[17] というプロジェクトでも、「身代金を支払うことは、絶対にお勧めしません。主な理由として、身代金を支払っても問題が解決するという保証はないことが挙げられます。また、事態が悪化してしまう可能性もあります。たとえば、マルウェアにバグがあるために、適切な鍵を使っても暗号化されたデータを復旧できない場合があります。また、身代金を支払うと、ランサムウェアが有効であることをサイバー犯罪者に証明することになります。その結果、サイバー犯罪者は引き続き犯罪行為を行い、システムを悪用する新しい方法を見出すため、感染数が増え、サイバー犯罪者が獲得する身代金も増えることになります。」と記載されている[18]。

　ただし、ランサムウェア被害にあった企業が身代金を支払うこと自体

---

17)　https://www.nomoreransom.org/
18)　「No More Ransom」のサイトでは、これまで解明しているランサムウェアの復号鍵を配布している（https://www.nomoreransom.org/ja/decryption-tools.html）。

は犯罪とされているわけではなく、実際に身代金を支払う対応を余儀なくされる例も存在するようである。この点、日本の法令上は、都道府県の暴力団排除条例で暴力団等への利益供与が禁止されているが、たとえば東京都暴力団排除条例 24 条 3 項で禁止されている利益供与は「暴力団の活動を助長し、または暴力団の運営に資することとなることの情を知って、規制対象者または規制対象者が指定した者に対して」行う利益供与であり、ランサムウェア被害にあった企業が素性のわからない加害者から指定された口座に暗号資産を送金するような場合は該当しないケースが多いと考えられる[19]。

　もっとも、「No More Ransom」も指摘するように、実際に身代金を支払ってもすべてのデータが復旧される保証がない点には留意が必要である。たとえば、フロリダ州のレイクシティ市は、2019 年 6 月にランサムウェアの被害に遭い、攻撃者の要求に応じて約 460,000 米ドルの身代金を支払ったが、すべてのデータの復旧には至らなかった旨が報道されている[20]。これに対して、奈良県宇陀市立病院は 2018 年 10 月にランサムウェア（GrandCrab）に感染し、電子カルテを含む医療情報システムが使用できなくなるという被害に遭ったが、復元のための解除代金の要求に応じることなく、暗号化されたデータの復元に成功したとのことである[21]。

19）　日経コンピュータ 2016 年 11 月 24 日 37 頁でも、サイバー攻撃は基本的に攻撃者を特定できないため、暴力団排除条例に違反するおそれは少ないとされている（https://xtech.nikkei.com/it/atcl/column/14/346926/112500716/）。
20）　https://www.nytimes.com/2019/07/07/us/florida-ransom-hack.html
21）　https://www.city.uda.nara.jp/udacity-hp/oshirase/change-info/densikarute.html

◆コラム　反社会的勢力対応の観点からみたサイバーセキュリティ対策

システム担当やセキュリティ担当の留意点

　反社会的勢力対応という観点からは、昨今のコンプライアンス意識の高まりから国内の金融機関をはじめとする組織は従業員に対する反社会勢力とのかかわりに関する教育・研修等が行われ、業務委託等に係る契約についても必ずリーガルチェックが行われている。

　発見が困難なのはやはり内部不正のパターンで、組織や上司等に恨みがあったり、金銭に困っている従業員が内部犯罪に手を染めるケースについては、元々組織の中に外国人が少なく性善説を基本としている日本の組織では内部不正対策が脆弱なケースが多いと思われる。

　日本では、個人情報保護の観点から当人の同意を得ずに個人情報（経歴、犯罪歴、反社会勢力との関係性）を取得することが原則としてできない。そのため、採用の時点でバックグラウンド調査によってチェックすることは困難である。

　内部不正対策としては、最近ではDLP（Data Loss Prevention）のようなデータの漏洩をチェックする製品やUEBA（User Entity Behavior Analysis）のような従業員の行動の正常パターンを学習し異常を検知する製品も出てきており、退職者モニタリングや最小権限の原則に従ったタイムリーな権限の付与・削除、内部不正の起こりにくい組織の雰囲気づくりや環境の整備が重要である。

　海外の大学等では組織の従業員のアンケート結果から、将来的に組織内犯罪を起こす可能性のある可能性を算出する計算モデルがあり、組織内でサンプルアンケートを採り実際に書類や鞄等の紛失や事故を起こした従業員の相関を分析する研究が行われているが、日本では組織内の従業員に事故等に関するデータをタブー視する傾向があり進んでいない。

　今後日本の組織も労働人口不足やグローバル化が進むと外国人労働力を積極的に受け入れしていく必要があり、より組織内犯罪に対する対策も重要になってくる。

　一方で国内のコンビニエンスストアのATMで18億円強が引き出され

た事案は、海外のサイバー犯罪者のエコシステムと国内の反社会的勢力が結束して大がかりなサイバー犯罪を実行できることが証明された特徴的な事案であり、今後も同様な犯罪に注視していく必要がある。

　国内の反社組織の中に高いハッキングスキルを持つメンバーがいなくても、ダークウェブ等のコミュニティで取引をしたり、偽造カードや盗まれたクレジットカードや銀行口座情報、マルウェアの提供やDDoSサービスまでサービスとして提供される仕組みが存在している。

　金融機関や法執行機関が対抗していくためには、JC3や金融ISAC等で組織間の連携を高めると共に、従来モニタリングの対象としてこなかったATMでの出金や国内資金移動や海外送金等の異常検知の仕組みの導入と監視態勢の構築が必要である。

法務や総務における留意点

　今後は内部不正の対策がより重要になるが、その際には禁止するルールを増やすことによる対策だけではなく、最小限の権限をタイムリーに付与することや、内部不正が起こりにくい組織の雰囲気づくりや環境づくりといった、組織全体の取組みとして対策をすることが求められる。

　法務部門においても、システムやセキュリティの担当と連携し、どのような方法がその組織や企業にあっているか相談や支援をしながら対策を進めることが期待される。

第4章　マネー・ローンダリング対策の観点からみた
　　　　　サイバーセキュリティ対応

1　総　　論

　マネー・ローンダリング（マネロン）とは、犯罪によって得られた
"汚れた"収益について、その起源（犯罪性）や持ち主の属性（犯罪者
性）等を偽装することによって、一見、"きれいな"収益に変換する仕
組みをいう。その目的は、犯罪起因性によって没収等の対象となり、財
産としての使用が"制限"される収益を、犯罪者（およびその周辺者）が
経済取引において使用できる状態に置く点にある。このような目的は、
犯罪によって収益が発生する限り普遍のものであり、その意味におい
て、マネロンの歴史は長いといえるが、他方で、その手口はテクノロ
ジーの発展とも相まって変化をみせている。

　マネロンの規模は、世界のGDPの2〜5％を占めるとのIMFによる
試算も出されている[1]。健全な経済の発展に対してマネロンが与える影
響は、計り知れないものとなっている。個々の事業者にとっても、新た
な技術やスキームによるサービスがマネロンに利用されていた場合に
は、事業の停止にも至りかねないという意味において、マネロンリスク
は決して軽視することのできない課題である。

　本章では、まずサイバー犯罪とマネロンとの関係を概観した後、いく
つかの事例を検証し、AML（Anti-Money Laundering: マネロン対策）とし
てのサイバーセキュリティ対応について検討したい。

(1)　マネロンのプロセスの概観

　一般に、マネロンは、前提犯罪に後続するステージとして、以下の3
段階に分類することができる。

---

1)　https://www.fsa.go.jp/p_fsa/fiu/fiuj/fm001.html

① 配置（Placement）：違法に得られた収益を現金等の資産に換金することと
② 複層化（Layering）：送金や物品の購入、換金等を繰り返し実施することで、資金ルートの追跡を困難にすること
③ 統合（Integration）：合法的な資産として、使用できる形で経済社会・金融システムで流入すること

　このうち、①配置の段階は、最も前提犯罪に近く、追跡・捕捉可能性が高い。そのため、この第一段階においてマネロンに利用される取引・ツールには、迅速性が求められる。同時に、犯罪者の立場からは、犯罪者性を低減させる必要も高い段階にあるため、匿名性の高い取引が望ましいところでもある。

　これに続く②複層化の場面では、実行される取引が多く、かつ複雑であるほど追跡可能性を低減させる度合いが高まり、マネロンとしての"完成度"も高まる。そのため、マネロンに用いられる取引の迅速性、簡易性が求められる。

　最終段階である③統合は、本来の資産価値として使用できる状態に置くことを主眼としており、場合によっては相当期間にわたり保有することも想定される。そのため、資産としての安定性や安全性という要素が一定程度求められることになる。

(2) 新たな「通貨」／送金手段によるマネロン構造の変化

　サイバー犯罪においては、従来の現金や不動産、貴金属等といった財産ではなく、電子マネーや暗号資産（仮想通貨）等といった新たな形態の財産が中心的な対象となる。また、その取引形態も、インターネットやアプリ等を通じたものとなり、従来の取引とは大きく異なる。その結果、マネロンとしての取引の速度や地理的範囲の面においても、従来の手口に比べ、飛躍的に追跡可能性を低減させることにつながっている。すなわち、短期間の間に、幾重もの取引の層が重なることになり、また、その取引に介在する関係者（運び屋・受け子（money mule）等）も多数かつ広範囲に及ぶ上、各々の属性・素性が明らかでないことも多いた

め、捜査当局等による追跡を極めて困難ならしめるのである。この意味
において、こういった新たなテクノロジーを悪用するサイバー犯罪は、
マネロンの手口も劇的に変化させることとなったということができ
る[2]。

　以下では、近時の新たな「通貨」やその送金手段について、それらが
マネロンツールとしてどのような特性を内包しているか、また、それら
がどのようにしてマネロンに利用されるのかを中心に検討する。

　a　マネロンツールとしての新たな「通貨」／送金手段

　電子マネーや電子送金は、急激に普及が進み、その種類も覚えきれな
いほどまで増えている。電子マネー／送金には一般に、以下のような利
便性が認められる[3]。そして、電子マネーの普及に伴い、その使途も広
がりをみせており、店舗／オンラインでの物品の売買から、公共料金、
携帯電話料金等の支払いにまで電子マネーが利用できる状態にある。

　これらの利便性は、「迅速性」「匿名性」「換金性」「安定性」が求めら
れるマネロンツールとしての使い勝手の良さにもつながっている。今
や、スマートフォン１つあれば、誰でもどこでも、マネロンを実行でき
る状況になっているということを認識する必要がある。

[図表4-4-1] 電子マネー／送金の性質

利用者の非限定性	・電子通貨を管理するアカウント／口座の開設は広く認められており、利用者が限定されていない
利用の容易性	・電子通貨のアカウント／口座の開設手続きは簡易であり、特段の専門知識も求められない
広い移動性	・電子アカウント／口座は、インターネットを介して、遠隔からの操作も可能
高い効率性	・アカウント／口座上の取引は短時間で実行可能

---

2)　金融庁「マネーローンダリング及びテロ資金供与対策の現状と課題（2019年
　9月）」2頁参照。
3)　Eurasian Group Combating Money Laundering and Financing of Terrorism "Cybercrime
　and Money Laundering"、（https://eurasiangroup.org/files/Typologii%20EAG/Tipologiya_
　kiber_EAG_2014_English.pdf）3.2 を参照。

データの安全性	・取引データは暗号化により安全性が確保

b　新たな「通貨」／送金手段を活用したマネロン手口

　もとより、マネロンの手口およびそのツールにはバリエーションがみられるところであるが、サイバー犯罪が関わるマネロンにおいては、その複雑巧妙さがさらに強まる。近時は、犯罪者／組織に対してマネロンの"支援・サポート"を提供する専門家（Professional Money Launderers, "PMLs"）の存在も指摘されており[4]、その手口は今後ますます発展することが想定される。

　マネロンは、新旧様々な取引対象を駆使して遂行されるが、サイバー犯罪においては、たとえば以下のようなものがマネロンツールとして確認されている[5]。

・　実体のない（架空）法人
・　電子通貨や e- ウォレットの購入／開設
・　複数の銀行口座を介した遠隔地からのアクセスによる金融取引
・　国内外の多様な決済手段
・　オンラインショッピング

　古典的なマネロンの手口では、現金等の有体物を何らかの犯罪によって受け取り、まずそれらを金融システムの流れに乗せる①配置（Placement）の取引が必要であった。現金は換金性が高く、1枚1枚とその所持者を結びつける情報もないため、追跡可能性が極めて低いという点で、マネロンツールとしての利便性は依然として高い一方で、前提犯罪に最も近いこのステップは、対面での手続が求められることも少なくなく、その分、捕捉可能性も高いといえた。このような手口は、サイバー犯罪におけるマネロンでもみられるものであり、ATM等、対面を避けた取引を介在させた後に、運び屋（money mules）等によって他の口座に送金し、物品等に形を変換させていく手口はオーソドックスなもの

---

4)　FATF, "Professional Money Laundering"（http://www.fatf-gafi.org/media/fatf/documents/Professional-Money-Laundering.pdf）
5)　Cybercrime and ML, 3.1 を参照。

である。

　サイバー犯罪を含め、近時の特徴としては、当初から電子マネー／送金という形態で犯罪収益を得ることによって、配置（Placement）のハードルが下げられた点が挙げられる。SNS上で働きかけ、プリペイドカードのシリアルナンバーを提示させることで、被害者その他の関係者と一度も対面しないまま、電子マネーを収得し、すぐにそれを他の財産に変換することも容易である[6]。

　近時の資金洗浄者らは、現金の預金／引き出し、運び屋による送金、電子送金等を組み合わせることで、より複雑で効果的なマネロンの構造を作り出している[7]。

2　サイバー犯罪とマネロンの事例

(1) 暗号資産（仮想通貨）を利用したマネロン事例（前掲FATFレポート[8] 25頁）

　このロシアの事例では、闇サイトにおける薬物の売買の売上金がローンダリングされた。薬物の購入者は、その代金の支払い方法として、e-ウォレットかビットコインのいずれかを選択することになっていたが、多くはe-ウォレットにより支払っていた。

　本件で使用されたe-ウォレットおよびデビットカードは、犯罪性を認識しないままマネロンネットワークに売り渡した学生等が名義人となっていた。これらのe-ウォレットの中には、金融システムに入り込む配置（Placement）の段階で使用されたものもあった。

　この事案で中心的役割を果たしたマネロンツールはe-ウォレットである。マネロンの各プロセスを滞りなく実現するために、この事案では、マネロン組織のITスペシャリストによって"送金基盤"が開発さ

---

6)　IBMビジネスコンサルティングサービス『不自然な金融取引――マネー・ローンダリング対策の舞台裏』（日経BP社、2008）105頁。

7)　FATF, "Professional Money Laundering"（http://www.fatf-gafi.org/media/fatf/documents/Professional-Money-Laundering.pdf）24頁。

8)　FATF, "Professional Money Laundering"（http://www.fatf-gafi.org/media/fatf/documents/Professional-Money-Laundering.pdf）。

れており、ユーザが利用できるよう公開されていた。これによって、e-ウォレット間での電子マネーの自動的な往来が可能になり、幾重もの複層的な取引によって追跡を困難ならしめることとなった。

　このようにしてe-ウォレット間を移動した犯罪収益は、その後、デビットカードとして姿を変え、最終的にATMから現金として引き出されている。ATMからの引き出しは、"藁人形"（他社に支配された法人の形式的な株主あるいは役員）名義のデビットカードを複数保有する協力者によってなされ、利害関係者に引き渡された。より複雑性を強化するために、再度デビットカードとして発行した上で、通常、海外に所在する犯罪組織に引き渡されていることもあった。

　なお、少額の取引を取り扱った協力者等に対しては、同様のスキームで、e-ウォレット内の資産は暗号資産であるビットコインに交換され、賃金として支払われていた。

⑵　銀行へのハッキングによる被害金のマネロン事例（Cybercrime and ML、3.1 Case Study（Slovenia））

　このスロベニアの事例では、銀行の情報システムへの50回にもわたるハッキングにより、銀行の顧客に対して、150万ユーロ以上の被害が生じている。サイバー犯罪者は、ウイルスおよびハッキングプログラムを用いて顧客の口座情報（パスワードおよび公開鍵証明書）を取得し、それをもとに得られた預金を、法人に見せかけた複数の個人の口座を介在させることでローンダリングを図っている。間に入った口座名義人には、犯罪組織（ギャング）のほかに、経済的な困窮を理由にインターネット上で雇われた"無実の被害者（innocent victims）"も含まれていた。

　その後の捜査により、情報システムに対するすべてのハッキング攻撃が午前0時から6時までに間に実行されたことが明らかとなっている。この時間帯は、給料や利息、口座引落等の膨大な取引の処理が集中しており、これらの取引で違法な取引を覆い隠す意図があったものと考えられる。

　また、この事案は、改めて現金での引き出しがマネロン対策上の弱点であることを示すものでもある。現金での引き出しも、銀行窓口が開い

た直後の時間帯（午前 8 時～12 時まで）に集中しており、その中には、前提犯罪の実行から 3～4 時間の間になされた取引もあった。

　この事案では、マネロン規制当局（FIU）、捜査当局および銀行が非公式な連携を行い、FIU は、疑わしい取引の届出の提出を待たずに、銀行からの電話連絡によって必要な捜査を開始することとし、他方、銀行も、求められた情報や書類を電話・メールで提出することとした。この結果、FIU は、大規模な取引を停止することに成功した。これによって、資金洗浄者は、より少額の取引に分けてローンダリングを行う必要があることになり、たとえば、5 万ユーロを③統合（Integration）フェーズまで動かすために、2 人の名義での銀行口座 6 つを使い、10 以上の取引に分けることを強いられることとなった。

　最終的に、この犯罪組織に関連する 20 以上の取引（総額 80 万ユーロ）が停止されるに至ったが、これは、詐取された金額のおよそ半分にすぎない金額であった。この犯罪組織のトップは、32 件の巨額横領罪および 17 件のマネー・ローンダリング罪により、懲役 22 年の判決を受けることとなった。また、他のメンバーも、30 件のマネー・ローンダリング罪による判決を受けている。

(3)　闇サイトでの仮想通貨 ID の販売（日本経済新聞令和 2 年 2 月 26 日朝刊）

　サイバー犯罪そのものではないが、日本における直近のマネロン事案として、闇サイトで仮想通貨 ID などの販売を申し出、犯罪収益移転防止法違反として逮捕された事案である。

　この事案では、匿名性が高いダーク（闇）ウェブ上の掲示板「オニオンちゃんねる」において、ビットコイン取引に使用する ID やパスワードなどの他人名義のアカウント情報を約 2 万円で販売する旨書き込んだことにより逮捕に至っている。報道によると、この被疑者は、知人に依頼し、アカウントを開設させていたとのことであり、仮想通貨アカウントをマネロンツールとして取引しようとしていたものである。

3　マネロン対策（AML）としてのサイバーセキュリティ対応

⑴　イノベーションと AML 態勢の構築

　近年、技術の発展により、新たな商品やサービスが日々生まれている
が、それらも、PMLs によってその利点を逆手にとられ、マネロンツール
とされてしまうおそれがある。上で概観した各ケースにおいても、e-
ウォレットやビットコイン等の様々なサービスや商品がマネロンツール
として中心的な役割を果たしたことが確認でき、これらのサービス提供
者としても、AML への意識が求められている。

　他方で、FinTech 等の新たなビジネスモデルは、事業者が追求しがち
な商品・サービスの高度化・専門化と顧客が真に求めている利便性や使
い勝手との間隙を狙ったものとして成り立つことも多い。兎角、従来の
商品・サービスに対する規制が厳格であるがために、顧客の利便性が低
下している（と思われがちな）金融業界においては、手続の簡便性等を
訴求した新規事業が展開される構造が昨今のイノベーションの流れを形
成している。民間および行政による過度な AML 態勢の構築は、このよ
うな「流れ」を阻害することにもなりかねず、利便性と規制とのバラン
スをはかる必要がある[9]。

　もとよりこの点は、金融業界に限られるものではなく、たとえば、近
年急激な拡大が進むプラットフォーム事業やオークションアプリ等も、
マネロンに悪用されるリスクは多分にある。共通していえることは、こ
うした新たな「通貨」や送金手段がマネロンに利用された場合、その後
を追跡し、被害回復につなげることは極めて困難であり、それを防止す
るための態勢整備が不可欠ということである。

⑵　リスクベース・アプローチ（RBA）の重要性

　AML の態勢整備は、リスクベースの観点から検討することが求めら

---

[9]　イノベーションは、AML 態勢においても活用が推奨される。近時は、たとえ
ば ATM におけるボタンの操作方法等によって、なりすましを感知することが
できるテクノロジーの開発なども進められており、AI 等を活用することで、取
引担当者の「感覚」による検知と合わせたより高度の AML 態勢の構築が期待
できる。

れている[10]。サイバー犯罪は、新たな事業・サービスが対象とされることも多いが、そのような事業・サービスは、犯収法を始めとする各業規制の整備に先んじて事業が拡大することも少なくない。そのため、「法規制に従った対応」というルールベースによる態勢整備では、犯罪者・資金洗浄者の後手に回るおそれが高く、サイバー犯罪対策という場面では、リスクベース・アプローチの趣旨が多分に妥当することになる。

リスクベース・アプローチでは、リスクの特定およびその低減という過程をたどりながら、AML態勢を整備することとなる。サイバー犯罪対策としても、まずこのマネロンリスクがある場面を特定することになるが、その例としては、以下のような場面が考えられる。

- ・　停止された、または新たなIPアドレスからのログインの試行（なりすましのおそれ）
- ・　通常の営業時間外の取引やログイン（海外からのアクセスの可能性）
- ・　短期間での多数回にわたる取引や複雑な支払い／送金方法の選択

その上で、これらのリスクを低減する措置を講じることになる。たとえば、アカウント／口座の開設にあたり、二重の本人確認を実施したり、異なる端末からのログインが確認された場合のアラーム等はこの低減措置に含まれる。このような低減措置は、テクノロジーやビジネスの発展とともに不断に見直すことが求められるものであり、資金洗浄者との"いたちごっこ"を防ぐためには、自社の事業の弱みを的確に把握し、先手を講じることが肝要である。

◆コラム　マネー・ローンダリング対策の観点からみたサイバーセキュリティ対策

システム担当やセキュリティ担当の留意点

従来の金融機関のアンチマネー・ロンダリングの取組みは、海外送金に

10)　FATF勧告1。

おけるテロ資金供与防止のためのブラックリストや暴力団や特殊詐欺グループ等の口座開設時のチェックや資金凍結がメインであった。

　しかし本稿にも記載のとおり、決済手段の多様化や利便性の高まり・暗号資産等による国境を超えた資金移動手段の多様化により、犯罪者にとってもマネー・ロンダリングの手法も多様化し・利便性が高くなっている。

　上述のようにマネロンの手法にインターネットやクラウドサービス・電子マネー等の手法を駆使するため、金融機関側も従来マネー・ロンダリングに対処する部署は、コンプライアンス・総務部門であったがITやサイバーセキュリティに精通した要員が対処する必要があるが、組織態勢が追いついておらず後手に回ってしまうケースも散見される。

　最近ではインターネットバンキング等を利用したマネー・ロンダリングの手口が多様化しており、2016年くらいからフィッシングやバンキングマルウェアに感染させて顧客の口座からペイジー等のサービスを利用してアマゾンギフト券のようなオンラインギフト券を購入したり、仮想通貨アカウントに送金しマネロンの手段として利用されるケースが多発した。

　また不正送金の入金口座についても、以前は中国やベトナム等の留学生が日本に在留していた時に決済口座として利用していた口座を口座売買サイトに販売してから帰国し、不正送金等の入金口座として使用されるケースが散見された。

　金融機関でも外国人名義の口座宛振込をモニタリングの条件としていたが、最近では犯罪者もモニタリング対象になっていることをわかっており、いったん日本人名義の口座をトンネル口座として利用し最終的に外国人名義の口座に振込を実行し、金融機関のモニタリングで検知されにくくする手口も出てきている。

　不正送金等で窃取された資金をATM等で出金する出し子がたまに逮捕されているのをニュース等で見かけるが犯罪者の国際的なネットワークの中の末端であり、法執行機関や金融機関等も対策を強化しているものの、不正送金等の被害は減らずその犯罪の全貌を解明するのは困難である。

　金融機関等においても金融犯罪対策は、コンプライアンス・総務部門の所管ではあるがCRO・CISOの配下でITやサイバーセキュリティの部門、弁護士・法務部門と密に連携して対処していかなければ、犯罪者側に対抗

するのが困難な状況となっている。

法務や総務における留意点

　インターネットやITを利用したマネー・ロンダリングや金融犯罪の対策においては、これまでの所管だけではなく、システムやセキュリティの部門などと連携して対処を行うことが必要となる。たとえば、これまでの事案や判例などからシステムやセキュリティ担当にどのような情報が必要になるかを事前に確認をし、対処の訓練をしておくこともできる。法務部門においても、新たな手口に対応するにはどうするかなど定期的に他部門と連携して日々対策を進められたい。

第5章　ビジネスメール詐欺への対応

1　ビジネスメール詐欺の現状と特徴

　取引先や経営者とやりとりするようなビジネスメールを装い、メールのやりとりで企業の金銭を取り扱う担当者をだまし、金銭を騙取する類型の攻撃であるビジネスメール詐欺（Business E-mail Compromise: BEC）は、近時その件数・金額が増大するのみならず、日本語でのビジネスメール詐欺等、手段が巧妙なものとなっており、独立行政法人情報処理推進機構（IPA）が公表する「情報セキュリティ10大脅威 2019[1]」においても、組織の脅威の第2位に挙げられている。メールを用いたコミュニケーションがビジネスにおいて必要不可欠なものとなっている現在、あらゆる国内企業・組織がサイバーセキュリティ対応の一環としてビジネスメール詐欺対策を講じていくことが重要となる。ビジネスメール詐欺の手口としては様々なものがあるが、主なタイプとしては以下の5つに分類される（図表4-5-1）。

1）　https://www.ipa.go.jp/files/000072668.pdf

[図表 4-5-1]　ビジネスメール詐欺の５つのタイプ

○タイプ１：取引先との請求書の偽装
　（例）取引のメールの最中に割り込み、偽の請求書（振込先）を送る
○タイプ２：経営者等へのなりすまし
　（例）経営者を騙り、偽の振り込み先に振り込ませる
○タイプ３：窃取メールアカウントの悪用
　（例）メールアカウントを乗っ取り、取引先に対して詐欺を行う
○タイプ４：社外の権威ある第三者へのなりすまし
　（例）社長から指示を受けた弁護士といった人物になりすまし、振り込ませる
○タイプ５：詐欺の準備行為と思われる情報の詐取
　（例）経営層や人事部になりすまし、今後の詐欺に利用するため、社内の従業員の情報を詐取する

出典：.IPA「ビジネスメール詐欺「BEC」に関する事例と注意喚起（第三報）～巧妙化する日本語の偽メール、継続する攻撃に引き続き警戒を～」

　ビジネスメール詐欺は、(i)犯罪者集団やテロ組織がその活動資金を得る等の目的により企業・組織が保有する金員を移転することを企図として、組織的に実施されることがあり、この点で個人によるサイバー攻撃と比較して被害金額が多くなる傾向がある。また、(ii)送金先を秘匿し、追跡を困難とするため、企業・組織から取得した金員を複数の金融機関や関係者を経由して送金する点にも特徴がある。さらに、(iii)海外の犯罪者集団・テロ組織が国内企業・組織を標的とした場合、被害金額が国境を越えて送金される外国送金を伴うことがある点も特徴として挙げられる。

(1)　組織犯罪としてのビジネスメール詐欺

　ビジネスメール詐欺は、国内だけでなく海外でも横行し、国際的な犯罪グループが関与しているとされる[2]。国内で立件された後述のケースにおいても、国際的な犯罪組織の関与が疑われている。

　米国連邦捜査局（FBI：Federal Bureau of Investigation）等の統計結果によれば、2016 年 6 月から 2019 年 7 月までに全米 50 州と 177 か国で報告

　2)　７千万円送金させた疑い ビジネスメール詐欺で逮捕（日本経済新聞）
　　（https://www.nikkei.com/article/DGXMZO32602020U8A700C1CC1000/）。

のあったビジネスメール詐欺の発生件数は 166,349 件、被害総額は約 262 億（26,201,775,589）米ドル（未遂を含む）とされており、この結果からすれば、1 件あたりの平均被害額は約 16 万米ドル（日本円では約 1,700 万円）にも達することととなる[3]。ビジネスメール詐欺は、企業・組織の機密情報を詐取する目的で行われることもある一方、犯罪者集団やテロ組織がその活動資金を得る等の目的により企業・組織が保有する金員を移転することを企図として、組織的に実施されることがあり、この点で個人によるサイバー攻撃と比較して被害金額が多くなる傾向があると考えられる。

(2)　複数の金融機関や関係者の介在

　ビジネスメール詐欺により金員を詐取した人物・組織は、送金先を秘匿し、追跡を困難とするため、企業・組織から取得した金員を複数の金融機関や関係者を経由して送金することが多い。後述のとおり、金融機関はマネー・ローンダリングおよびテロ資金供与（以下「マネロン・テロ資金供与」という）対策を講じているところであるが、金融機関ごとに対策の強弱は区々であり、企業・組織が通常用いている金融機関とは異なる金融機関（外国金融機関を含む）を用いた送金を求められることもある。

(3)　被害金額の外国送金による移転

　背後に海外の犯罪者集団やテロ組織が関与している場合、ビジネスメール詐欺の被害金額を何らかの形で移転することが必要となる。この場合に、金融機関を用いて外国送金が行われることがある。実際、外国送金により資金が詐取される被害が発生している点につき、金融機関や業界団体が注意喚起を発している[4]。

　一般社団法人全国銀行協会のウェブサイトでは、「典型的な詐欺メー

---

3)　IPA「ビジネスメール詐欺「BEC」に関する事例と注意喚起（第三報）〜巧妙化する日本語の偽メール、継続する攻撃に引き続き警戒を〜」（https://www.ipa.go.jp/files/000081866.pdf）。

ル」として、以下の事案を紹介している[5]。

- 　外国法人になりすまして送信された電子メールの送金指示や電子メール添付請求書に従って外国送金を行った結果、送金した資金が詐取された。
- 　外国に所在する自社関係会社の CEO 等、上層幹部の名前をかたって本邦法人の会計担当者等に送信された電子メールによる送金指示に従って外国送金を行った結果、送金した資金が詐取された。
- 　本邦法人から外国法人に送信した電子メールまたは添付請求書が改ざんされ、本邦法人の指示口座とは異なる口座に送金された結果、受領すべき資金が詐取された。

2　国内における実例

　ビジネスメール詐欺に関しては、2018 年 7 月に国内の会社役員ら男女 4 名が逮捕された報道がなされたほか[6]、2018 年 8 月には、日本語のビジネスメール詐欺の事例と手口について IPA が注意喚起を行う[7] など、日本人が関与した国内における実例も増加してきており、組織としては手口の巧妙化や攻撃の増加等に対して絶えず備えておく重要性が増している。

---

4)　三菱東京 UFJ 銀行「偽のビジネスメールにより外国送金の資金を騙し取る詐欺（外国送金詐欺）にご注意ください！」
（http://www.bk.mufg.jp/info/phishing/20141121.html）。
　三井住友銀行「法人間の外国送金の資金をだまし取る詐欺にご注意ください」
（http://www.smbc.co.jp/security/attention/index15.html）。
　みずほ銀行「法人のお客さまにおいて発生している外国送金詐欺にご注意ください」（https://www.mizuhobank.co.jp/crime/info_houjin_soukin.html?rt_bn=cp_top_warn1）。
　ゆうちょ銀行「外国送金の送金先口座を変更させる偽の電子メール等にご注意ください」（http://www.jp-bank.japanpost.jp/crime/crm_gaikokusokin.html）。
5)　一般社団法人 全国銀行協会「法人間の外国送金の資金をだまし取る詐欺にご注意！」（http://www.zenginkyo.or.jp/topic/detail/nid/3561/）。
6)　前掲注 2）参照。
7)　IPA「【注意喚起】偽口座への送金を促す " ビジネスメール詐欺 " の手口（続報）」（https://www.ipa.go.jp/security/announce/201808-bec.html）。

　また、国際的な犯罪者集団やテロ組織による海外の企業・組織を対象とするビジネスメール詐欺事案において、被害金額の国内送金に関して国内の関係者が関与するといった事案もみられる[8]。

　具体的には、日本人の会社役員 X が海外の会社代表のメールアドレスを乗っ取り、約 1 億 1 千万円を振り込むよう指示する内容のメールを、同社の口座がある海外の銀行あてに送付し、X の会社名義の国内金融機関の口座に振り込ませて引き出し、隠匿したとして、警視庁により詐欺と組織的な犯罪の処罰及び犯罪収益の規制等に関する法律（以下「組織的犯罪処罰法」という）違反（犯罪収益隠匿）の疑いで逮捕された旨報道されている。当該事案では、一連の捜査の過程で国際的な犯罪組織の関与の疑いが浮上しているとされている（図表 4-5-2 参照）。

[図表 4-5-2] 国内においてビジネスメール詐欺が立件された実例

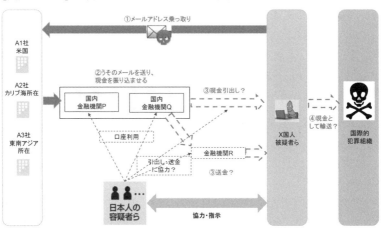

「ビジネスメール詐欺容疑、日本で逮捕者　マフィア関与か」（朝日新聞サイト）を参考に作成

　本件のように、米国企業が被害企業となるような場合には、時差の関係で被害発覚を遅らせられること等から、詐欺の振込先に指定されるの

---

8)　「ビジネスメール詐欺容疑、日本で逮捕者　マフィア関与か」（朝日新聞）
　　（https://www.asahi.com/articles/ASM3W7529M3WUTIL06D.html）。

は中国や香港などアジアの金融機関が多いとされている。このように、日本の組織が被害者とならないビジネスメール詐欺に関して、被害金額の送金・隠匿等が日本国内で行われるという事例が発見されている。

　反対に、日本の組織が被害者となるビジネスメール詐欺に関し、国外の金融機関への送金等、国外が舞台とされることも想定される。このような場合、国内で完結する事案と比較し、被害金の回復や刑事訴追等がより困難となることも考えられるため、留意が必要となる[9]。

3　ビジネスメール詐欺の特徴をふまえた具体的対応

(1)　事前防止の重要性

　前記 **1** で述べたとおり、ビジネスメール詐欺は、犯罪者集団やテロ組織がその活動資金を得る等の目的で組織的に実施することがあり、被害金額が多額に及ぶことが往々にしてみられる。また、国内外を含む複数の金融機関や関係者を介在させて当該犯罪収益を転々とさせた場合、その被害の回復はいっそう困難となる。

　したがって、企業・組織としては、ビジネスメール詐欺被害に遭わないよう、事前防止の対策を抜かりなく行うことが重要となる。具体的には、図表4-5-3で示すような対策が有効となる[10]。これらの対策は、標的型攻撃メールへの対策とも共通する面がある。

---

9)　その他、ビジネスメール詐欺の事例については、IPA・前掲注3）5～8頁参照。

10)　IPA「ビジネスメール詐欺「BEC」に関する事例と注意喚起（続報）～あらゆる国内企業・組織が攻撃対象となる状況に～」(https://www.ipa.go.jp/files/000068781.pdf) 参照。

[図表 4-5-3] ビジネスメール詐欺への対策

①取引先とのメール以外の方法での確認
- ✓ 送金実施前に、電話やFAXなどメールとは異なる手段で取引先に事実確認
- ✓ メール署名欄は攻撃者によって偽装されている可能性、信頼できる方法で入手した連絡先を使用
- ✓ 突然の振込先の変更、急な決済手段の変更、急な行動を促すような請求や送金の依頼メールに注意

②社内規程の整備
- ✓ メール以外の方法での確認を含む、ビジネスメール詐欺への対策を念頭に置いた電信送金に関する社内規程の整備
- ✓ 複数の担当者によるチェック体制の徹底も有効

③普段とは異なるメールに注意
- ✓ 普段とは異なる言い回しや表現の誤りに注意

④不審と感じた場合の組織内外での情報共有
- ✓ 不審なメールに係る情報を適切な部門に報告・情報集約
- ✓ 取引先への攻撃を明らかにする可能性もあり、取引先との連絡・情報共有も重要
- ✓ 取引先全体あるいは一般に向けて注意喚起を公開することも検討

⑤ウイルス・不正アクセス対策
- ✓ 「不審なメールの添付ファイルは開かない」「セキュリティソフトを導入し、最新の状態を維持する」「OSやアプリケーションの修正プログラムを適用し、最新の状態を維持する」といった、基本的なウイルス対策の実施が不可欠
- ✓ 「メールアカウントに推測されにくい複雑なパスワードを設定」「他のサービスとパスワードを使い回さない」「多要素認証を設定」「社外からアクセス可能なメールサーバやクラウドサービスを使用している場合、アクセス元を制限したり、不審なログインを監視」等、職員のメールを不正アクセスから守る対策

⑥電子署名の付与
- ✓ 取引先と請求書等の重要情報をメールで送受信する際は、電子署名を付す等のなりすまし防止対策も有効

⑦類似ドメインの調査
- ✓ 定期的に、自組織に似たドメイン名が取得されていないか確認、必要であれば注意喚起

出典：IPA「ビジネスメール詐欺「BEC」に関する事例と注意喚起（続報）〜あらゆる国内企業・組織が攻撃対象となる状況に〜」(https://www.ipa.go.jp/files/000068781.pdf) 25、26頁

(2)　事後的な被害回復の可能性

　ニセの送金先に誤って送金指示を出してしまった場合であっても、送金指示を受けた金融機関による取引の精査の結果、疑わしい取引と判断され、送金を防ぐことができる可能性もある。また、仮に送金自体は実行されてしまっていた場合であっても、取引モニタリングによる疑わし

い取引の検知後直ちに送金経路を追跡すること等を通じ、一部でも口座
に残っている被害金額を回復することができる場合も考えられる。

　a　金融機関による取引モニタリング
　金融機関は、犯罪による収益の移転防止に関する法律8条に基づき、
犯罪収益である疑いが認められる取引を所管行政庁に届け出る義務を
負っている。また、金融機関のマネロン・テロ資金供与対策強化の観点
から金融庁が策定した「マネー・ローンダリング及びテロ資金供与対策
に関するガイドライン[11]」においても、異常取引等を検知するために適
切な取引モニタリングを実施することが金融機関に対応が求められる事
項として規定されている。金融機関は、これらの責務の適切な遂行のた
め、自らのビジネスモデルや規模・特性等をふまえながら、システム等
を用いた取引モニタリングを実施している。
　特に、海外送金に関しては、マネロン・テロ資金供与に用いられるリ
スクの高い取引として、窓口でのやりとりや取引モニタリングの結果等
をふまえ、送金取引に係るインボイスや資金源等のエビデンスを必要に
応じて徴求し、送金の可否を判断するといった実務も行われている。
　企業・組織としては、金融機関からの照会や照会を受けたエビデンス
の精査等の過程で、ビジネスメール詐欺被害に遭っていた事実に気づ
き、送金指示を撤回するといった対応も採りうるものと考えられる。
　なお、上記取引モニタリングを含むマネロン・テロ資金供与対策は金
融機関ごとにその強弱は区々であり、犯罪者集団・テロ組織としては、
マネロン・テロ資金供与対策が脆弱な金融機関をあえて指定して送金を
依頼してくることも考えられる。企業・組織としては、通常用いている
金融機関とは異なる金融機関（外国金融機関を含む）を指定されたよう
な場合に、ビジネスメール詐欺を疑うこともできると考えられる。
　ただし、金融機関によるこうした取引モニタリングは、主としてマネ
ロン・テロ資金供与対策の目的で実施しているものであり、金融機関が

11)　金融庁「マネー・ローンダリング及びテロ資金協対策に関するガイドライン」
（https://www.fsa.go.jp/common/law/amlcft/amlcft_guidelines.pdf）。

いかに堅牢な取引モニタリングシステムを構築していたとしても、ビジネスメール詐欺を完全かつ確実に捕捉できるものではない点には留意する必要がある。

　b　送金実施後の被害回復

　他方、国内送金等では、取引モニタリング等を待たずに送金が実施され、被害回復に向けた速やかな対応を講じないと被害金額が金融機関を転々と移転した結果、犯罪者集団やテロ組織に引き出されてしまい、被害回復が困難となる事態が想定される。

　企業・組織としては、企業・組織内部での調査や金融機関からの照会等により被害に遭った事実に気づいた場合には、直ちに対策を講じる必要がある。

　上記2のとおり、わが国におけるビジネスメール詐欺事案は、詐欺罪や組織的犯罪処罰法10条の犯罪収益隠匿の罪で立件されることが多いが、組織的犯罪処罰法でも犯罪収益等の没収・追徴に関する規定が設けられている（同法13条～16条等）。組織的犯罪処罰法における没収・追徴は、刑法における没収・追徴と同様、原則として裁判所の裁量に委ねられているが、刑法における没収・追徴と比べて、対象が金銭債権にも拡大されている点、犯罪収益の果実として得た財産等もその対象とされている点、保全手続を設けている点等で強化が図られている[12]。また、没収・追徴された犯罪収益等は、犯罪被害財産等による被害回復給付金の支給に関する法律に定めるところによる被害回復給付金の支給に充てるとされている（組織的犯罪処罰法18条の2）[13]。もっとも、ビジネスメール詐欺により取得した金員が速やかに隠匿・費消されてしまった場合、これらの刑事手続上の被害財産の保全・没収等は「空振り」に終わり、被害財産の回復の目的を達成できないことも考えられる。

　そこで、企業・組織としては、こうした刑事手続の開始前に、ビジネ

---

12)　片山達＝小町谷育子＝今野雅司＝十時麻衣子＝趙継佳『弁護士のためのマネー・ローンダリング対策ガイドブック』（金融財政事情研究会、2020）49頁。
13)　片山ほか・前掲注12）50頁。

スメール詐欺に用いられた金融機関の口座を可及的速やかに凍結する対応を講じることが考えられる。金融機関においては、仕向・中継金融機関等が、送金人・受取人の情報を中継・被仕向金融機関等に伝達し、情報欠落の場合等にはリスクに応じた措置を検討することが求められており[14]、ビジネスメール詐欺の被害企業・組織が速やかに金融機関に働きかけること等を通じ、被害金額の追跡や保全が事実上達成される可能性もある。もっとも、金融機関としては、口座を使用できなくなることによる口座名義人からの苦情や損害賠償請求等の懸念から、被害企業・組織からの情報のみでは口座凍結等のアクションをとることに躊躇することも考えられる。

　そこで、被害企業・組織としては、犯罪利用預金口座等に係る資金による被害回復分配金の支払等に関する法律（いわゆる「振り込め詐欺救済法」）に基づく口座凍結を求めることが考えられる。同法において、金融機関は、当該金融機関の預金口座等について、捜査機関等から当該預金口座等の不正な利用に関する情報の提供があることその他の事情を勘案して犯罪利用預金口座等である疑いがあると認めるときは、当該預金口座等に係る取引の停止等の措置を適切に講ずるものとされ、また、金融機関は、当該預金口座等に係る取引の状況その他の事情を勘案して当該預金口座等に係る資金を移転する目的で利用された疑いがある他の金融機関の預金口座等があると認めるときは、当該他の金融機関に対して必要な情報を提供するものとされている（3条）。預金規定等においても、同条に基づく捜査機関等からの照会があった場合には口座を凍結する旨明示していることが多く、口座名義人からの損害賠償請求等のリスクは預金規定等において一定程度手当されているといえる。

　振り込め詐欺救済法3条の「捜査機関等」には、捜査機関のほか、弁護士会、金融庁および消費生活センターなどの公的機関や、振り込め詐欺等の被害者代理人となる資格を有する弁護士および認定司法書士が含まれると解される[15]。全国銀行協会の「犯罪利用預金口座等に係る資金

14）　金融庁・前掲注11）Ⅱ－2（4）【対応が求められる事項】②参照。
15）　東京地判平成23年6月1日判タ1375号158頁。

による被害回復分配金の支払等に係る事務取扱手続」では、銀行振込を利用した犯罪行為の被害者代理人である弁護士から、被害者が振り込んだ犯罪利用預金口座に関して、日本弁護士連合会制定の「振り込め詐欺等不正請求口座情報提供及び要請書」を用いた情報提供を会員銀行において受けた場合には、当該情報提供が実在の弁護士からのものであることを確認でき次第、可及的速やかに当該預金口座等の取引停止の措置を講ずることとされている[16]。被害企業・組織としては、被害確認後、速やかに捜査機関に連絡するほか、預金口座の取引停止等の措置の要請を金融機関に対して行ってもらうよう弁護士に依頼することが考えられる。どのような場合に口座凍結を実施するかは金融機関の方針や手続等によっても若干異なることが想定され、被害企業・組織としては、金融機関の依頼等に応じて、必要な証拠資料等を弁護士を通じて提出していくことが考えられる。

　もっとも、いったん送金が実施された場合、複数の金融機関を経由してその追跡が困難になる可能性もあり、海外の金融機関に送金された場合にはさらに困難になる。また、送金でなく、引き出して現金化したり、他の金融商品や不動産の売買等を介在した場合等には、送金経路の捕捉による被害回復にも限界がある。

　そのため、上記(1)で掲げた事前防止対策が、被害を防ぐためには極めて重要となる。

◆コラム　ビジネスメール詐欺への対応

システム担当やセキュリティ担当の留意点

　システムや端末のセキュリティの対策が進むことにより、フィッシングや詐欺といった人を騙すことが侵入の手段として用いられるようになっている。メールを発端とする詐欺に対しての対策としてメールによる訓練が

---

16)　遠藤俊英＝小野瀬厚＝神田秀樹＝中務嗣治郎監修『金融機関の法務対策5000講Ⅰ巻』（金融財政事情研究会、2020）1371頁。

行われることも多い。しかしながら届いたメールの添付ファイルを開いてしまったか、リンクをクリックしてしまったかといった開封率のみを重視してしまうケースが多い。メールの文面や内容はますます巧妙になるため、訓練による開封率の対策というだけではなく、開封した後でも複数の対策を組み合わせて最終的に被害を出さないようにすることが重要になる。

　被害の状況により被害の回復ができるかについては事前に法務や総務部門と相談をしておきたい。どのような対策を行なってくことが必要か、ログなどを集めておくことが必要かを平時から確認して準備しておくことで、起きてしまった被害を小さくすることにもなる。

法務や総務における留意点

　ビジネスメール詐欺のように人を騙す手口についてはシステムで対策を打つことには限界があるため、法務部門において、組織や会社の仕組みやルールによって最終的に被害が出る前に押さえ込むように準備をしておくことが必要となる。

　また、被害を小さくして回復するためにシステム担当やセキュリティ担当による調査や情報の収集が必要となる場合は、インシデントが起こる前の平時の段階で連携をしておき、訓練などで必要な情報を集められるようにしておくことが期待される。

　セキュリティで対策を行うことの幅が広がっているため、法務部門を含めた各部門が連携をして組織や会社全体として対策を進めるようにされたい。

第6章　金融機関におけるサイバーセキュリティ対策

1　金融機関におけるサイバーセキュリティ対策の重要性

　金融機関において、IoT、AI、Fintech などを駆使したビジネスモデルのデジタルトランスフォーメーションが重要な経営課題となっている[1]。

　他方で金融分野におけるサイバー攻撃の手口の高度化・巧妙化が進展するとともに、ビジネスがデジタル化・データ化され、あらゆるシステムがネットワークにつながることにより、サイバーセキュリティに係るリスクがこれまでになく高まっており、システムトラブル、情報漏えいなど、企業の経営の根幹そのものを揺るがしかねない。サイバーリスクは、単なる IT リスク等部分的な分野でのリスクではなく、全社的なリスクと関係し、法的リスク・レピュテーショナルリスクを孕むものである。

　金融庁が令和元年6月に公表した「金融分野のサイバーセキュリティレポート」に記載されているとおり、国内金融機関において分散型サービス妨害攻撃（DDoS 攻撃）、標的型攻撃、サーバ等の脆弱性を突いた不正アクセスなどのサイバー攻撃が発生しており、攻撃対象として、大手金融機関のみならず、中小金融機関や暗号資産（仮想通貨）交換業者まで拡大し、実際に、中小金融機関のウェブサイトが改ざんされ、不正なサイトに誘導された事案や暗号資産（仮想通貨）の流出事案などが発生している。今後はクラウドサービスを対象とした攻撃が拡大することが予想され、実効性のあるサイバーセキュリティ対策が急務となってい

---

1)　日本銀行が 2019 年 5 月に公表した金融システムレポート別冊シリーズ「銀行・信用金庫におけるデジタライゼーションへの対応状況」において、将来的に有人窓口や ATM からスマートフォン・タブレットに移行する傾向が明確であることを示している。

る。

　サイバーインシデントが発生すると、金融インフラの機能停止による直接的な金銭的損失に加え、顧客からの法的責任追及[2]、顧客対応等を含めたインシデント対応の負担、レピュテーショナルリスク等　顧客保護の観点からも看過できない。なお、情報流出により企業の株価は平均10％下落し、純利益は平均21％減少したとの調査結果[3] がある。「金融」は政府の第４次行動計画においても、重要インフラ分野として特定されており[4]、「重要インフラ事業者」に該当する。

　また、グローバルに目を向けると、G7においても各国の金融当局によるCyber Expert Group（CEG）により、2017年10月に「金融セクターのサイバーセキュリティの効果的な評価に関する基礎的要素」[5] が公表され、さらに2018年10月に「脅威ベースのペネトレーションテスト」[6]および「サードパーティのサイバーリスクマネジメント」[7] に関するG7の基礎的要素が公表されている。

　以上述べたところからすると、サイバーセキュリティ対策は、大手金融機関のみならず、中小金融機関にとっても、重要かつ喫緊の経営課題

---

2)　インターネットバンキングに係る不正送金やフィッシングへの対策も課題である。インターネットバンキングにおける不正送金事例として、東京高判平成29年3月2日金判1525号26頁、銀行には都度振込のとるべき義務および利用者への周知徹底すべき義務はないと判示しているが、インターネットバンキングに関する環境は日々進化しており、金融機関の注意義務にも影響するおそれがある。

3)　「取締役会で議論するためのサイバーリスクの数値化モデル」（一般社団法人日本サイバーセキュリティ・イノベーション委員会）。

4)　平成29年4月に決定され、平成30年7月に改定された第4次行動計画において、情報通信、金融、航空、空港、鉄道、電力、ガス、政府・行政サービス、医療、水道、物流、化学、クレジット、石油の全14分野が重要インフラ分野として特定されている。

5)　G-7 Fundamental Elements for Effective Assessment of Cybersecurity in the Financial Sector

6)　G-7 Fundamental Elements for Threat-led Penetration Testing　ペネトレーションテストの具体的な内容については**第２部第２章コラム「ペネトレーションテスト」**も参照。

7)　G7 Fundamental Elements for Third Party Cyber Risk Management in the Financial Sector

となっている。

　なお、金融機関のサイバーセキュリティ対策の中でも暗号資産（仮想通貨）交換業者については、**第7章**を参照されたい。

2　金融庁の施策

　金融庁は、以下のとおり、サイバーセキュリティ強化に向けて官民一体となった対応を行ってきた。

(1)　金融分野におけるサイバーセキュリティ強化に向けた取組方針

　金融庁は2015年7月、金融分野のサイバーセキュリティ対策が金融システム全体の安定のための重要かつ喫緊の課題であることから「金融分野におけるサイバーセキュリティ強化に向けた取組方針」を策定・公表している。

　この中では、①サイバーセキュリティに係る金融機関との建設的な対話と一斉把握、②金融機関同士の情報共有の枠組みの実効性向上、③業界横断的演習の継続的な実施、④金融分野のサイバーセキュリティ強化に向けた人材育成、⑤金融庁としての態勢構築という、5つの方針が示されている。

　上記①の一斉把握に際して、金融庁（当局）はⅰ）サイバーセキュリティに関する経営陣の取組み、ⅱ）リスク管理の枠組み、ⅲ）サイバーセキュリティリスクへの対応態勢、ⅳ）コンティンジェンシープランの整備と実効性確保、ⅴ）サイバーセキュリティに関する監査という5つの項目を重視している。

(2)　金融行政方針

　金融庁は「平成28事務年度　金融行政方針」において、重点項目として、「金融分野におけるサイバーセキュリティ強化に向けた取組方針」（2015年7月）に従い、実態把握を通じた金融機関のサイバーセキュリティ管理態勢の向上、金融ISAC等を通じた情報共有に取り組むこととされている。金融庁は「利用者を中心とした新時代の金融サービス～金融行政のこれまでの実践と今後の方針～（令和元事務年度）」においても

サイバーセキュリティその他金融システム上の課題等への対応を重点項目として挙げており、「デジタライゼーションの進展状況やそのセキュリティ対策について、金融・非金融プレイヤーから幅広く収集し、金融分野に対して、外部委託先を含めたサイバーセキュリティ管理態勢の強化等、必要な対応を促していく。」との方針を示している。

(3)　取組方針のアップデート

　政府全体の基本戦略である「サイバーセキュリティ戦略」が 2018 年 7 月に改訂されたことや、金融デジタライゼーションの進展など、金融機関の経営環境が変化していることを受け、上記(1)の取組方針は 2018 年 10 月にアップデートされている。具体的には、①デジタライゼーションの加速的な進展をふまえた対応、②国際的な議論への貢献・対応、③ 2020 年東京大会への対応をとりあげるとともにこれまでの進捗・評価をふまえた施策の進展として、④金融機関のサイバーセキュリティ管理態勢の強化、⑤情報共有の枠組みの実効性向上、⑥金融分野の人材育成の強化を重点テーマとしている。

　なお、上記 2018 年 10 月に改定された取組方針において、「脅威ベースペネトレーションテスト（Threat-Led Penetration Test ＝ TLPT）[8]を推進することが明記されている。TLPT は、サイバー攻撃への防御耐性とインシデント対応能力を強化するための、いわゆる「脅威インテリジェンス」を活用する、より実践的な手法であり、脆弱な点の有無に対する気づきを与える。TLPT を実施する際のシナリオとしては、標的型攻撃のほか、インターネットバンキングに対する不正アクセスによる不正な金銭引き出しなどが想定される。

(4)　「金融分野のサイバーセキュリティレポート」の取りまとめ公表

　金融庁は 2019 年 6 月、当局、金融機関、関係機関の間で認識を共有

---

[8]　公益財団法人金融情報システムセンター（FISC）は 2019 年 9 月に「金融機関等における TLPT 実施にあたっての手引書」を発刊し、TLPT の理解と取組みのバックアップをしている。

化し、金融分野のサイバーセキュリティ対策の強化に役立てることを目的とし、上記改定後の「取組方針」に沿った取組みにおいて把握した実態や共通課題を抽出し、「金融分野のサイバーセキュリティレポート」を取りまとめ公表している。

⑸　連携会議の立ち上げ

金融庁は大規模インシデント発生時の官民の情報連携を目的に、2019年6月、関係団体との連携会議（「サイバーセキュリティ対策関係者連携会議」）を立ち上げた。日本銀行、業界団体、金融 ISAC、FISC 等から構成されている。

⑹　「金融業界横断的なサイバーセキュリティ演習（Delta Wall）」 の実施

金融庁は 2019 年 10 月上旬に「金融業界横断的なサイバーセキュリティ演習（Delta Wall）」を実施し、幅広い業態から約 120 社が参加している。サイバー攻撃の実例の分析等により、最も脅威となりうるサイバー攻撃を想定した内容で実施することにより、インシデント対応能力等を含めた金融機関のサイバーセキュリティ対策の底上げにつながることが期待されている。

3　金融機関における管理態勢の整備（金融庁監督指針）

金融庁はサイバーセキュリティ基本法の全面施行（平成 27 年 1 月 9日）、世界的規模で生じているサイバーセキュリティに対する脅威の深刻化等をふまえ、金融機関に求めるサイバーセキュリティ管理態勢の整備状況について、平成 27 年、監督指針において監督上の着眼点として明確化する等、所要の改正を行っている[9]。具体的には以下のとおりである。

---

9)　中小・地域金融機関向け監督指針Ⅱ－3－4－1－2⑸。

① サイバーセキュリティについて、取締役会等は、サイバー攻撃が高度化・巧妙化していることを踏まえ、サイバーセキュリティの重要性を認識し必要な態勢を整備しているか。

② サイバーセキュリティについて、組織体制の整備、社内規程の策定のほか、以下のようなサイバーセキュリティ管理態勢の整備を図っているか。
   ・ サイバー攻撃に対する監視体制
   ・ サイバー攻撃を受けた際の報告及び広報体制
   ・ 組織内 CSIRT（Computer Security Incident Response Team）等の緊急時対応及び早期警戒のための体制
   ・ 情報共有機関等を通じた情報収集・共有体制　等

③ サイバー攻撃に備え、入口対策、内部対策、出口対策といった多段階のサイバーセキュリティ対策を組み合わせた多層防御を講じているか。
   ・ 入口対策（例えば、ファイアウォールの設置、抗ウィルスソフトの導入、不正侵入検知システム・不正侵入防止システムの導入　等）
   ・ 内部対策（例えば、特権 ID・パスワードの適切な管理、不要な ID の削除、特定コマンドの実行監視　等）
   ・ 出口対策（例えば、通信ログ・イベントログ等の取得と分析、不適切な通信の検知・遮断　等）

④ サイバー攻撃を受けた場合に被害の拡大を防止するために、以下のような措置を講じているか。
   ・ 攻撃元の IP アドレスの特定と遮断
   ・ DDoS 攻撃に対して自動的にアクセスを分散させる機能
   ・ システムの全部又は一部の一時的停止　等

⑤ システムの脆弱性について、OS の最新化やセキュリティパッチの適用など必要な対策を適時に講じているか。

⑥ サイバーセキュリティについて、ネットワークへの侵入検査や脆弱性診断等を活用するなど、セキュリティ水準の定期的な評価を実施し、セキュリティ対策の向上を図っているか。

⑦ インターネット等の通信手段を利用した非対面の取引を行う場合には、Ⅱ－3－5－2 (2)によるセキュリティの確保を講じているか。

○　認証方式や不正防止策として、全国銀行協会の申し合わせ等には、以下のようなセキュリティ対策事例が記載されている。

・　可変式パスワードや電子証明書などの、固定式の ID・パスワードのみに頼らない認証方式

・　取引に利用しているパソコンのブラウザとは別の携帯電話等の機器を用いるなど、複数経路による取引認証

・　ハードウェアトークン等でトランザクション署名を行うトランザクション認証

・　取引時においてウイルス等の検知・駆除が行えるセキュリティ対策ソフトの利用者への提供

・　利用者のパソコンのウイルス感染状況を金融機関側で検知し、警告を発するソフトの導入

・　電子証明書を IC カード等、取引に利用しているパソコンとは別の媒体・機器へ格納する方式の採用

・　不正なログイン・異常な取引等を検知し、速やかに利用者に連絡する体制の整備　等

⑧　サイバー攻撃を想定したコンティンジェンシープランを策定し、訓練や見直しを実施しているか。また、必要に応じて、業界横断的な演習に参加しているか。

⑨　サイバーセキュリティに係る人材について、育成、拡充するための計画を策定し、実施しているか。

4　金融機関におけるリスク管理態勢

(1)　経営陣の主体的関与とリスクベース・アプローチ

　サイバーセキュリティ対策の現状把握・アセスメントを前提にすると、IT や技術の問題というよりは、組織管理的観点が支障となっているケースが多くみられる。よって、サイバーセキュリティに関するリスク管理態勢構築にあたっては、経営陣がサイバーセキュリティに関して、単なるシステム上・技術上のリスクとして捉えるのではなく、組織全体として対応が必要なビジネスリスク・コーポレートリスクであるとの認識と危機感を有し、リーダーシップを発揮して主体となって関与し、取組みの高度化にあたり、方針およびロードマップを策定することが必要である。そのためには、経営陣に対して適切な情報連携がなされ

る必要があり、経営陣に対する報告・レポーティングラインの構築が求められる。

　また、経営陣が経営にもたらす影響度をふまえて優先順位付けをし、率先し、予算確保、採用・人材配置、人事評価、社内横断的なワーキンググループの設置などをすることが想定される。

　さらに企業の資源や投入できるコストは有限であり、サイバーセキュリティ対策については、リスク管理の視点が重要であるため、リスクベース・アプローチに基づき、経営資源や人材の投入も、リスクの濃淡に応じて行うことが求められる。

(2)　3つの防衛線と情報の収集・一元化

　サイバーセキュリティ対応として、システムリスク管理方針や管理規程を策定することが想定されるが、システム部門のみが対応するのではなく[10]、3つの防衛線を機能させた全社的な取組みが必要である。

　また、CIO（最高情報責任者）の権限のうち、サイバーセキュリティプログラムの監督と実行、サイバーセキュリティ基本方針の適用に責任を有する、セキュリティの専門性を高めたポストとしてCISO（Chief Information Security Officer・最高情報セキュリティ責任者）を設置したり、CSIRTの設置および機能強化をすることが想定される。経営陣がリーダーシップを発揮するためには、経営層と現場のセキュリティ担当部門との橋渡しをするCISOの役割を明らかにし、必要かつ十分な権限を与えることが求められる[11]。

---

10)　金融庁「金融分野におけるサイバーセキュリティ強化に向けた取組方針」（2018年10月）においては、中小金融機関において、サイバーセキュリティを「単にシステム部門などの担当部署が対応すべきリスク」と捉えている傾向が顕著であると指摘されている。

11)　国内外の規制・ガイドラインや金融機関の先進的事例等の調査を通じて、金融機関のサイバーセキュリティ対策における経営陣・CISO等に期待される役割等を明らかにする目的で、「金融機関のサイバーセキュリティ対策における経営陣・CISO等に期待される役割・責任に関する調査研究」が公表されている（https://www.fsa.go.jp/common/about/research/20170712/20170712.html）。

　なお、わが国では、システム部門を担う CIO が CISO を兼務する
ケースも多いが、サイバーセキュリティリスクを実効的に管理するため
には、CIO と CISO を兼務させずに相互に牽制させることや、仮に兼務
する場合には、より上位の経営者や外部監査人による牽制を確保するこ
とも想定される。

　サイバーセキュリティを脅かす事象は広範囲にわたるし、情報が公知
になるタイミングでサイバー攻撃に関する情報を把握するのでは実効的
なリスク管理の観点から遅きに失するため、インシデント検知等に関連
し、経営陣が社内のみならず外部のインテリジェンスを活用して、各国
当局や IT ベンダを通じて、国内外でのセキュリティに関する情報を収
集し、一元化する必要がある。たとえば、サイバー攻撃に関する具体的
事案、攻撃者の攻撃目的、自金融機関への攻撃や影響が及ぶ可能性の有
無や程度、最近増加・注目されている攻撃手法等についての情報が想定
される。

　また、情報の種類や内容によって、対応すべき部門やタイムライン等
は異なりうるところであり、技術的な内容であれば、IT やシステム部
門が早期に対応すべきであるし、経営戦略に関係しうるような情報であ
れば、経営陣が中長期的観点から対応すべきである。

　上記の対応により、全社的なトータルでのサイバー攻撃への対応コス
トを低減することに資する。

(3)　平時・有事におけるサイバーセキュリティ管理態勢

a　平　　　時

2018 年に改訂された取組方針によると、平時における基本的な態勢
として、経営陣の取組み、情報資産の把握、リスク管理の枠組み、技術
的対策等の対応態勢、コンティンジェンシープランの整備と演習を通じ
た実効性の確保、サイバーセキュリティに関する監査の実施が挙げられ
ている。

　具体的には、たとえば、サイバーセキュリティ方針を策定するととも
に、脅威情報等を含めて全社的に情報を共有し、サイバーセキュリティ
のリスク（情報資産等を含む）を特定・評価[12] し、必要なリスク低減措

置を講じるとともに、これらを定期的に見直すことが必要となる。たとえば、上記の情報資産に関しては、自金融機関における情報資産の内容、当該情報のビジネス遂行上の重要性、セキュリティ上の課題、そのための対策やリソースなど、十分に特定・評価することが求められる。

　上記のような基本的な態勢に加え、サイバーセキュリティインシデントの監視・分析状況や脆弱性診断[13] の実施状況についての検証が求められ、脆弱性診断によりサイバー攻撃の際のウィークポイントを抽出し、自社の対策の有効性および脆弱性を確認し、低減措置につなげることも必要である。

　b　有　　事

　サイバー攻撃について、未然に防止することがベストであるが、このような防御に重点を置いた対策から、サイバー攻撃の複雑化・巧妙化の状況下において、すべてのサイバー攻撃を把握して未然に防御することは不可能であり、攻撃を受けた後の有事対応（インシデント対応態勢）が重要であり、セキュリティ侵害（インシデント）が発生することを前提とした考え方にシフトしてきている。サイバー攻撃に直面した場合でも、重要な業務の継続に支障を来さないよう、レジリエンス能力の高度化が求められ、また有事においては、攻撃を受けた後において、サイバー攻撃に係るコンティンジェンシープランを策定することが必要となるし、金融庁が毎年実施している「金融業界横断的なサイバーセキュリティ演習（Delta Wall）」に参加し、態勢の改善や高度化に役立てることが必要である。なお、上記演習につき、2016 年度は 77 社・延べ約 900 人、2017 年度は 101 社・延べ約 1,400 人、2018 年度は 105 社・延べ約 1,400 人と年々参加者数等も増加しており、また 2018 年度は FX 業者や暗号資産交換業者、さらに 2019 年度は資金移動業者や監査法人等も追加的に参加している。当該演習の特徴としては、経営層や関係部署（シ

12)　たとえば、インシデントを実行する主体がテロ支援国家や犯罪組織の場合、サイバーセキュリティリスクをハイレベルのものにする要素となる。
13)　プログラムの不具合や設計ミスなどによる OS およびソフトウェアのセキュリティ上の欠陥をチェックする検査。

ステム部門、広報部門、企画部門等）が広く参加可能な自職場参加方式であること、参加者の「気づき」が得られる工夫がなされていること、具体的な改善策など事後評価がなされていること、演習の結果は参加金融機関以外にも業界全体にフィードバックされることなどがある。

　上記の「金融業界横断的なサイバーセキュリティ演習（Delta Wall）」のほかにも、NISC（内閣サイバーセキュリティセンター）や金融 ISAC（Information Sharing and Analysis Center）が主催している演習もあり、各金融機関において、演習の内容にあわせて活用することが想定される。

c　PDCA サイクルに基づく態勢の高度化

　実務上、一定のサイバーセキュリティ対策を行った結果、現状に満足してしまい、継続的な見直しがなされていないケースもみられる。サイバーリスク対応はムービングターゲットであるから、ベストプラクティスもふまえ、セキュリティインシデントの監視・分析、定期的な脆弱性診断・ペネトレーションテストやサイバー演習の継続を通じて、PDCAサイクルに基づき態勢の高度化を図っていくことが必要である。

d　委託先管理

　また、デジタライゼーションの進展により外部依存度が高まるところであり、外部委託する際においては、委託先管理・調達管理の高度化が必要となるし、前記のリスクの特定・評価等についても、自社のみならず外部委託先を含めた定期的な取組みが必要となる。外部委託する場合であっても、脆弱性診断やペネトレーションテストについて、機微情報を取り扱うため、委託先任せであってはならず、適切に連携し、適切にグリップする必要があるし、委託先の選定は専門性のレベル、倫理規定、損害賠償保険の付保などの観点から慎重に行う必要がある。

e　取組事例

　3 メガバンクは、「経団連サイバーセキュリティ経営宣言」に基づく取組方針を策定し、統合報告書等において、サイバー攻撃のリスクをトップリスクに掲げるなど、取組みの高度化を進めている。また、金融

庁は中小金融機関（信用金庫・信用組合）に対しても、2019年3月まで
にサイバーセキュリティ対策の土台となるリスク評価の実施およびコン
ティンジェンシープランの策定を完了するよう要請し、大半の信用金
庫・信用組合がリスク評価を実施し、コンティンジェンシープランを策
定するなど、取組みが進展している（水谷剛「金融機関におけるサイバー
セキュリティに関する課題」信用金庫2019年12月号）。

5 「共助」の重要性

　サイバーセキュリティ対策に関して、自社のリスクの特定・評価・低
減措置により態勢を整備する「自助」が求められるが、自社のみでの対
応は、限られた資源から日々進化するサイバー攻撃に対応したり、情報
収集したりするには限界があり、また複数の金融機関へのサイバー攻撃
がなされることも想定されるため、「共助」により情報やノウハウを共
有化することが有用である[14]。サイバーセキュリティ対策は、震災など
自然災害対応と同様、「非競争分野」であるため、同業者による「共助」
の取組みを行いやすいところであり、特に、サイバー攻撃や手口、セ
キュリティ対応についての情報は、公開情報も多いが、これのみでは足
りないケースもあるため、非公開情報について、他社と共有することが
想定される。

　この点、2019年5月にNISCから公表された「サイバーセキュリティ
2019」において、情報共有の重要性が指摘されており、たとえば脅威情
報の共有・活用の促進、攻撃者に関する情報を集約する仕組みや情報共
有などがあげられている。また、平成30年のサイバーセキュリティ基
本法を一部改正する法律により、官民を含めた多様な主体がサイバーセ
キュリティに関する情報を迅速に共有することにより、サイバー攻撃に
よる被害を予防することや、被害の拡大を防止することを目的としたサ
イバーセキュリティ協議会が創設された。

　また、金融庁も、金融機関のサイバー対策を支援する金融ISACや
FISC（The Center for Financial Industry Information Systems、金融情報システムセ

---

14)　自助および共助に加え、金融庁など当局の支援による「公助」が存在する。

ンター）の活用を推奨している[15]。

　金融 ISAC は、コミュニケーションサイトやインテリジェンスレポートにおいて、会員企業間のインシデント対応や脆弱性等についての知見を集約共有している。毎年会員向けの合同演習を実施しているほか、会員企業が個社で演習を実施するためのマニュアルも提示しており、毎年加盟金融機関数が増加している。

　FISC は金融庁等各種機関から提供される情報を整理して会員に提供し、ワークショップの開催や調査レポート（サイバーセキュリティ人材の育成等についての参考事例集）の作成を行っているし、上記ワークショップにおいては、中小金融機関が参加しやすいよう、専門家との連携がなされている。

　中小金融機関においては、人的・物的・地域的に、上記の加盟が難しいケースもあるところ、今後、中小金融機関も含めた参加率の向上が課題となっているし、地域内での連携が必要である。

◆コラム　金融機関におけるサイバーセキュリティ

　金融機関におけるサイバーセキュリティ対策は、インターネット経由での決済サービスの提供により早い段階から金銭を狙ったサイバー攻撃の脅威に晒されており、対処する必要があった。

　また重要インフラ事業者として、機能停止・低下および利用不可能な状態になることが国民生活および社会経済活動に多大なる影響を及ぼすため、サイバー攻撃を受けて有事の際でもサービスを継続する必要があり、様々な規制やガイドラインの中にサイバーセキュリティ態勢の強化が求められるため、他業界に比べても先行して態勢構築が行われてきた。

---

15)　その他、サイバーセキュリティ基本法の改正をふまえ、国の行政機関、重要インフラ事業者、サイバー関連事業者等官民の多様な主体が相互に連携し、サイバーセキュリティに関する施策の推進に関する協議を行うため、「サイバーセキュリティ協議会」が設立され、金融業界から金融 CEPTOAR（銀行等、証券、生保、損保）のほか、金融 ISAC 等も参加している。

　ただし金融機関の中でも大手金融機関は、経営層のサイバーセキュリティ意識の高まりから、欧米の金融機関に比べるとまだ及ばない部分があるものの投資費用や人的リソースについても比較的確保できてきているが、中小の金融機関については投資できる費用も人的リソースについても限りがある金融機関が多いのも現状である。

　金融庁主催の Dela Wall や金融 ISAC 主催のサイバークエスト等に毎年多くの金融機関が参加してサイバー訓練を実施している。また、メガバンクも独自の訓練等を計画し実施している。

　一口に金融機関といっても銀行、クレジットカード、証券・保険等、業態も様々であり、規模が異なれば提供できるサービスの種類も異なり、グローバルに展開している金融機関であれば脅威やリスクが異なってくるため、セグメントに分けた脅威分析や訓練も今後必要になってくる。

　一方で金融機関は全銀ネットワークや CAFIS、ANSER、SWIFT、東京証券取引所システム等、様々なネットワークで複雑につながっており、ネットワークに参加している金融機関がサイバー攻撃を受けてそこから共同システム・ネットワーク経由で被害が拡大する可能性も秘めており、個別の金融機関というよりは金融システム全体として対策・防御・訓練を実施していく必要がある。

　また共同システムやネットワークがひとたびサイバー攻撃を受けて停止するようなことになるとその影響は国内のみならず世界経済全体に波及する懸念があり、サイバーセキュリティ対策の責任の所在を明確化させ態勢を構築し対策への投資と人員を確保することを業界全体で考えていく必要がある。

　現在の共助は情報共有や共同訓練、ガイドラインの共同作成等にとどまっているが、本稿でも述べられているとおりサイバーセキュリティの領域は競争領域ではないので、従来のゆるいレベルの共助から、共同防衛を目指した組織を立ち上げてそこにサイバーセキュリティの要員を各金融機関から供出していくことも一案である。

　金融機関を狙ったサイバー攻撃の脅威は増す一方で、サイバー攻撃は対策の弱い金融機関を狙って来るので、重要インフラとしての金融システム全体を防御するためには、少ないサイバーセキュリティの要員を有効に活

用しかつ大手金融機関と中小の金融機関における態勢の格差を埋めるための共同防衛態勢の構築が急務である。

　また2019年9月くらいから国内金融機関においてフィッシングによる不正送金被害が多発したが、フィッシングによる不正送金のプロセスは正送金で使用される入金口座やトンネル口座の売買、フィッシングサイトのドメインやサーバ証明書の取得、フィッシングメールやSMSのばら撒き、ID・パスワード情報の窃取、不正送金の実行とトンネリング、ATMでの出金による現金化とロッカー等による受け渡し等があり、それぞれが分業化されている。

　このフィッシングによる不正送金の一連のキルチェーンのプロセス中のどこかで、犯人逮捕につながる本人確認強化ができると犯人確保につながる証拠を押さえられたり、ブロックできると不正送金被害を抑止できる可能性があるが、現実には様々な壁が立ちふさがっている。

　現状フィッシングサイトの検知は金融機関をはじめEC事業者、通信事業者、宅配事業者等を中心に毎日立ち上がっており、立ち上がる都度民間の善意のセキュリティエンジニアがtwitter等で公開し、各事業者のセキュリティ担当者がJP/CERTやフィッシング対策協議会、民間のテイクダウン事業者等により依頼してテイクダウンしているが、フィッシングサイトが立ち上がっている時間帯は短く間に合っていないのが現状である。

　SMSによるフィッシングも大半が海外の電話番号が発信元であるが受信者は緊急性の高い文言に騙されてIDやパスワードを入力してしまうパターンも多く、フィッシングの標的になった事業者と通信事業者でフィッシングに使用された電話番号を共有し停止する行為は通信の秘密に抵触する可能性があり、対応が後手に回っている。

　フィッシングサイトの登録やサーバ証明書の取得に関しても止める手段に乏しく、メールアドレスさえあればきちんとした本人確認がなされずに簡単に登録できてしまい、特に海外の本人確認のゆるいレジストラや認証局等で取得されたり、ホスティング事業者のサーバで立ち上げられると停止させるまでに時間がかかっている。

　また金融機関の間でも被害に遭った取引の犯人の入金口座に関する情報や通信に関する情報を共有できれば二次被害、三次被害を抑止できる可能

性が高いが、現状のインターネットバンキングの約款では顧客情報を共有することには障壁があり、各行が警察やJC3と連携しながら対応している状況である。

　このようにサイバー犯罪者はフィッシングのエコシステムの中で有機的にスピーディに不正送金を成功させており、一方で法執行機関や金融機関はその被害抑止に苦しんでいるが、弁護士や法務の担当者にも協力していただくことにより攻撃側と防御側の非対称性を解消・逆転させていくことが重要になる。

第7章　暗号資産に関するサイバーセキュリティ対策

1　暗号資産に関するサイバーセキュリティ対策の重要性

　暗号資産交換業とは、①暗号資産の売買または他の暗号資産との交換、②上記①の行為の媒介・取次または代理、③①・②に掲げる行為に関する、利用者の金銭または暗号資産の管理、④他人のための暗号資産の管理のいずれかを業として行うことであり、暗号資産交換業を行うためには資金決済に関する法律（以下「資金決済法」という）に基づく暗号資産交換業の登録が必要となる（同法2条7項、63条の2）。2019年資金決済法の改正により「仮想通貨」の名称が「暗号資産」に変更された。同改正は2020年5月1日に施行された。本章では引用等を除き、基本的に「暗号資産」の用語を使用する。

　暗号資産はビットコイン、イーサリアム、リップルなどが代表的なものであるが、世界で1,500種類以上が流通しているといわれている（金融庁「仮想通貨交換業等に関する研究会報告書」）。多くの暗号資産では取引履歴がブロックチェーン上で公開され、取引の追跡が可能であるという特徴がある。一方で、利用者の匿名性が高いこと、取引の追跡を困難にさせる技術が日々開発されていること等から、暗号資産交換業者は、真の利用者を特定することが困難であるとの指摘がある（金融庁「マネー・ローンダリング及びテロ資金供与対策の現状と課題（2019年9月）」（2019年10月））。欧州刑事警察機構の報告書（INTERNET ORGANISED CRIME THREAT ASSESSMENT 2018）によれば、仮想通貨は、その匿名性ゆえに、ダークウェブ上での違法薬物や武器等の売買、違法サービスへの支払いに用いられているとされている。また、仮想通貨の中には移転記録が公開されず取引の追跡が困難なものや、移転記録の維持・更新に脆弱性を有するものも存在する。感染したコンピュータの機能を制限し、その制限の解除と引換えに仮想通貨を要求するランサムウェアの

「WannaCry」が、世界中の企業等のコンピュータに感染した事案も発生している。この事案では匿名性を高め、捜査当局による追跡を困難にしたことが指摘されている。

　暗号資産交換業者は交換所・取引所の運営者として取引に用いるシステムを安定的に稼働させることが重要である。サイバー攻撃によりシステム障害等が生じて取引に支障が生じることは大きな問題につながるものであり、サイバーセキュリティ対策は重要である。また、暗号資産交換業者は利用者から金銭・暗号資産の預託を受けることがあり、預託された金銭・暗号資産がサイバー攻撃の標的にされることがある。特に暗号資産については国境を越えて移転するケースがあり、また、特に匿名性を高めた暗号資産については流出した場合に追跡が困難になることも多い。そこで、暗号資産交換業者にとってサイバーセキュリティ対策は重要な経営課題といって過言ではない。

　金融庁が公表している最新の金融行政方針でも「暗号資産について、他業界や海外で発生したサイバー攻撃の動向も参考にしながら、暗号資産交換業者のサイバーセキュリティ対策が十分であるかを検証するなど、自主規制機関とも連携しつつ、厳正なモニタリングを実施することにより、登録業者のサイバーセキュリティ水準の向上を図る。」（令和2事務年度 金融行政方針（別冊）補足資料18頁）との指針が示されており、各暗号資産交換業者におけるサイバーセキュリティ体制の構築状況がモニタリング対象になる可能性が高い。金融当局も暗号資産交換業者のサイバーセキュリティ対策に重大な関心を有していることがうかがえる。

◆コラム　知られざるダークウェブの実態

　企業を標的としたサイバー攻撃の被害が年々深刻化する中で、サイバー攻撃の温床として注目されるようになったのが「ダークウェブ」である。我々が普段利用しているインターネットの世界は大きく3つの領域に分けることができ、「サーフェス（表層）ウェブ」と呼ばれるGoogleなどの検索サービスによってアクセス可能な領域は全体の4%程度でしかないとい

われている。検索でたどり着けない領域は「ディープウェブ」と呼ばれ、SNS などの会員制サイトのように、アクセスに認証が必要なページもここに含まれる。そしてディープウェブの奥底にある、一般的なウェブブラウザでは閲覧すらできない領域が「ダークウェブ」と呼ばれている。ダークウェブへアクセスするには「Tor (The onion router)」または「I2P (Invisible Internet Project)」と呼ばれる高度に匿名性の高い接続方式を用いることが必要となるほか、すべての通信は暗号化され、場所等を追跡できず、取引では原則として仮想通貨しか使用できないことが特徴である。

　ダークウェブ上のコンテンツの多くは無害なものであるが、その匿名性の高さゆえに、一部の犯罪者たちにより薬物や武器、犯罪に必要な情報やサービスを売買する市場としても利用されている。2018 年 5 月 17 日には、米サイバーセキュリティー企業が、「日本人の個人情報を集めたとみられる 2 億件以上のデータが、匿名性の高いダークウェブ上で販売されているのが見つかった」と発表しており、データには氏名、住所、生年月日、携帯電話番号が含まれていたという※。また、ダークウェブでは、サイバー攻撃を行うための各種サービスやツールも販売されている。具体的には、「ランサムウェアを提供するサービス」や「マルウェアを販売するサービス」「簡単にフィッシングサイトを作成できるサービス」「サイバー攻撃を請け負うハッキングサービス」などの存在が確認されており、技術力が高くないサイバー犯罪者でも自身の目的に合った違法なサービスを購入し、サイバー攻撃に利用することができる。

　最近ではサイバー攻撃への備えとして、ダークウェブなどの情報を収集または分析し、ダークウェブへの対策顧客企業と関連性がある脅威情報を配信するサービスも登場している。他方、企業にとって最大の脅威となる APT 攻撃（高度で持続的な攻撃）を展開するような組織が、窃取した情報をダークウェブ上で公開することはまずないともいわれている。また、企業のセキュリティ担当者が自らダークウェブ上で情報収集を行う場合には、ダークウェブ上のサイトには閲覧したユーザーを追跡して特定することを可能にするプログラムが仕組まれている事例もあることから、このようなサイトを利用することにより、自社に対するサイバー攻撃のリスクを増大させる可能性がある。このように、ダークウェブなどの情報をサイバー攻

撃への備えに活かすためには、その特徴を良く理解することが求められる。

> ※　日本経済新聞 2018 年 5 月 18 日朝刊記事「日本人の個人情報を販売　2 億件、闇ウェブで発見」

2　暗号資産流出事案

　暗号資産については過去に複数の流出事案が発生している。主な暗号資産流出事案は以下のとおりである。

[図表 4-7-1] 暗号資産流出事案の状況

時期	取引所	国	被害額	備考
2014 年 2 月	MT.GOX	日本	約 460 億円	民事再生手続
2015 年 1 月	Bitstamp	イギリス	約 48 億円	
2016 年 8 月	Bitfinex	香港	約 77 億円	
2017 年 12 月	Youbit	韓国	総資産 17%	
2018 年 1 月	Coincheck	日本	約 580 億円	・行政処分 ・全て顧客から預かったもの ・同社は、顧客から受託した暗号資産のうち、流出させた暗号資産（NEM）については、全てホットウォレットで管理
2018 年 2 月	BitGrail	イタリア	約 210 億円	
2018 年 6 月	Coinrail	韓国	約 44 億円	
2018 年 7 月	Bancor	イスラエル	約 25 億円	
2018 年 9 月	テックビューロ（Zaif）	日本	約 70 億円	行政処分 うち約 45 億円が顧客から預かったもの 同社は、顧客から受託した

				暗号資産のうち、流出させた暗号資産（BTC等）のほとんどをホットウォレットで管理していた
2019年1月	Cryptopia	ニュージーランド	約17億円	
2019年3月	Bithumb	韓国	約21億円	
2019年5月	Binance	マルタ	約44億円	
2019年7月	BITPoint	日本	約35億円	行政処分 ・うち約20億円が顧客から預かったもの ・ホットウォレットで管理
2019年11月	Upbit	韓国	約53億円	

　これらの事案の流出原因は必ずしも明らかではないものもあるが[1]、流出した暗号資産についてホットウォレット（暗号資産の移転に必要な秘密鍵（暗証番号のようなもの）をオンラインで管理するウォレット）で保管

---

1)　Coincheck社の件では、外部の攻撃者が、(a)同社従業員の端末にマルウェアを感染させ、外部ネットワークから当該従業員の端末経由で同社のネットワークに不正にアクセスをし、遠隔操作ツールにより当社のNEMのサーバ上で通信傍受を行いNEMの秘密鍵を窃取した上で、(b)窃取したNEMの秘密鍵を使用して外部の不審通信先にNEMを不正送金したものであると想定されており、また、NEMをホットウォレットにて管理をしていたことから、前記の不正送金を防止できなかったとされている（2018年3月8日付同社公表資料）。さらにBITPointの件では、同社の親会社は2020年5月20日に不正流出の原因究明として「対顧客向けセキュリティ対策およびオフィス環境のセキュリティ対策は一定の対応がされていたが、保守系サーバーがハッキングされ不正侵入された可能性が高い」との見解を示している（株式会社リミックスポイント2020年3月期決算補足説明資料20頁参照）。加えて、金額は数億円や数千円であるが2020年にも海外の暗号資産取引所で暗号資産の流出事案が生じている。

していた事例が多いようである。一般に、ある暗号資産アドレスから暗号資産を移転させるためには、当該アドレスに対応した秘密鍵で電子署名を行う必要がある。秘密鍵は PC や USB デバイス上のウォレット（ソフトウェア）内で管理されるが、一般に、外部のネットワークと接続されていないウォレットは「コールドウォレット」、接続されたウォレットは「ホットウォレット」と呼ばれている[2]。

3　サイバーセキュリティ対策の概要

　本稿では、暗号資産交換業者におけるサイバーセキュリティ対策の概要を説明する。

(1)　情報の安全管理

　暗号資産交換業者は、内閣府令で定めるところにより、暗号資産交換業に係る情報の漏えい、滅失または毀損の防止その他の当該情報の安全管理のために必要な措置を講じなければならない（情報の安全管理、資金決済法 63 条の 8）。暗号資産は、電子的に記録され、移転されるため、仮に情報の漏えい、滅失または毀損が発生した場合には、利用者の資産が毀損するおそれがあることから同条は暗号資産交換業者に当該措置を講ずることを求めた[3]。内閣府令では、暗号資産交換業者は、その行う暗号資産交換業の業務の内容および方法に応じ、暗号資産交換業に係る電子情報処理組織の管理を十分に行うための措置を講じなければならないとされている（暗号資産交換業者に関する内閣府令（以下「暗号資産交換業者府令」という）13 条）。暗号資産交換業者のシステムリスク管理の具体的な内容は第三分冊：金融会社関係 16 暗号資産交換業者関係（以下「本 GL」という）II-2-3-1 に定めがある。ここでも、日々手口が高度化するサイバー攻撃により重要情報に対する不正アクセス、漏えい等のリスクが顕在化している点が指摘されている。

---

2)　金融庁「仮想通貨交換業等に関する研究会報告書」（平成 30 年 12 月 21 日）3 頁参照。
3)　佐藤則夫監修『逐条解説　2016 年銀行法、資金決済法等改正』（商事法務、2017）171 頁。

　本 GL においてサイバーセキュリティが特に言及されている項目としては、システムリスクに対する認識等がある。ここでは、代表取締役が、システム障害やサイバーセキュリティ事案（以下「システム障害等」という）の未然防止と発生時の迅速な復旧対応について、経営上の重大な課題と認識し、態勢を整備しているかが監督上の着眼点に挙げられている（本 GL II-2-3-1-2(1)③）。ここでの「サイバーセキュリティ事案」とは、情報通信ネットワークや情報システム等の悪用により、サイバー空間を経由して行われる不正侵入、情報の窃取、改ざんや破壊、情報システムの作動停止や誤作動、不正プログラムの実行や DDoS 攻撃等の、いわゆる「サイバー攻撃」により、サイバーセキュリティが脅かされる事案をいう。

　また、本 GL II-2-3-1-2(5)は独立してサイバーセキュリティ管理の項目を挙げている。その具体的な内容は以下のとおりである。

---

①　サイバーセキュリティについて、取締役会等は、サイバー攻撃が高度化・巧妙化していることを踏まえ、サイバーセキュリティの重要性を認識し必要な態勢を整備しているか。

②　サイバーセキュリティについて、組織体制の整備、社内規程の策定のほか、以下のようなサイバーセキュリティ管理態勢の整備を図っているか。
・　サイバー攻撃に対するモニタリング体制
・　サイバー攻撃を受けた際の報告及び広報体制
・　組織内 CSIRT（Computer Security Incident Response Team）等の緊急時対応及び早期警戒のための体制
・　情報共有機関等を通じた情報収集・共有体制 等

③　サイバー攻撃に備え、リスクベースで入口対策、内部対策、出口対策といった多段階のサイバーセキュリティ対策を組み合わせた多層防御を講じているか。
・　入口対策（例えば、ファイアウォールの設置、抗ウィルスソフトの導入、不正侵入検知システム・不正侵入防止システムの導入 等）
・　内部対策（例えば、特権 ID・パスワードの適切な管理、不要な ID

の削除、特定コマンドの実行監視、本番システム（サーバー間）のセキュア化（パケットフィルタや通信の暗号化）、開発環境（テスト環境含む。）と本番システム環境のネットワーク分離、利用目的に応じたネットワークセグメント分離 等）

・　出口対策（例えば、通信ログ・イベントログ等の取得と分析、不適切な通信の検知・遮断 等）

④　サイバー攻撃を受けた場合に被害の拡大を防止するために、以下のような措置を速やかに実施する態勢を整備しているか。
・　攻撃元の IP アドレスの特定と遮断
・　DDoS 攻撃に対して自動的にアクセスを分散させる機能
・　システムの全部又は一部の一時的停止 等
　　また、影響範囲の確認や原因究明のためにログ保全やイメージコピー取得など事後調査（フォレンジック調査）に備えた手順を整備しているか。

⑤　脆弱性及び脅威情報の定期的な情報収集・分析・対応手順を明確に定め、組織的に実施しているか。
　　また、システムの脆弱性について、OS の最新化やセキュリティパッチの適用など必要な対策を適時に講じているか。

⑥　サイバーセキュリティについて、第三者（外部機関）のセキュリティ診断（脆弱性診断、ソースコード診断、ペネトレーションテスト等）を活用するなど、セキュリティ水準の定期的な評価を実施し、セキュリティ対策の向上を図っているか。
　　また、国内外でサイバーセキュリティ侵害事案が発生した場合には、適宜リスク評価を行っているか。

⑦　インターネット等の通信手段を利用した非対面の取引を行う場合には、例えば、以下のような取引のリスクに見合った適切な認証方式を導入しているか。
・　可変式パスワードや電子証明書などの、固定式の ID・パスワードのみに頼らない認証方式
・　取引に利用しているパソコン・スマートフォンとは別の機器を用いるなど、複数経路による取引認証
・　ログインパスワードとは別の取引用パスワードの採用 等

⑧　インターネット等の通信手段を利用した非対面の取引を行う場合には、例えば、以下のような業務に応じた不正防止策を講じているか。
・　不正な IP アドレスからの通信の遮断
・　利用者に対してウィルス等の検知・駆除が行えるセキュリティ対策ソフトの導入・最新化を促す措置
・　不正なログイン・異常な取引等を検知し、速やかに利用者に連絡する体制の整備
・　前回ログイン（ログオフ）日時の画面への表示 等

⑨　サイバー攻撃を想定したコンティンジェンシープランを策定し、訓練や見直しを実施しているか。また、必要に応じて、業界横断的な演習に参加しているか。

⑩　サイバーセキュリティに係る人材について、育成、拡充するための計画を策定し、実施しているか。

　さらに、本 GL II-2-3-1-2 ⑼③は、コンティンジェンシープランの策定に関してサイバー攻撃、災害、パンデミック、システム障害、情報漏えい事案等のリスクを想定した十分なリスクシナリオとなっているかとの着眼点を定める。
　加えて、暗号資産交換業者は、コンピュータシステムの障害やサイバーセキュリティ事案の発生を認識した場合、当局宛の報告を行わなければならないケースがある。すなわち、その原因の如何を問わず、仮想通貨交換業者が現に使用しているシステム・機器（ハードウェア、ソフトウェア共）に発生した障害であって、仮想通貨交換業に関する業務に遅延、停止等が生じているものまたはそのおそれがあるもの、その他業務上、これに類すると考えられるものが対象になる（ただし、一部のシステム・機器にこれらの影響が生じても他のシステム・機器が速やかに交替することで実質的にはこれらの影響が生じない場合を除く）。なお、障害が発生していない場合であっても、サイバー攻撃の予告がなされ、またはサイバー攻撃が検知される等により、利用者や業務に影響を及ぼす、または及ぼす可能性が高いと認められるときは、当局への報告が必要となる（本 GL II-2-3-1-3）。

(2) 利用者財産の管理（利用者が預託した金銭・暗号資産の分別管理）

　暗号資産交換業者は、その行う暗号資産交換業に関して、暗号資産交換業の利用者の金銭を自己の金銭と分別して管理し、内閣府令で定めるところにより、信託会社等に信託しなければならず[4]、また、暗号資産交換業の利用者の暗号資産を自己の暗号資産と分別して管理しなければならず（暗号資産の管理方法は内閣府令で定められる）、その管理の状況について、内閣府令で定めるところにより、定期に、公認会計士または監査法人の監査を受けなければならない（資金決済法63条の11）。これらは暗号資産交換業者による資産の不正な流用や当該業者の破綻など利用者の資産を毀損するリスクに対処するため分別管理を講じるとともに外部からのチェックを働かせる規制である[5]。

　暗号資産の具体的な分別管理の方法については暗号資産交換業者府令27条や本GL II-2-2-3 に定めがある。暗号資産交換業者は、受託暗号資産の流出防止のため原則としてコールド・ウォレット等による管理が要請される。例外的に、利用者の利便の確保および暗号資産交換業の円滑な遂行を図るために、コールド・ウォレット等以外の方法で管理することが必要な最小限度の暗号資産（ただし、受託暗号資産の金額の5％以下に限る）はコールド・ウォレット等による管理の適用除外とされている。

　ここでコールド・ウォレット等とは、①自己で管理する場合と②第三者に管理させる場合でそれぞれ定めがある。①自己で管理する場合では、暗号資産交換業の利用者の暗号資産を移転するために必要な情報を、常時インターネットに接続していない電子機器、電磁的記録媒体その他の記録媒体（文書その他の物を含む）に記録して管理する方法その他これと同等の技術的安全管理措置を講じて管理する方法を意味する。②第三者に管理させる場合では、暗号資産交換業の利用者の暗号資産の

---

4)　暗号資産交換業者が管理する受託金銭の高額化に伴う流出防止、破綻時の利用者保護の観点から信託の方法による管理が要請されている（小森卓郎ほか監修『逐条解説　2019年資金決済法等改正』（商事法務、2020）53頁）。
5)　佐藤・前掲注3）173頁、174頁。

保全に関して、当該暗号資産交換業者が自己で管理する場合と同等の利用者の保護が確保されていると合理的に認められる方法を意味する。

　また、暗号資産交換業者は、例外的にコールド・ウォレット等以外の方法で管理することができる暗号資産について同じ種類・数量の履行保証暗号資産を自己の暗号資産として保有し、内閣府令で定める方法により履行保証暗号資産以外の暗号資産と分別して管理しなければならない（資金決済法63条の11の2）。これは安全性の高い方法以外の方法で受託暗号資産を管理することにより生じる流出リスクについて適切な対応を求めるものである[6]。

　「利用者が預託した金銭・暗号資産及び履行保証暗号資産の分別管理」（本GL II-2-2-3）の項目では、経営陣の認識・関与、分別管理に関する一般的な着眼点、利用者から預託を受けた暗号資産（以下「受託暗号資産」という）および履行保証暗号資産の分別管理に関する着眼点、分別管理監査の定めがある。この点、2019年9月と2020年5月に本GLが改正され、分別管理の方法の項目に主に以下の着眼点が追加された。分別管理については利用者財産の保護の中核をなすものであり、サイバーセキュリティの観点からも非常に重要である。

　分別管理に関する一般的な着眼点は以下のとおりである。

① 　利用者財産等の分別管理について、社内規則に、金銭及び暗号資産の種類ごとに、分別管理の執行方法が具体的に定められ、利用者との契約に反映しているか。

② 　自己の財産である金銭・暗号資産と、利用者財産等が、上記①の執行方法に基づいて明確に区分され、かつ、個々の利用者の金銭の残高・暗号資産の数量について、直ちに判別できることとしているか。また、その遵守状況について適切に検証することとしているか。

③ 　自己の財産である暗号資産と、履行保証暗号資産が、執行方法に基づいて明確に区分され、かつ、いずれが履行保証暗号資産であるかを直ちに判別できることとしているか。また、その遵守状況について適切に検証することとしているか。

④ 　利用者の金銭の管理について、暗号資産交換業者府令26条1項各号の

---

6)　小森ほか・前掲注4）55頁。

要件を満たす利用者区分管理信託に係る契約に基づいて管理しているか。また、同項 6 号に規定する個別利用者区分管理金額及び利用者区分管理必要額を、同条 2 項の規定に従い毎営業日算定しているか。
⑤　上記のような分別管理業務を担当する部門を設置するとともに、金銭及び暗号資産の種類ごとに、利用者財産等の受払いの手続を行う担当者と利用者財産等の残高を照合する担当者を設置した上で、両担当者を兼務させないこととしているか。また、事故・不正行為等防止の観点から、各担当者を定期的に交代させる等の措置を講じているか。

受託暗号資産および履行保証暗号資産の分別管理に関する着眼点は以下のとおりである。

①　自己で受託暗号資産及び履行保証暗号資産（以下「対象暗号資産」という。）を管理する場合の分別管理については、自己の暗号資産（履行保証暗号資産を除く。以下、①において同じ。）を管理するウォレットとは別のウォレットにおいて、対象暗号資産を管理することとしているか。自己の暗号資産を管理するウォレットと、対象暗号資産を管理するウォレットの保管場所を明確に区分して保管しているか。例えば、ウォレットを保管するための機器を明確に区分することが考えられる。
②　対象暗号資産の管理を第三者に委託する場合の分別管理については、対象暗号資産以外の暗号資産を管理するウォレットとは別のウォレットにおいて、当該対象暗号資産を管理させることとしているか。対象暗号資産を管理するウォレットと、当該対象暗号資産以外の暗号資産を管理するウォレットの保管場所を明確に区分して保管させているか。例えば、ウォレットを保管するための機器を明確に区分することが考えられる。
③　対象暗号資産の管理について、取引内容がブロックチェーン等のネットワークに反映されない等の事情により、ブロックチェーン等のネットワーク上の対象暗号資産の有高が暗号資産交換業者の管理する帳簿上の対象暗号資産の残高に不足する事態を防止するために必要な措置を講じているか。
④　対象暗号資産の管理について、暗号資産交換業者が管理する帳簿上の対象暗号資産の残高と、ブロックチェーン等のネットワーク上の対象暗号資産の有高を毎営業日照合しているか。また、照合した結果、上記③の措置にもかかわらず、対象暗号資産の有高が帳簿上の対象暗号資産の残高に満たない場合には、原因の分析を行った上、速やかに当該不足額を解消しているか。
⑤　自己で対象暗号資産を管理する場合には、資金決済法 63 条の 11 第 2

項及び暗号資産交換業者府令 27 条 2 項で定める要件に該当する受託暗号資産（以下「対象受託暗号資産」という。）を除き、当該暗号資産が外部に流出することがないよう、当該対象暗号資産を移転するために必要な秘密鍵等を、常時インターネットに接続していない電子機器等に記録して管理する方法その他これと同等の技術的安全管理措置を講じて管理する方法により管理しているか。なお、一度でもインターネットに接続したことのある電子機器等は「常時インターネットに接続していない電子機器等」に該当しないことに留意するものとする。

⑥　対象暗号資産の管理を第三者に委託する場合には、対象暗号資産を除き、対象暗号資産の保全に関して、当該暗号資産交換業者が自己で管理する場合と同等の利用者の保護が確保されていると合理的に認められる方法により管理しているか。

⑦　対象暗号資産を除く対象暗号資産の全部又は一部が、上記⑤及び⑥以外の方法により管理される事態が生じた場合には、当該事態が生じた日の翌日から起算して 1 営業日以内に、当該事態を解消しているか。

⑧　対象暗号資産の管理を第三者に委託する場合には、委託先において、分別管理に関する一般的な着眼点①から③及び⑤並びに上記(3)②から④、⑥及び⑦に掲げる事項を遵守していることに加え、本 GL II-2-2-4 に基づいて流出リスクへの必要な対応が行われていることを確認しているか。

(3)　暗号資産の流出リスクへの対応

　前述のとおり暗号資産の流出リスクが増大している。サイバー攻撃についても暗号資産の流出を狙ったものも多いと考えられる。2019 年 9 月に本 GL が改正され、別途、暗号資産の流出リスクへの対応の項目が追加された（本 GL II-2-2-4）。その後、2020 年 5 月にも同項目が一部改正された。そこで、本稿でもその内容について記載する。

　暗号資産交換業者が利用者から暗号資産の預託を受ける場合には、対象暗号資産が不正アクセス等により流出することによって、利用者に対して対象暗号資産の返還ができなくなるなど利用者保護が図られないおそれがあるため、平時より、分別管理やシステムリスク管理等の内部管理態勢（業容に応じた内部監査態勢を含む）の構築を通じて、かかる流出リスクに対して適切に対応することが求められる（本 GL II-2-2-4-1）。

　実際に、不正アクセス等により多額の対象暗号資産が流出した事案も複数発生していることから、暗号資産交換業者の経営において、上記流

出リスクへの対応は最重要課題の一つとなっている。

　本 GL II-2-2-4-2 は、暗号資産交換業者の監督に当たって、上記流出リスクに対する適切な対応が図られているかを確認するに際して、以下のような具体的な留意点を定めている。そこで、各項目を紹介・解説する。

a　本 GL Ⅱ-2-2-4-2⑴経営陣の認識・関与

> 　経営陣は、流出リスクへの対応が利用者保護に資するものであることを理解した上で、流出リスクへの対応の重要性を認識しているか。また、流出リスクへの対応状況について、定期的あるいは随時に報告を受けるなどして、流出リスクへの対応が適切に行われるための体制の整備等に活用しているか。

　暗号資産交換業者のリスク管理において流出リスクへの対応は重要なものであり、経営陣は当該リスクを認識することが肝要である。

b　本 GL Ⅱ-2-2-4-2⑵流出リスクの特定・評価

> ①　取り扱う暗号資産の種類ごとに、当該暗号資産の流出リスクを特定・評価しているか。
> ②　流出リスクの特定に当たっては、暗号資産の仕組みや当該暗号資産に使用される技術、社内のシステム・ネットワーク環境、対象暗号資産を移転するために必要な秘密鍵の使用（署名）に至るオペレーション等の事情を勘案のうえ、想定され得る流出の場面（秘密鍵の漏えい、盗難、不正利用、消失等を含むがこれに限られない。）を洗い出し、当該流出の原因となるリスク（サイバー攻撃のほか、事務処理ミス、内部不正、システムの不具合等を含むがこれに限らない。）を具体的に特定しているか。
> ③　特定した流出リスクの評価に当たっては、当該リスクが顕在化することによって生じ得る対象暗号資産への影響その他利用者及び経営への影響等を具体的に分析し、評価しているか。また、定期的にリスク評価を見直すほか、対象暗号資産の管理に関し、重大な影響を及ぼし得る新たな事象が発生した場合には、必要に応じてリスク評価を見直すこととしているか。

④　新たな暗号資産の取扱いやサービスの提供を開始する場合には、当該
　暗号資産・サービス等の提供前に分析を行い、流出リスクの観点から検
　証しているか。

　　流出リスクの特定に当たっては、暗号資産の仕組みや当該暗号資産に
使用される技術をふまえる必要がある。また、流出リスクの評価に当
たっては、当該リスクが顕在化することによって生じうる対象暗号資産
への影響その他利用者への影響等を勘案する必要がある。

c　本GL Ⅱ-2-2-4-2⑶流出リスクの低減

① 　利用者の利便性等を理由に、やむを得ずインターネットに接続された
　環境で秘密鍵等を管理しなければならない場合には、資金決済法63条の
　11第2項及び暗号資産交換業者府令27条2項で定める要件の範囲内で、
　当該環境で秘密鍵等を管理する対象暗号資産の上限をあらかじめ社内規
　則で定めた上で、かかる上限の範囲内で秘密鍵等を管理する等の措置を
　講じているか。
② 　上記①のほか、流出リスクの低減に際しては、流出の態様の変化や技
　術の進歩等を踏まえつつ、協会や専門的知見を有する関係団体等におけ
　るセキュリティ対策に係る指針等も参考とする必要があるが、例えば、
　以下の点を含め、前記 b.「流出リスクの特定・評価」で特定・評価され
　た流出リスクに対して有効な低減措置を講じているか。
　イ．対象暗号資産を移転する場合には、あらかじめ社内規則等で定めら
　　れた手続に従い、複数の担当者が関与する体制となっているか。
　ロ．権限者以外の者が使用（署名）できない方法で管理しているか。特
　　にハードウェアや紙等の物理媒体で秘密鍵を管理する場合には、施錠
　　されたセキュリティルーム、金庫など権限者以外の者がアクセスする
　　ことができない環境で保管しているか。
　ハ．対象暗号資産の移転について、複数の秘密鍵を用いた電子署名を必
　　要とする等の適切な措置を講じているか。複数の秘密鍵を用いる場合
　　には、各秘密鍵の保管場所を分けて管理しているか。
　ニ．対象暗号資産の移転に際して、当該対象暗号資産の移転に係る取引
　　内容が真正であることを確認しているか。
　ホ．利用者からの依頼によって対象暗号資産が自動的に外部に移転する
　　仕組みを用いる場合には、一回又は短時間に移転できる対象暗号資産
　　の上限を設定しているか。

> ヘ．秘密鍵が紛失した場合に備え、バックアップを作成しているか。
> 　バックアップについても、前記「受託暗号資産及び履行保証暗号資産
> の分別管理に関する着眼点」⑤及び⑥並びに上記ロに基づいて安全に
> 管理しているか。
> ト．対象暗号資産の移転の手続について内部監査の対象としているか。

　暗号資産の技術的な仕様上、不正アクセス等が行われる前の状況に原
状回復できる場合であっても、たとえば、当該回復のための措置を講じ
ることによって、相当の期間、取引が停止する等利用者への影響が生じ
る場合には、利用者保護の観点から、流出リスクとしての特定・評価が
求められ、また、特定・評価した流出リスクに対しては、当該リスクの
内容に見合った有効な低減措置を講じる必要がある。

d　本GL Ⅱ-2-2-4-2(4)流出時の対応

> ①　対象暗号資産の流出を直ちに検知可能なシステム監視体制その他流出
> を直ちに検知するために必要な内部管理体制が整備されているか。
> ②　対象暗号資産の流出を検知した場合には、検知した内容について、経
> 営陣に対して確実かつ速やかに伝達するための社内連絡体制が整備され
> ているか。
> ③　対象暗号資産の流出を検知した場合の対応について、流出時を想定し
> たコンティンジェンシープランを策定の上、例えば、以下の措置を含む
> 緊急時体制を構築しているか。
> 　イ．二次被害を防止するために必要な措置
> 　(注)例えば、インターネットと接続した環境で秘密鍵等を保管している場合に
> は、当該秘密鍵等を直ちにインターネットから隔離すること、当該秘密鍵等で
> 管理される暗号資産を直ちにインターネットに接続されていない環境に移転さ
> せること、他の暗号資産に影響がないか確認することなど、流出の状況や保管
> している暗号資産の特性などに応じ、必要な対応を検討することが必要。
> 　ロ．被害にあった利用者への対応（相談窓口の設置等を含む。）
> 　(注)利用者への被害回復にあたっては、暗号資産交換業者府令23条3項に規
> 定する債務の履行に関する方針に従った対応が求められることに留意する。
> 　ハ．当局及び外部委託先等を含む関係者への報告・連携
> 　ニ．速やかな原因分析及び新たなリスク低減措置の検討・実施
> 　(注)原因分析を迅速に行うためには、関連するサーバー等の証拠保全を適切に

行うこと、事象の追跡に十分な情報を含むアクセスログなどを記録しておくことが必要である点に留意すること。

　流出時の対応については、事前の措置として検知のための内部管理体制の整備、流出時を想定したコンティンジェンシープランの策定、検知時の社内連絡体制の整備などが重要となる。

⑷　その他の留意点

　暗号資産交換業の登録を行うに当っては様々な態勢整備が必要であるが、金融庁が公表している「暗号資産交換業者の登録審査に係る質問票」でも、「情報セキュリティ管理、サイバーセキュリティ管理」に関する質問項目があり、登録を目指す事業者にとってもサイバーセキュリティ対策は重要である。

　なお、一般社団法人日本暗号資産取引業協会は、システムリスク管理に関する規則、利用者財産の管理に関する規則・同規則ガイドライン、利用者財産の分別管理のチェック項目およびチェックのポイントを公表しており、これらの内容も暗号資産交換業者のサイバーセキュリティ対策の参考となる。また、暗号資産交換業者が金融商品取引業の登録をする場合には、金融商品取引業者等向けの総合的な監督指針が定めるサイバーセキュリティ対策にも留意すべきである。

◆コラム　暗号資産に関するサイバーセキュリティ対策

　2019年度は民間のFacebookが主導するステーブルコインのLibraが登場し話題を集めたが各国の中央銀行等がその影響に懸念を表明し当初の計画は変更を余儀なくされ、また中国では中国中央政治局委員会集合会合でブロックチェーンを国家レベルの中核技術と認定し、中国人民銀行でもデジタル通貨DC/EP（デジタル人民元）の構想を発表し米中の覇権争いに拍車をかけている。

　日本国内においても2019年5月に改正資金決済法および改正金融商

品取引法が可決され、呼称が「仮想通貨」から「暗号資産」に統一され、顧客暗号資産のコールドウォレット保管の義務化、ICO によって発行されたトークンの金融商品取引法規制対象化、顧客の本人確認・資産分別管理義務化等が定められた。

今年度は FATF（マネー・ロンダリングに関する国際金融作業部会）が定めるトラベルルールの対象に暗号資産関連事業者が対象となり、国内では大企業の参入も本格化が予想される。

その登場の背景から近年多発した暗号資産の流出等、サイバーセキュリティの観点からも大きく注目されてきた暗号資産だが、攻撃者の手口に関しては従来の情報窃取を狙った標的型攻撃やソーシャルエンジニアリング、バングラデシュ中央銀行の SWIFT 端末に侵入し多額の送金を実施した事案等と、大きく変わらない。

暗号資産に特有な手法としては、ミキシングという複数の送金データを組み合わせシャッフルすることによって送金元である保有者を特定できなくしたり、資金の流れを辿れないようにする、利用者のプライバシーや匿名性を守る手法やサービスが存在するが、その匿名性からマネー・ロンダリングに利用されるケースもありミキシングサービス事業者が検挙される事例も発生している。

暗号資産業者に関する内閣府令に定められているシステムリスク管理の具体的な内容は、ウォレットの取扱い等、暗号資産特有の管理項目を除けば、FISC の安全対策基準と大きく変わるものではない。

従来の金融機関は過去にリーマンショック等の金融危機を経験し、中央銀行や金融当局主導で経済危機が起きないようにコントロールしてきた歴史があり、年々強化される規制やガイドラインに準拠するためにシステムリスク管理を強化してきたが、近年のフィンテックの進展で新たな暗号資産交換業者や電子決済等代行業、モバイル決済事業者等が参入してきている。

従来の金融機関は前章でも述べられている重要インフラ事業者としてサイバーセキュリティ対策や顧客保護の観点からの不正送金等発生時の補償の規定が整備されている。一方、上述の新規参入事業者の中にはまだ態勢の弱い事業者も存在しているため、弁護士や法務担当者とも協力の上で、今後態勢を強化していくことが必須である。

○サイバーセキュリティ対策の参考情報※

資料名	発行元	URL
サイバーセキュリティ対策全般		
サイバーセキュリティ経営ガイドライン Ver2.0	経済産業省/IPA	http://www.meti.go.jp/policy/netsecurity/mng_guide.html
サイバーセキュリティ経営ガイドライン解説書	経済産業省/IPA	https://www.ipa.go.jp/security/economics/csmgl-kaisetsusho.html
情報セキュリティ10大脅威2020	IPA	https://www.ipa.go.jp/security/vuln/10threats2020.html
Framework for Improving Critical Infrastructure Cybersecurity [Version 1.1]	NIST	https://nvlpubs.nist.gov/nistpubs/CSWP/NIST.CSWP.04162018.pdf
SP800-53 [Rev.4] 連邦政府情報システムおよび連邦組織のためのセキュリティ管理策とプライバシー管理策	NIST	http://nvlpubs.nist.gov/nistpubs/SpecialPublications/NIST.SP.800-53r4.pdf
SP800-171 [Rev.1] 連邦政府外のシステムと組織における管理された非格付け情報の保護	NIST	http://nvlpubs.nist.gov/nistpubs/SpecialPublications/NIST.SP.800-171r1.pdf
サイバーリスクハンドブック	一般社団法人日本経済団体連合会	https://www.keidanren.or.jp/policy/cybersecurity/CyberRiskHandbook.pdf#page=3
サイバーセキュリティリスクの管理体制構築（指示1、2、3）		
中小企業の情報セキュリティ対策ガイドライン [第3版]	IPA	https://www.ipa.go.jp/security/keihatsu/sme/guideline/index.html
情報セキュリティ管理基準	経済産業省	https://www.meti.go.jp/policy/netsecurity/downloadfiles/IS_Management_Standard_H28.pdf
別冊 CISO等セキュリティ推進者の経営・事業に関する役割プラクティス	IPA	http://www.ipa.go.jp/files/000067656.pdf
セキュリティ対応組織（SOC/CRIST）の教科書	日本セキュリティオペレーション事業者協議会	https://isog-j.org/output/2017/Textbook_soc-csirt_v2.html
ユーザ企業のためのセキュリティ統括室構築・運用キット（統括室キット）	産業横断サイバーセキュリティ人材育成検討会	https://cyber-risk.or.jp/cric-csf/report/Security-Supervisor_Toolkit_Part1_v1.0.pdf

○サイバーセキュリティ対策の参考情報

セキュリティ知識分野（Sec Bok） 人材スキルマップ 2019 年版	日本ネットワークセキュリティ協会	https://www.jnsa.org/result/2018/skillmap/
IT のスキル指標を活用した情報セキュリティ人材育成ガイド[2015 年 5 月]	IPA	https://www.ipa.go.jp/files/000039528.pdf
職場の情報セキュリティ管理者のためのスキルアップガイド[2015 年 9 月]	IPA	https://www.ipa.go.jp/files/000047872.pdf
グループ・ガバナンス・システムに関する実務指針	経済産業省	https://www.meti.go.jp/press/2019/06/20190628003/20190628003.html
組織における内部不正防止ガイドライン	IPA	https://www.ipa.go.jp/files/000057060.pdf
個人情報の保護に関する法律についてのガイドライン（通則編）	個人情報保護委員会	https://www.ppc.go.jp/files/pdf/guidelines01.pdf
金融機関のサイバーセキュリティ対策における経営陣・CISO 等に期待される役割・責任に関する調査研究報告書	金融庁	https://www.fsa.go.jp/common/about/research/20170712/201707_CISO.pdf
CISO ハンドブック　業務執行として考える情報セキュリティ	日本ネットワークセキュリティ協会	https://www.jnsa.org/seminar/2018/0612/data/A5.pdf
情報セキュリティ基本方針 1.0 版	日本ネットワークセキュリティ協会	https://www.jnsa.org/result/2016/policy/data/policy.pdf
昨今の産業を巡るサイバーセキュリティに係る状況の認識と今後の取組の方向性について	経済産業省	https://www.meti.go.jp/press/2020/06/20200612004/20200612004-2.pdf
サイバーセキュリティリスクの特定と対策の実装（指示 4、5、6）		
サイバー・フィジカル・セキュリティ対策フレームワーク（Ver.1.0)	経済産業省	https://www.meti.go.jp/press/2019/04/20190418002/20190418002.html
SP 800-30［rev.1]リスクアセスメントの実施の手引き	NIST	https://www.ipa.go.jp/files/000025325.pdf
「高度標的型攻撃」対策に向けたシステム設計ガイド	IPA	https://www.ipa.go.jp/files/000046236.pdf
【注意喚起】ウイルス感染を想定したセキュリティ対策と運用管理を	IPA	https://www.ipa.go.jp/security/ciadr/vul/20150602-secop.html
日常における情報セキュリティ対策	IPA	https://www.ipa.go.jp/security/measures/everyday.html
IoT セキュリティガイドライン ver 1.0	IoT 推進コンソーシアム、総務省、経済産業省	http://www.soumu.go.jp/main_content/000428393.pdf

IoT 開発におけるセキュリティ設計の手引き	IPA	https://www.ipa.go.jp/files/000052459.pdf
つながる世界の開発指針［第2版］	IPA	https://www.ipa.go.jp/files/000060387.pdf
情報セキュリティ対策ベンチマーク	IPA	https://www.ipa.go.jp/security/benchmark/index.html
高度サイバー攻撃への対処におけるログの活用と分析方法［1.1版］	JPCERT/CC	https://www.jpcert.or.jp/research/apt-loganalysis.html
組織における内部不正防止ガイドライン［第4版］	IPA	https://www.ipa.go.jp/files/000057060.pdf
秘密情報の保護ハンドブック［平成28年2月］	経済産業省	http://www.meti.go.jp/policy/economy/chizai/chiteki/trade-secret.html
情報セキュリティマネジメントシステム（ISMS）適合性評価制度	JIPDEC	https://isms.jp/isms.html
サイバーセキュリティマネジメントシステム（CSMS）適合性評価制度	JIPDEC	https://isms.jp/csms.html
情報セキュリティ管理基準	経済産業省	http://www.meti.go.jp/policy/netsecurity/is-kansa/index.html
安全なウェブサイトの作り方［第7版］	IPA	https://www.ipa.go.jp/security/vuln/websecurity.html
Japan Vulnerability Notes	IPA、JPCERT/CC	https://jvn.jp/
インシデント発生に備えた体制構築（指示7、8）		
サイバーセキュリティ経営ガイドライン付録C インシデント発生時に組織内で整理しておくべき事項	経済産業省/IPA	https://www.meti.go.jp/policy/netsecurity/downloadfiles/CSM_Guideline_app_C.xlsx
組織内CSIRTの役割とその範囲	JPCERT/CC	https://www.jpcert.or.jp/csirt_material/files/02_role_of_csirt20151126.pdf
CSIRT人材の定義と確保 Ver.1.5	日本コンピュータセキュリティインシデント対応チーム協議会	http://www.nca.gr.jp/activity/imgs/recruit-hr20170313.pdf
インシデントハンドリングマニュアル	JPCERT/CC	https://www.jpcert.or.jp/csirt_material/files/manual_ver1.0_20151126.pdf
証拠保全ガイドライン［第8版］	デジタル・フォレンジック研究会	https://digitalforensic.jp/home/act/products/home-act-products-df-guideline-8th/

情報セキュリティサービス基準適合サービスリスト	IPA	https://www.ipa.go.jp/security/it-service/service_list.html
サイバーインシデント緊急対応企業一覧	日本ネットワークセキュリティ協会	https://www.jnsa.org/emergency_response/
IT-BCP 策定モデル	内閣サイバーセキュリティセンター	https://www.nisc.go.jp/active/general/pdf/IT-BCP.pdf
CSIRT 構築マテリアル	JPCERT/CC	https://www.jpcert.or.jp/csirt_material/
CSIRT 構築に役立つ参考ドキュメント類	日本シーサート協議会	http://www.nca.gr.jp/activity/build-wg-document.html
事業継続ガイドライン	内閣府	http://www.bousai.go.jp/kyoiku/kigyou/pdf/guideline03.pdf
CSIRT ガイド	JPCERT/CC	https://www.jpcert.or.jp/csirt_material/files/guide_ver1.0_20151126.pdf
サプライチェーンセキュリティ対策の推進（指示9）		
情報サービス・ソフトウェア産業における下請適正取引等の推進のためのガイドライン	経済産業省	http://www.chusho.meti.go.jp/keiei/torihiki/2014/140313shitaukeGL3.pdf
クラウドサービス安全利用のすすめ	IPA	https://www.ipa.go.jp/security/fy29/reports/scrm/index.html
IT サプライチェーンの業務委託におけるセキュリティインシデント及びマネジメントに関する調査報告書	IPA	https://www.ipa.go.jp/security/fy29/reports/scrm/index.html
IT サプライチェーンにおける情報セキュリティの責任範囲に関する調査報告書	IPA	https://www.ipa.go.jp/security/fy30/reports/scrm/index.html
金融機関におけるクラウド利用に関する有識者検討会報告書	公益財団法人 金融情報システムセンター	https://www.fisc.or.jp/document/fintech/file/190_0.pdf
クラウドコンピューティングとサイバーセキュリティ等に関する調査報告書	金融庁	https://www.fsa.go.jp/common/about/research/20190611-2.html
SECURITY ACTION セキュリティ対策自己宣言	IPA	https://www.ipa.go.jp/security/security-action/
アウトソーシングに関する情報セキュリティ対策ガイダンス	経済産業省	https://www.meti.go.jp/policy/netsecurity/docs/secgov/2009_OutsourcingJohoSecurityTaisakuGuidance.pdf

サプライチェーン情報セキュリティ管理基準	特定非営利活動法人日本セキュリティ監査協会	https://www.jasa.jp/information/result.html?key=2011&result=%E7%B5%8C%E6%B8%88%E7%94%A3%E6%A5%AD%E7%9C%81%E5%8F%97%E8%A8%97%E4%BA%8B%E6%A5%AD
政府機関等の情報セキュリティ対策のための統一基準群	内閣サイバーセキュリティセンター	https://www.nisc.go.jp/active/general/kijun30.html
外部委託等における情報セキュリティ上のサプライチェーン・リスク対応のための仕様書策定手引書	内閣サイバーセキュリティセンター	https://www.nisc.go.jp/active/general/kijun30.html
ステークホルダーを含めた関係者とのコミュニケーションの推進（指示 10）		
日本で使用されているソフトウェアなどの脆弱性関連情報とその対策情報	JPCERT/CC・IPA	https://jvn.jp/report/index.html
米国情報共有分析機関（ISAO）関連文章の翻訳（情報共有入門、分析入門等）	IPA	https://www.ipa.go.jp/security/publications/isao/index.html
届出・相談・情報提供（不正アクセスやウイルス等に関する届出）	IPA	https://www.ipa.go.jp/security/outline/todoke-top-j.html
標的型サイバー攻撃特別相談窓口	IPA	https://www.ipa.go.jp/security/tokubetsu/
サイバー情報共有イニシアティブ（J-CSIP）	IPA	https://www.ipa.go.jp/security/J-CSIP/
サイバーセキュリティ対策情報開示の手引き	総務省	https://www.soumu.go.jp/main_content/000630516.pdf
記述情報の開示に関する原則	金融庁	https://www.fsa.go.jp/news/30/singi/20190319/01.pdf

※ IPA「サイバーセキュリティ経営ガイドライン Ver2.0　実践のためのプラクティス集　第 2 版」付録「サイバーセキュリティ対策の参考情報」に執筆者らが加筆

○事項索引

執筆者紹介

＊は編著者

川島　基則（かわしま・もとのり）

株式会社橋本川島コーポレーション　取締役常務執行役員・弁護士

東京大学経済学部、明治大学法科大学院卒。企業・金融法務、倒産処理、危
機管理対応、サイバーセキュリティ・データ保護関連案件、民事介入暴力対
策案件等を取り扱うとともに、明治大学法科大学院において 2015 年から
2020 年まで教育補助講師として教育・研究に従事。2020 年 4 月より、北海
道旭川市の建設会社に入社。

執筆担当：第 2 部第 5 章、第 3 部第 1 章、コラム

河本　永治（かわもと・えいじ）

廣渡法律事務所　弁護士

2007 年早稲田大学政治経済学部政治学科卒、2012 年中央大学法科大学院卒、
2013 年司法試験合格、司法修習 67 期、2014 年弁護士登録、廣渡法律事務所
入所後現在に至る。

執筆担当：第 3 部第 7 章

工藤　靖＊（くどう・やすし）

長島・大野・常松法律事務所　弁護士

2007 年に入所後、米国留学を経て、金融庁検査局及び証券取引等監視委員
会事務局へ出向。復帰後は、金融・証券規制に関するアドバイス、当局によ
る調査・検査対応を含む危機管理・不祥事対応、コンプライアンスを取り扱
い、近時はビジネスメール詐欺、サプライチェーンリスクマネジメントなど
サイバーセキュリティ法務リスク対応にも携わる。

編集担当：第 2 部　　執筆担当：第 2 部第 1 章・第 3 章・第 4 章

近藤　遼平（こんどう・りょうへい）

新都総合法律事務所　パートナー弁護士

法政大学法学部法律学科卒業、青山学院大学法科大学院修了後、2014 年よ
り弁護士登録（第一東京弁護士会所属）、新都総合法律事務所入所。

執筆担当：第 3 部第 3 章

執筆者紹介

今野　雅司（こんの・まさし）
　有限責任監査法人トーマツ　弁護士　ニューヨーク州弁護士　公認会計士
公認不正検査士
　2006年隼あすか法律事務所入所。2011年ペンシルバニア大学ロースクール
卒業（LL.M. with distinction）、預金保険機構入構（法務統括室総括調査役、
室長代理）。2016年金融庁入庁（検査局総務課金融証券検査官、専門検査
官）、地域金融機関等モニタリングチーム、経営管理等モニタリングチーム、
法令遵守等モニタリングチーム、マネーロンダリングモニタリングチーム等
に所属。2018年より現職。
　執筆担当：第4部第5章

塩崎　彰久＊（しおざき・あきひさ）
　長島・大野・常松法律事務所　パートナー弁護士
　危機管理及びコンプライアンス案件を中心に国内外の多くの企業トラブルの
対処・解決に携わる。新型コロナ民間臨調の共同主査を務めたほか、福島原
発民間事故調のワーキンググループなどに従事。第一東京弁護士会民事介入
暴力対策委員会副委員長。
　編集担当：第3部　　執筆担当：第3部第6章・第7章

鈴木　仁史（すずき・ひとし）
　鈴木総合法律事務所　弁護士
　1996年東京大学法学部卒業、1998年弁護士登録。人事労務・コンプライア
ンス・リスク管理等の企業法務のほか、銀行・信用金庫・生損保等の金融法
務、反社対応・AML/CFTなどを取り扱う。著書として、『マネーローンダ
リング規制の新展開』（共著）（金融財政事情研究会、2016年）、『実務必携
信用金庫法』（金融財政事情研究会、2018年）、『地域金融機関の保険業務』
（共著）（金融財政事情研究会、2015年）ほか。
　執筆担当：第4部第6章

鈴木　正人（すずき・まさと）
　潮見坂綜合法律事務所　弁護士・ニューヨーク州弁護士登録
　2000年東京大学法学部卒業。2002年弁護士登録。2010年10年ニューヨー
ク州弁護士登録。同年より11年末まで金融庁・証券取引等監視委員会にて
課長補佐、専門検査官。金融・証券規制・情報保護・反社マネロン対応、危
機管理対応などを主な業務とする。主な著書に、『Q&A営業店のマネー・
ローンダリング対策実践講座』（共著）（きんざい、2020年）など。
　執筆担当：第4部第7章

高橋　大祐*（たかはし・だいすけ）

真和総合法律事務所　パートナー弁護士

法学修士（米・仏・独・伊）。サイバーセキュリティ・データ保護などのグローバルコンプライアンスやサステナビリティに関する法的助言や紛争解決を担当。AI 開発企業の社外役員、ICT 企業・デジタルプラットフォーム運営企業の社外委員・社外有識者も歴任。関連論稿に「サイバーセキュリティをめぐる欧米法規制と日本企業の対応策」ビジネス法務 2018 年 1 月号、「AI 等のテクノロジーが及ぼす人権への影響と法務対応」ビジネスロー・ジャーナル 2020 年 8 月号、「FinTech・仮想通貨におけるマネロン・反社リスクの所在」旬刊商事法務 2133 号（2017 年）がある。

編集担当：第 4 部　　執筆担当：第 1 部、第 2 部第 5 章、第 4 部第 1 章・第 2 章、コラム

徳山　佳祐（とくやま・けいすけ）

明治安田生命保険相互会社・主席法務役・弁護士

2009 年弁護士登録。企業内弁護士として、反社会的勢力対応、AML/CFT、競争法、労働法等の企業法務全般のほか、人事制度を取り扱う。2016 年 Cardiff University LL.M.。著書・論考として、『マネー・ローンダリング規制の新展開』（共著）（金融財政事情研究会、2016 年）、「金融取引における優越的地位の濫用：顧客本位の業務運営原則を踏まえて」金融法務事情 2142 号（2020 年）。

執筆担当：第 4 部第 4 章

仁平　隆文*（にへい・たかふみ）

西村あさひ法律事務所　弁護士（2003 年登録）　ニューヨーク州弁護士（2011 年登録）

2003 年西村総合法律事務所（現西村あさひ法律事務所）入所。2010 年 The University of Chicago Law School（LL.M.）卒業。企業不祥事に関する調査・当局調査対応、反社会的勢力対応、FCPA その他贈賄規制違反、マネーロンダリング等の危機管理一般を取り扱う。

編集担当：第 4 部　　執筆担当：第 4 部第 3 章

萩原　智治（はぎわら・ともはる）

長島・大野・常松法律事務所　弁護士

2016 年東京大学法学部卒業、2017 年弁護士登録 / 長島・大野・常松法律事務所入所。

執筆担当：第 2 部第 1 章

執筆者紹介

藤岡　秀章（ふじおか・ひであき）

長島・大野・常松法律事務所　弁護士
2016年東京大学法学部卒業、2018年東京大学法科大学院（司法試験合格により）退学、2018年弁護士登録／長島・大野・常松法律事務所入所。
執筆担当：第3部第6章、第3部第7章

古川　直裕*（ふるかわ・なおひろ）

株式会社ABEJA所属　弁護士　情報処理安全確保支援士　スクラムマスター
弁護士登録後、AI開発チームのリーダーとしてソースコードの実装や最新論文の調査をしつつ、CSIRTのリーダー等を担当し、チーム作りから、要件定義診断、脆弱性診断、アセスメントなどのセキュリティに関する業務を推進。現在は、AIと法務・倫理やAIのガバナンスに関する最先端の研究を行っている。
編集担当：第2部・第3部　　執筆担当：第2部第2章・第4章・第5章、第3部第2章・第3章、コラム

古田　俊文（ふるた・としふみ）

弁護士法人淀屋橋・山上合同　弁護士
2011年立命館大学法学部卒業、同年千代田化工建設株式会社に入社し、法務部にて勤務。司法試験予備試験・司法試験合格後、2017年に弁護士登録／弁護士法人淀屋橋・山上合同入所。
執筆担当：第3部第4章

丸田　颯人（まるた・はやと）

長島・大野・常松法律事務所　弁護士
2018年大阪大学法学部卒業。2019年弁護士登録、長島・大野・常松法律事務所入所。
執筆担当：第3部第5章

・日本セキュリティオペレーション事業者協議会（ISOG-J）（コラム執筆および執筆協力）

武智　洋（たけち・ひろし）

日本電気株式会社所属

2008 年日本セキュリティオペレーション事業者協議会設立代表。2014 年 4 月より日本電気株式会社にてサイバーセキュリティ関連事業に従事。その他、一般社団法人サイバーリスク情報センター（CRIC）代表理事、ITU-T SG17 課題 10 アソシエートラポータなどを務めている。CISSP。

阿部　慎司（あべ・しんじ）

NTT セキュリティ・ジャパン株式会社所属

NTT グループを含む法人向けセキュリティ高度分析サービス及び高度 SOC（セキュリティオペレーションセンター）の立ち上げを経て、現在同センター責任者。ISOG-J 副代表、日本 SOC アナリスト情報共有会（SOCYETI）主宰、ITU-T SG17 X. framcdc のメインエディターとして国際標準化活動にも従事。CISSP、NTT グループ セキュリティプリンシパル。

武井　滋紀（たけい・しげのり）

NTT テクノクロス株式会社所属

2013 年より日本ネットワークセキュリティ協会（JNSA）に参加し、配下の ISOG-J にて活動を開始。2016 年より ISOG-J セキュリティオペレーション連携 WG（WG6）リーダー、2018 年より ISOG-J 副代表。ITU-T SG17 X. framcdc エディター。情報処理安全確保支援士、CISSP、NTT グループ セキュリティプリンシパル。

砂田　浩行（すなだ・ひろゆき）

株式会社日本総合研究所所属

2016 年より日本ネットワークセキュリティ協会（JNSA）に参加し、配下の ISOG-J にて活動を開始。2016 年より ISOG-J セキュリティオペレーション認知向上・普及啓発 WG（WG4）、セキュリティオペレーション連携 WG（WG6）に参加。情報処理安全確保支援士、CISSP、日本総研セキュリティエキスパート。

サイバーセキュリティ法務

2021年2月5日　初版第1刷発行
2022年1月15日　初版第2刷発行

編 著 者	塩 崎 彰 久	仁 平 隆 文
	高 橋 大 祐	工 藤 　 靖
	古 川 直 裕	

著　　者　サイバーセキュリティ法務研究会

発 行 者　石 川 雅 規

発 行 所　㍿商 事 法 務

〒103-0025 東京都中央区日本橋茅場町 3-9-10
TEL 03-5614-5643・FAX 03-3664-8844〔営業〕
TEL 03-5614-5649〔編集〕
https://www.shojihomu.co.jp/

印刷／広研印刷㈱
Printed in Japan